AF342096

Ex-Libris
Post Cæli Aurantia

España: Arquitecturas de hoy

España. Arquitecturas de hoy

Textos de:

Kenneth Frampton

Antón Capitel

Victor Pérez Escolano

Ignasi de Solà-Morales

Exposición organizada por la
Dirección General para la Vivienda y Arquitectura del Ministerio de
Obras Públicas y Transportes de España y el Art Institute de Chicago,
Estados Unidos

Este libro esta dedicado a la memoria de
Fernando Villanueva Sandino

Exposición organizada por:
la Dirección General para la Vivienda y Arquitectura del
M.O.P.T.
Directora General: Cristina Narbona Ruiz
Subdirector General de Arquitectura: Manuel de la Dehesa
y
el Art Institute de Chicago
Director y Presidente: James N. Wood
Director del Departamento de Arquitectura: John Zukowsky

Comité Asesor:
Antón Capitel
Víctor Pérez Escolano
Gabriel Ruiz Cabrero
Ignasi de Solà-Morales
Fernando Villanueva

Comisariado:
Pauline Saliga
Martha Thorne

Coordinación:
Blanca Sánchez Velasco

Diseño de Instalación:
Gabriel Ruiz Cabrero

Diseño gráfico:
Venice Studios S.A.
El tipo de letra empleada en textos y titulares es de la
familia «Frutiger», diseñada en 1975-1976 por Adrian
Frutiger. El papel del interior es estucado mate arte "Ideal"
de 135 gramos por metro cuadrado de Tomás Redondo S.A.
e "Ideal" de 300 gramos en la cubierta.

Montaje:
MASSA

Impresión del catálogo:
Epes Industrias Gráficas S.L.

Edición del catálogo:
Ministerio de Obras Públicas y Transportes
Secretaría General Técnica
Centro de Publicaciones

Déposito Legal: M-12485-1.992
I.S.B.N.: 84-7433-795-X
N.I.P.O.: 161-92-009-6

La exposición ha sido posible gracias a las ayudas de:
The Design Arts Program of the National Endowment for the Arts

The Seymour H. Persky Fund for Architecture at The Art Institute of
Chicago

La Empresa Nacional de Electricidad (ENDESA)

El Comité Conjunto Hispano-Norteamericano para la Cooperación
Cultural y Educativa

United Airlines

The Graham Foundation for Advanced Studies in the Fine Arts

Indice

Presentación

Después de una inicial y fructífera colaboración anterior, en 1987, con ocasión de la presentación en la Galería del M.O.P.T. de la exposición «Mies van der Rohe, sus arquitecturas y sus discípulos», este Ministerio está muy satisfecho de haber podido trabajar de nuevo en colaboración con The Art Institute of Chicago para la realización de la exposición «España: Arquitecturas de Hoy». Nuestra satisfacción es doble debido al hecho de que sea precisamente en 1992, año de celebraciones importantes en España, cuando vaya a tener lugar, tanto en Madrid como en Chicago, esta exposición, y también porque el tema elegido para esta labor conjunta española y norteamericana, haya sido precisamente la arquitectura española contemporánea.

El que una institución de reconocido prestigio internacional como The Art Institute of Chicago haya querido desarrollar conjuntamente con el M.O.P.T. una exposición y una publicación centrada en la arquitectura que actualmente se realiza en España, nos parece un síntoma evidente del interés que este campo de la creatividad nacional está alcanzando fuera de nuestras fronteras, y sin duda alguna también de la indiscutible calidad lograda por la arquitectura española en estos últimos años.

La exposición, para cuya elaboración y selección de contenido hemos contado con un conjunto de asesores de probados conocimientos y experiencia en esta materia, ha estado desde el principio gobernada por la idea de su posterior presentación primero en Chicago y luego en varias ciudades más de los Estados Unidos. Esto ha condicionado el propio concepto de la exposición, e incluso ha incidido fuertemente en el tratamiento del catálogo que se publica en inglés y en castellano sobre el tema.

Se ha intentado aportar un material que resultara comprensible y de interés para un público muy amplio, y para el que muchas veces es ésta su primera aproximación a un tema que hasta ese momento le era ajeno. Pero, sin embargo, también se ha procurado en todo momento, —y para ello ha sido decisiva la veteranía, intuición y buen hacer del Art Institute—, que también el público español, o el mejor conocedor de la trayectoria arquitectónica española, pueda encontrar una lectura de interés, positiva, y profesional y culturalmente estimulante, en la exposición que se presenta y en la publicación que la acompaña.

Para los responsables de esta exposición dentro del M.O.P.T., como españoles y como personas que trabajamos en una tarea pública relacionada con la arquitectura, es siempre muy difícil aceptar la limitación que un número escaso de proyectos supone a la hora de intentar arrojar la mayor cantidad de luz posible sobre esta actividad profesional y artística nacional. Toda la arquitectura seleccionada es emblemática y es un claro exponente de nuestro bien cualificado entorno arquitectónico actual. Sin embargo, la calidad existente hoy en nuestro país en este campo no acaba aquí, en estos doce proyectos, que son simplemente una impresionante punta de iceberg, afortunadamente creemos que la exposición provocará el deseo de un conocimiento mayor y más profundo del tema en quienes tengan la oportunidad de aproximarse a ella.

La Dirección General para la Vivienda y Arquitectura del M.O.P.T. está muy agradecida a The Art Institute of Chicago por brindarnos esta oportunidad de colaboración, y por la gran fe en la fuerza del futuro de España que demuestra su participación en este proyecto conjunto.

Cristina Narbona Ruíz
Directora General para la Vivienda y Arquitectura
Ministerio de Obras Públicas y Transportes

Agradecimientos

El proyecto de esta exposición comenzó hace cinco años, en 1987, cuando el Art Institute de Chicago envió una de sus exposiciones de arquitectura, «El desconocido Mies van der Rohe y sus discípulos del movimiento moderno», a la Galería de exposiciones del Ministerio de Obras Públicas y Urbanismo (MOPU) en Madrid. La colaboración entre las dos instituciones fue tan positiva que ambas decidieron trabajar juntas en el futuro en otro proyecto. Con el año conmemorativo de 1992 asomando en el horizonte, se decidió organizar de forma conjunta una exposición centrada en la arquitectura española contemporánea. En los años que siguieron, Martha Thorne, una comisaria de arquitectura independiente que trabaja en Madrid y anterior comisaria en la Galería del MOPU, y Pauline Saliga, Comisaria Asociada de Arquitectura del Art Institute, desarrollaron la exposición y el catálogo hasta su finalización. Ambas comisarias quieren expresar su agradecimiento a las siguientes personas y organizaciones que hicieron posible este libro y la exposición a la que acompañó.

La exposición «España: arquitecturas de hoy», y la edición en castellano del catálogo del mismo título, se presenta en Madrid en el mes de abril de 1992. Este proyecto no hubiera sido posible sin la participación y el apoyo del Art Institute de Chicago y del Ministerio de Obras Públicas y Transportes de Madrid. Como colaboradores en el proceso de organizar esta exposición, el Art Institute asumió principalmente la responsabilidad de supervisar la producción del catálogo, mientras que el MOPT supervisó la preparación de la exposición. Agradecemos a Blanca Sánchez Velasco, comisaria de arquitectura en la Galería de exposiciones del Ministerio de Obras Públicas y Transportes, sus esfuerzos para realizar esta exposición. Estamos en deuda especialmente con Cristina Narbona, Directora General para la Vivienda y Arquitectura, y con el Subdirector General de Arquitectura, Manuel de la Dehesa, que proporcionaron un apoyo esencial a la exposición a través del Ministerio de Obras Públicas y Transportes. También estamos en deuda con los arquitectos que figuran en esta exposición, por haber cedido sus obras y por sus esfuerzos para proporcionar las mejores fotografías y el mejor material para el catálogo. Les estamos muy agradecidas tanto a ellos como a sus colaboradores por su apoyo y su entusiasmo, y por su disponibilidad para reunirse con nosotras repetidas veces y dedicar su tiempo y el de los miembros de su equipo a este proyecto. También queremos expresar nuestro agradecimiento a las instituciones públicas que generosamente aceptaron ceder sus maquetas de arquitectura para la exposición.

La organización tanto de la exposición de arquitectura española contemporánea como del catálogo, estuvieron precedidas de un considerable trabajo de programación. En 1989 el Design Arts Program of the National Endowment for the Arts patrocinó un simposium de dos días de duración en el Art Institute de Chicago, en el transcurso del cual un grupo selecto de arquitectos españoles se reunió con el equipo del Art Institute para discutir sobre el enfoque de la exposición. Estamos en deuda con el NEA por su patrocinio de esta importante reunión de programación, y con los miembros del Comité Asesor por compartir su bagaje y su experiencia ayudándonos a determinar las características más relevantes de la arquitectura española contemporánea. Este Comité Asesor, integrado por Antón Capitel, Víctor Pérez Escolano, Ignasi de Solà-Morales, Gabriel Ruiz Cabrero y Fernando Villanueva, decidió con posterioridad cuáles serían los doce proyectos que habrían de centrar la exposición. Los tres primeros de los asesores mencionados también escribieron artículos con destino a este libro. Gabriel Ruiz Cabrero asesoró tanto a la Galería del MOPT como al Art Institute en el montaje de la exposición. Todo este proyecto se enriqueció gracias a sus valiosas opiniones, y estamos sinceramente agradecidas a todos ellos por su participación en él desde el principio hasta el final. Con gran tristeza queremos mencionar el fallecimiento de uno de nuestros asesores, el arquitecto sevillano Fernando Villanueva, que compartió generosamente con nosotros su tiempo y su experiencia hasta una semana antes de su muerte en febrero de 1992. Dedicamos este libro a su memoria.

También en 1989 se otorgaron fondos adicionales para la programación de este proyecto por parte del Comité Conjunto Hispano-Norteamericano para la Cooperación Cultural y Educativa, que concedió una subvención al Art Institute y al MOPU, gracias a la cual pudo iniciarse el trabajo de planificación de la exposición. Al año siguiente, el Design Arts Program of the National Endowment for the Arts y la Graham Foundation for

Advanced Studies in the Fine Arts, concedieron subsidios de ejecución al Art Institute para llevar a cabo la producción del catálogo de la exposición, los artículos que lo integran, las fotografías, el diseño y restantes tareas. Estamos muy agradecidas a estas tres instituciones por su decisivo apoyo inicial al proyecto. Sin su voto de confianza y su siembra, esta exposición y este catálogo no existirían. Colaboró también al éxito de nuestro empeño la ayuda corporativa adicional de la compañía española de servicios Endesa (Empresa Nacional de Electricidad), y la ayuda para viajes proporcionada por United Airlines, las líneas aéreas oficiales de esta exposición. Por último, el patrocinio para el montaje en el Art Institute lo proporcionó el Seymour H. Persky Fund for Architecture at The Art Institute of Chicago.

Para llevar a cabo una publicación como ésta, confiamos en la colaboración de mucha gente, y tenemos por lo tanto una deuda de gratitud con muchas personas, incluidos nuestros distinguidos ensayistas, que se esforzaron en aportar nuevas ideas sobre la impresionante realidad de la arquitectura española reciente y en hacer que el tema fuera comprensible para el público de los Estados Unidos. Estamos agradecidos también a numerosos fotógrafos y archivos fotográficos e históricos —todos los cuales están mencionados en los créditos fotográficos al final de este libro—, así como a la Expo '92 y al Comité Olímpico, y la revista "D'A", por proporcionarnos imágenes para este catálogo. Agradecemos a Maurice Blanks la recopilación y redacción de las biografías de los arquitectos, a Luis Feduchi, Pilar González y Blanca Sánchez Velasco su correcta traducción de los textos ingleses al castellano, y a Kathryn Deiss su labor al traducir los textos castellanos al inglés. También queremos expresar nuestro agradecimiento al Centro de Publicaciones del MOPT por su trabajo en la edición española de este catálogo. Sin el trabajo del editor del Art Institute, Robert V. Sharp, Director Asociado de Publicaciones, y Carol Jentsch, Editora para Proyectos Especiales, este libro no se hubiera realizado. Les estamos muy agradecidas por su entusiasmo en el proyecto, su disponibilidad para aprender sobre un tema totalmente nuevo para ellos, y por su deseo constante de ofrecer un buen trabajo editorial con un calendario difícil. Por último, queremos dar las gracias a Lynda Bozarth y a Nuria Novoa, de Venice Studios en Madrid, por el elegante e inteligente diseño de este libro. Prestaron su asistencia adicional en la organización, Pilar de Diego en la oficina de Martha Thorne, Jose L. de Benito, Manuel Castillo, Jose M. Alvarez Enjuto y Teresa Ortín en el MOPT, y Arturo López Bachiller y Linda Adelman en el Departamento de Arquitectura del Art Institute.

Pauline Saliga
Martha Thorne
Comisarias de "España:arquitecturas de hoy"

Introducción

Pauline Saliga y Martha Thorne

Durante los últimos quince años, la sociedad española —su cultura, su política y su economía— ha vivido un cambio dramático comparable a la reciente caída del muro de Berlín y del Comunismo en Europa del Este. Este cambio, pacífico pero profundo, se ha producido a partir de la muerte del dictador Francisco Franco, en 1975, y ha estado marcado por la transformación de España en una socialdemocracia constituida por fuertes gobiernos regionales. Los cambios políticos subsecuentes sacudieron el país después de cuarenta años de aislamiento. Bajo esta nueva democracia, España se está convirtiendo en un socio económico de pleno derecho en Europa, y la gran comunidad europea considera a España como una potente fuerza económica y política. Los principales acontecimientos de 1992 —los Juegos Olímpicos en Barcelona, la Exposición Universal en Sevilla, y la designación de Madrid como Capital Europea de la Cultura durante ese año— han provocado un lanzamiento del país hacia adelante, produciendo un avance más rápido del que hubiera tenido lugar en el caso de que estos acontecimientos no hubieran existido. Sin embargo, después de más de quince años de socialdemocracia, parte del optimismo y de la euforia de los primeros años ha dado paso a una actitud más práctica y moderada. En particular, en muchos aspectos culturales, desde el arte hasta el teatro, la literatura y la arquitectura, las importantes tendencias iniciales y esfuerzos experimentales han cedido ante manifestaciones de un carácter más conservador e institucional. Por otra parte, algunos esfuerzos experimentales han sido absorbidos por la corriente dominante.

Estos cambios han tenido también, por supuesto, un gran impacto en el campo de la arquitectura. Los encargos arquitectónicos, casi totalmente centrados en el sector privado durante las últimas décadas del régimen franquista, se han trasladado de forma radical a la esfera pública. Era mucho lo que había que construir: viviendas a precios asequibles y servicios comunitarios adecuados, escuelas y universidades, hospitales y centros de salud, edificios para oficinas gubernamentales, aeropuertos y estaciones, puentes y autopistas, bibliotecas y museos, centros culturales e instalaciones deportivas, espacios urbanos, y un largo etcétera. Al inicio de la transición a la democracia, la arquitectura histórica se convirtió en una metáfora de la herencia española, y la conservación y readaptación de edificios históricos se transformó en una prioridad regional y nacional, rayando en una obsesión. Como consecuencia de la necesidad de nuevas y renovadas estructuras, durante los últimos años de la década de los setenta, en los años ochenta y al principio de la década de los noventa, los gobiernos regionales y el gobierno central de España se convirtieron en los mayores promotores de la arquitectura española de este siglo. Es difícil describir el nivel de construcción y renovación que está virtualmente transformando cada gran ciudad y numerosas ciudades menores a lo largo de España, principalmente Barcelona y Sevilla. Desde la gran operación de reordenación de un kilómetro de longitud en el borde del mar en Palma de Mallorca (realizada por José Antonio Martínez Lapeña y Elías Torres), hasta la construcción de un nuevo aeropuerto internacional en Sevilla (obra de Rafael Moneo), España está floreciendo con numerosos edificios monumentales nuevos y proyectos urbanísticos que la están transformando en uno de los países líderes de la Europa del siglo XXI.

¿En qué situación está entonces la arquitectura española actual? Este libro, junto con la exposición a la que acompaña, intenta responder a esta pregunta por medio de los artículos que siguen y con la presentación de doce ejemplos destacados de la arquitectura española reciente, que sugieren aspectos concretos del estado de esta disciplina. Aunque una selección de tan sólo doce edificios no puede representar en forma alguna todos los logros arquitectónicos del país, cada obra ha sido seleccionada debido a que encierra cualidades que son importantes o características en la arquitectura española. Estas cualidades incluyen la utilización de forma continuada de los cánones del movimiento moderno como fuente de inspiración, la cuidada atención a los materiales y a los detalles, y el uso y la creación de estructuras que respeten el entorno y las arquitecturas históricas pre-existentes. Por último, todos estos proyectos dejan constancia de diseños concebidos con la intencionalidad de construirse para su uso y disfrute; todos ellos son encargos destinados a emplazamientos concretos, no simples ejercicios teóricos. Con el fin de identificar las características que hacen que la arquitectura española sea única y para seleccionar proyectos de máxima calidad, confiamos en la experiencia de un Comité Asesor de arquitectos e historiadores de prestigio, que poseen una visión muy documentada sobre la historia de la arquitectura española: Gabriel Ruiz Cabrero, Antón Capitel, Víctor Pérez Escolano, Ignasi de Solà-Morales y Fernando Villanueva. En muchas sesiones de trabajo que tuvieron lugar en Chicago, Madrid, Sevilla y Barcelona, este grupo de distinguidos arquitectos se esforzaron en responder la pregunta de qué es lo que hace a la arquitectura española específicamente española, y cuáles son los edificios recientes que mejor encarnan la contribución de España a la arquitectura de hoy. Después de cuatro años de examen y de debate, identificaron los doce edificios presentados en este libro y en la exposición.

Su selección de edificios no busca en modo alguno clasificar la arquitectura española según estilos o tendencias. En España coexisten muchas formas de entender la arquitectura que se enriquecen unas a otras. Como indican los artículos que siguen, escritos por Kenneth Frampton, Antón Capitel, Víctor Pérez Escolano e Ignasi de Solà-Morales, las influencias clave de la producción arquitectónica actual en España han sido los diversos acercamientos al eclecticismo, al racionalismo italiano y al movimiento moderno escandinavo (con un rechazo hacia el postmodernismo). Los edificios que se analizan aquí no representan, por descontado, todos los ejemplos de proyectos arquitectónicos extraordinarios que se han realizado en los últimos años. Nos hemos centrado más bien en un análisis en profundidad, concentrándonos en los proyectos construidos entre 1985 y 1992. Desde la mitad de la década de los años setenta se han construido también muchos otros edificios de notable calidad, y a pesar de que no pudieron incluirse en este libro, han sido analizados e incluso ilustrados en los artículos que siguen.

Si hubiera que identificar un rasgo dominante común a la arquitectura española, sería sin duda la forma en la que los arquitectos se enfrentan a sus proyectos. Desde la concepción hasta la ejecución, los proyectos en los que están implicados los arquitectos españoles se proyectan para ser construidos. Los proyectos teóricos y los concursos utópicos no son algo habitual en España. Lo normal son los encargos públicos con calendarios de construcción y presupuestos muy estrictos. La finalidad última de construir es evidente ya en el propio proceso proyectual y en los dibujos realizados. La mayoría de los dibujos que ejecutan los arquitectos españoles (como puede verse en las obras seleccionadas para esta exposición) son dibujos en blanco y negro: croquis preliminares; dibujos de desarrollo que pueden dejar constancia de la evolución de un proyecto; planos de presentación, secciones y alzados; y dibujos de trabajo reales a partir de los cuales se realizan los proyectos de construcción. Muchas veces se utilizan sencillas maquetas de trabajo de madera de balsa o cartón, realizadas en el propio estudio. Por contraposición a lo que es habitual en otros países como Italia y los Estados Unidos, los arquitectos españoles tienen poco tiempo y escasa necesidad de realizar elaboradas versiones en color o maquetas hechas por profesionales. No necesitan estas «herramientas» para convencer a los promotores comerciales o a los inversores, ya que, en muchos casos, sus clientes son las instancias regionales o centrales del gobierno.

Todos los proyectos incluidos en esta publicación y en la exposición son encargos procedentes del sector público. Algunos son proyectos de infraestructuras de gran escala, como la Estación de Ferrocarril de Santa Justa en Sevilla, obra de Antonio Cruz y Antonio Ortiz. Otros son encargos derivados de la confluencia de actividades inusuales en torno a las celebraciones de 1992, como el Campo de Tiro con Arco para las Olimpiadas de Barcelona, de Enric Miralles y Carme Pinós, y el Pabellón de la Navegación para la Exposición Universal de Sevilla, Expo 92, realizado por Guillermo Vázquez Consuegra. La decisión española de poner al día y mejorar grandes instalaciones, con vistas a 1992 y para más adelante, potenciará el progreso del país como una nación europea industrializada.

Las doce obras presentadas en la segunda parte de este libro y en la exposición, son obras de estudios de arquitectura de Madrid, Barcelona y Sevilla. Si bien el Comité Asesor no decidió de antemano centrarse en estas ciudades, excluyendo a las ciudades situadas en otras regiones españolas, el resultado revela que los centros arquitectónicos más importantes, así como también los más importantes centros culturales en España, son todavía Madrid, Barcelona y Sevilla. Estas tres ciudades siguen haciendo sentir su influencia en otras zonas de España, no sólo por medio de los grandes estudios de arquitectura radicados en ellas, sino también a través de la influencia de las Escuelas de Arquitectura situadas en estas ciudades, así como por medio del gran número de revistas de arquitectura que en ellas se publican («A & V», «Quaderns d'Arquitectura i Urbanisme», y «Arquitectura»).

Aunque los edificios objeto de atención en este libro y en la exposición representan una variedad de tipologías, casi todos ellos utilizan materiales y métodos constructivos tradicionales. En su Palacio de Congresos en Salamanca, por ejemplo, Juan Navarro Baldeweg incorpora la piedra natural beige-dorada de Salamanca, con el fin de complementar los edificios históricos de esa ciudad, más que para competir con ellos. Del mismo modo, proyecto trás proyecto, desde el nuevo Aeropuerto Internacional de Sevilla de Rafael Moneo, hasta la Consejería de Agricultura del gobierno autonómico en Toledo, obra de Manuel e Ignacio de las Casas y Jaime Lorenzo, los arquitectos intentan armonizar su nueva arquitectura con los edificios existentes en la ciudad por medio del proyecto y de la cuidadosa selección de materiales, con el propósito de respetar el carácter histórico de las ciudades en las que construyen. Esta tendencia indica lo extendida que está entre los arquitectos españoles esta sensibilidad hacia la tradición.

El año 1992 es, sin duda alguna, un año de extraordinaria importancia para España. A pesar de ello, presentar tan sólo edificios proyectados para la Expo 92 o para las Olimpiadas del verano, hubiera mostrado una visión muy limitada del alcance de la actividad arquitectónica en España. Aunque estos acontecimientos han originado grandes inversiones en edificación, algunos de los mejores ejemplos de la arquitectura española de hoy están fuera de esas esferas. El conjunto de doce edificios que presentamos en las páginas que siguen, se han agrupado en un intento de expresar una visión alternativa de la arquitectura española y para poner de relieve el hecho de que la arquitectura española de cada día, promovida por instituciones públicas, es sorprendentemente innovadora y con un elevado y consolidado nivel de calidad.

Homenaje a Iberia: una valoración

Kenneth Frampton

" ...ya el siguiente paso se anuncia y pronto los [arquitectos] españoles sentirán que el Paraíso Perdido -la Arquitectura Moderna- se sitúa, tal vez, en unos horizontes distintos que los del estilo internacional. La obsesión del avance y la perfección continua de las formas que la mentalidad moderna había instaurado hace que la crítica de Zevi, que entiende la Arquitectura Orgánica como la madura y verdadera modernidad, encuentre en España muy fuerte eco y que, así, el camino al prometido Edén cambie de rumbo. La crítica orgánica se va convirtiendo en oficial, el ejemplo de Wright y de Aalto y, en general, del desarrollo de la modernidad que tan claramente expresaba la evolución de la obra del propio Le Corbusier, conectan con rapidez con la sensibilidad de la arquitectura española, que pasará vertiginosamente de entronizar el Estilo Internacional a perseguir apasionadamente el ideal orgánico. Pero este ideal orgánico, como es notorio en tantos ejemplos internacionales, cobijaba dos modos diferentes de pensar, de entender la Arquitectura, ambigüedad que subyacía también en la obra de los Maestros citados, y que suponía una doble alternativa al Estilo Internacional.

El primer modo es el que tiene más rasgos de anti-modernidad, en España muy emparentado con la idea de tradición y el deseo de ver la cultura propia como específica, con la interpretación artesanal, vernaculista y tradicional de la carrera de Aalto, y con un apoyo bien notorio en ocasiones en la cultura italiana, milanesa o romana (casi según se trate de Barcelona o Madrid)."(Antón Capitel, "La Aventura Moderna de la arquitectura española", 1986.)[1]

La naturaleza específica de la brecha que recorre la cultura española contempóránea tiene su origen en el carácter único de la experiencia española allí donde fue posible experimentar, casi simultáneamente, los procesos opuestos de retardo y modernización. Estas fuerzas contrapuestas permiten a España disfrutar de la estabilidad de la tradición a la vez que introducirse secuencialmente en una modernidad contenida pero no por ello menos emergente.

El que esta contradictoria modernidad apareciera por primera vez en escena en Barcelona no fue algo accidental ya que Barcelona había estado en conflicto con el poder central de Madrid ya antes del trágico resultado de la guerra civil española. Para la vanguardia catalana de los años treinta la modernización significaba, de una forma u otra, un socialismo ilustrado, y la identificación de José Luis Sert con esta postura es evidente no sólo en su asociación con el GATEPAC, el ala española de los CIAM, sino también por ser autor del pabellón español republicano construido con motivo de la Exposición Mundial de París en 1937. Este edificio, contenedor polémico del *Guernica* de Picasso, no sólo era una protesta contra las primeras muertes civiles producto de la movilización total, sino que además llevaba la atención por primera vez a esa particular combinación de tecnología y abstracción que hizo del bombardeo de *Guernika* un ensayo general del *blitzkriegen* de la Segunda Guerra Mundial. Y aún así, en retrospectiva, y por paradójico que parezca, la congelación franquista del desarrollo moderno en 1939 no se produjo sin sus beneficios, ya que efectivamente pospuso durante veinte años la emergencia de una sociedad de consumo en España y es aún este retraso el que separa a España, en términos de experiencia histórica reciente, de otros paises de Europa occidental.

Fig. 1. Josep Sostres. Casa Agustí, Sitges, Barcelona, 1953-55.

La Escuela de Barcelona

A finales de los 40 Barcelona miraba hacia Italia de más de un modo, primero hacia Alberto Sartoris por su militante mediterraneísmo, el cual para él era inseparable del cuerpo ético y espiritual del movimiento moderno, y después hacia el acercamiento combinado revisionista de posguerra de Ernesto Rogers, Ignazio Gardella y Franco Albini, sin los cuales la mediatizada modernidad de un arquitecto como José Antonio Coderch dificilmente se podría haber dado. Fueron estas posturas italianas las que llevaron a los principales arquitectos catalanes de los últimos 40 y de los 50, esto es, a Josep Sostres y a J. A. Coderch, a sus respectivos puntos de partida: la maestría neoplasticista de la Casa Agustí (fig.1) de Sostres, construida en Sitges entre 1953 y 1955, y el edificio de apartamentos de la Barceloneta llevado a cabo también magistralmente por Coderch en 1951 (fig.2 y 3). Mientras que estas obras servirían

para cristalizar los respectivos estilos de su madurez, son quizá sus tentativas anteriores, las de finales de los 40, las que apuntan explícitamente a las raices vernaculares de donde la linea orgánica de la Escuela de Barcelona tomó su punto inicial de partida. Así, mientras Sostres comenzó su carrera con el regionalismo consciente de su Casa Elías (1948), Coderch oscilaría entre dos polos, por un lado su interpretación de lo vernáculo lavado en blanco de las Islas Baleares, como es evidente en la Casa Ferrer-Vidal, Mallorca (1946), y por otro en la autoritaria simetría de la Casa Garriga-Nogués, construida en Sitges en 1947.

La transformación de lo vernáculo de Coderch es, en este primer momento, de una importancia decisiva, ya que ejercerá una fuerte influencia no solo en su propia carrera sino también en una interpretación más general de una sensibilidad topográfica, que se convertirá en piedra de toque para la arquitectura

Fig. 2. José Antonio Coderch. Edificio de viviendas, Barceloneta, Barcelona, 1951.

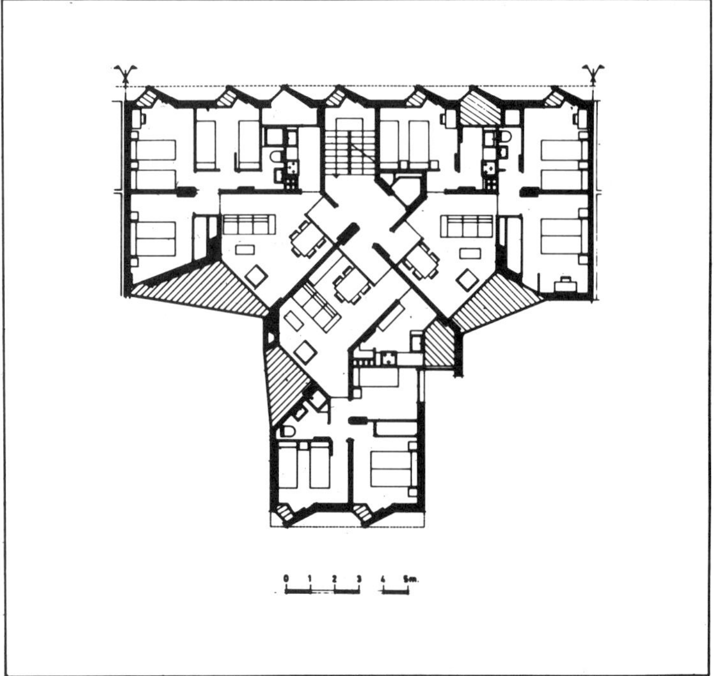

Fig. 3. José Antonio Coderch. Edificio de viviendas, Barceloneta, Barcelona, 1951. Planta.

española contemporánea. Tengo en mente no sólo la Casa
Ferrer-Vidal donde múltiples cambios de nivel animan y
potencian la axialidad de la casa, sino también un proyecto para
Sitges no realizado, conocido como Las Forcas (1945), en el cual
la organizacíon sobre el terreno de unas viviendas unifamiliares,
cercadas y aterrazadas, traen a la memoria la atemporal
tradicion constructiva norteafricana. Una línea clara y
relativamente poco sofisticada nos lleva desde estas obras
pioneras de mediados de los 40, a la audaz Casa Ugalde (1951)
(fig.4) y al destacado aunque desafortunado asentamiento de
Torre-Valentina en la Costa Brava, el cual causará una ruptura
emocional en la temprana obra de Coderch. Torre-Valentina es
un ensayo pionero, y aún ejemplar en nuestros días, de
desarrollo residencial de alta densidad y poca altura, cercano al
proyecto canónico *Roq et Rob* de Le Corbusier de 1946, el cual es
una deuda que Coderch, con una perversidad característica
nunca saldó. Que el rechazo de Torre-Valentina dejaría una
duradera cicatriz en la sensitiva naturaleza de Coderch lo
sabemos gracias a una entrevista del año 1978.

*" ¡(...) el proyecto de Torre Valentina lo hicimos tan a
conciencia! Cuando los propietarios lo rechazaron sufrí una gran
crisis. Lo abandoné todo. Dije que no tenía trabajo, se corrió la
voz, me quedé en el año 60 en la miseria... Me rechazaron este
proyecto diciendo que parecía un zoco marroquí. (...) En el
proyecto de Torre Valentina confeccionamos un plano de los
terrenos donde se situaron todos los pinos que había con un
diámetro mayor de 12 cms. Me parece que entraban unos tres o
cinco mil pinos. Cuando se hizo la maqueta, mirándola desde el
mar las casas no se veían. Como tenía que discutirse en el
consejo de administración, no me quedó más remedio, para que
los promotores vieran algo, que sacar dos o tres mil pinos. "[2]*

La innegable influencia italiana en las líneas sintácticas y
tipológicas adoptadas por Sostres y Coderch tenían dos orígenes
diversos; la forma-tipo giratoria espacial, por la que Bruno Zevi
indirectamente abogaba a través de su reinterpretación del
Neoplasticismo holandés, tal y como proponía en su libro *La
poética de la Arquitectura Neoplástica,* de 1953, y el tipo
revisionista de palacio italiano, tal y como Gardella lo
perfeccionaba en los apartamentos Casa Borsalino construidos

Fig. 4. José Antonio Coderch. Casa Ugalde, Caldes d'Estrac, Barcelona, 1951.

en Alessandria entre los años 1951 y 1953. En lo referente a
vivienda unifamiliar la Casa Catasus (1956) (fig.6) y la Casa Ballvé
en Camprodón, Gerona (1957) de Coderch sintetizarían estas dos
lineas de influencia, aunque en lo referente a su trabajo a gran
escala era Gardella, y no Theo van Doesburg, el que se llevaba la
palma, como podemos juzgar por el Institut Français de Coderch
terminado en 1972 en Barcelona y por el edificio, igualmente
minimalista, del periódico *El Noticiero* de 1965.

A través de la influencia de Van Doesburg y de Neutra, Coderch
fue capaz de elaborar su compleja reinterpretación de lo
vernáculo balear, como se evidencia por ejemplo en las Casas
Uriach, Rozes, Luque, Raventós, Quell y Fémina construidas en
diversos intervalos entre 1961 y 1971.

La duradera importancia de Coderch reside en su formulación
precisa de un prototipo urbano residencial de clase media que
podría ser aplicado como una norma del siglo veinte. A través de
su modesto pero ético compromiso con el oficio de la
arquitectura como *metier* extraído de los campos aliados del
arte y de la tecnología, Coderch se convirtió en abogado de un

modelo paradigmático de tal manera que su última obra, el complejo residencial de Las Cocheras terminado en 1968 en el barrio de Sarriá de Barcelona, podría leerse facilmente como un modelo general aplicable a desarrollos urbanos de gran escala (fig. 5). Es un modelo que en muchos sentidos no ha sido superado en los veinte años que han transcurrido desde su terminación. Debería añadir que Coderch alcanzaría una versión de igual importancia con una tipología virtualmente igual en las viviendas del Banco Urquijo (1967). Con tales obras Coderch fue capaz de resolver una serie de requisitos contradictorios endémicos al diseño de apartamentos en altura. En primer lugar proveía a las viviendas de suficiente espacio de terraza para compensar el hecho de carecer de contacto con el terreno; en segundo lugar fue capaz de unificar el objeto resultante en un único bloque urbano provisto de una continua fachada a la calle, un patio interior y un garage en la base. Esta forma unificada necesitaba, tanto técnica como sintácticamente, del uso de fábrica de ladrillo visto. La unidad del objeto resultante se debía a la constante solidez del revestimiento y al modo de emplazarse mediante el cual se enriquecía. Ademas hay que señalar como ejemplar la organización del espacio doméstico; la ubicación en uve de los dormitorios, partiendo del corazón de la vivienda, su inflexión diagonal en profundidad combinado con una modulación igualmente sensitiva de los pequeños espacios de transición tales como la cocina o el vestíbulo. Como resultado, Las Cocheras emerge como uno de los tipos residenciales genéricos del siglo y en este sentido canónico es del calibre de los apartamentos Hansaviertel de Alvar Aalto de Berlín, 1956. Que la importancia urbana, e incluso ecológica, de Las Cocheras vaya más allá de los Hansaviertel de Aalto puede colegirse de la descripción de su propuesta de 1976 para el concurso de la zona residencial de Actur-Lacua en Vitoria, la cual fue, esencialmente, una aplicación a grande escala del prototipo del Parque de Sarriá.

" El interés urbano de nuestra solución, parte de (...) "Parque Sarriá" de Barcelona. (...) Nuestra solución ha consistido en la utilización de plantas articuladas cuyo resultado son las fachadas escalonadas correspondientes a los tres tipos o módulos empleados. (...) Este escalonamiento impide también de una manera muy eficaz que se propaguen los ruidos de las vias

periféricas de circulación rodada al interior de las viviendas. (...) Creemos que R. Neutra tenía razón cuando decía que las plantas y el verde no son solamente fundamentales en los espacios libres, sino también en las casas. Por ello, además de ajardinar las calles y plazas, proyectamos jardineras en los huecos de las viviendas. En este proyecto las calles tienen plataformas verdes a distintos niveles que aíslan las viviendas situadas en planta baja (...). Las aceras quedan así en el centro de las calles, alejadas en distancia y altura de las ventanas. (...) En relación al aparcamiento de vehículos, consideramos que su total ubicación en superficie sería urbanísticamente inadmisible. Por ello la mayor parte de los aparcamientos están previstos bajo la zona central de las calles peatonales. A estos aparcamientos llegan los núcleos de comunicación vertical, y por ellos se efectúa la mayor parte de los suministros de las viviendas así como la recogida de las basuras. (...) Consideramos también muy importante las ventanas en esquina que amplían las habitaciones, permiten la visión diagonal y la selección del soleamiento más conveniente. "[3]

He enfatizado la figura de Coderch, aún a riesgo de presentarlo con un dominio excesivo en el panorama de la arquitectura de Barcelona, por dos razones: en primer lugar porque su alcance parece no haber sido adecuadamente reconocido, y en segundo lugar porque su mejor obra representa una concentración de los atributos únicos que pueden encontrarse en la arquitectura

Fig. 5. José Antonio Coderch. Las Cocheras, Sarriá, Barcelona, 1968.

catalana del momento, sobre todo quizá en el poco conocido bloque de apartamentos de R. Durán Reynals construido en la Avenida de la Victoria de Barcelona en 1949. Aunque Coderch parece haber sido un ambivalente miembro fundador del "Grupo R" establecido en colaboración con Sostres, Oriol Bohigas y A. Moragas, sin embargo suscribió la postura "regional orgánica" elaborada, tras los pasos de Zevi, por Sostres en 1950, en la cual este último argüía que la arquitectura orgánica era concreta y no abstracta, *relativa* en vez de *absoluta* y realista y sentimental en sus aplicaciones y asociaciones en vez de idealizada.4 El valor de lo orgánico para Sostres era ontológico en vez de epistemológico, y es esto lo que otorga convicción a su obra. Como ya dijera él en 1950, la meta era concebir un edificio como una forma general, no en el sentido abstracto sino como un organismo viviente que surge de las condiciones naturales como si estas constituyesen una ley, un orden y una unidad de medida.5

Mientras Bohigas era más formal y urbano en sus afinidades que Sostres o Coderch, como evidencia su bloque de apartamentos de Carrer de Pallars de 1960, quizá influenciado por la estética "industrial" de James Stirling, Moragas demostró su alegato del racionalismo en el Hotel Park (1953) y en el bloque de la Avenida Sant Antoni M. Claret, en los que destapó una afinidad con la mejor obra de posguerra de los arquitectos milaneses Luigi Figini y Gino Pollini.

El minimalismo latente en el trabajo de Coderch reaparecerá en la arquitectura de Helio Piñón y Albert Viaplana, como evidencia el bloque de la calle Galileo construido en Barcelona en 1976, y un formalismo igualmente controlado aparente en la más racionalista Escuela Thau terminada a la vez en los alrededores de Barcelona según proyecto de Martorell, Bohigas y Mackay.

La Escuela de Madrid: Fernández Alba, Sáenz de Oiza y Rafael Moneo

En lo que a la tradición orgánica madrileña se refiere, dos obras de una importancia capital inauguran los años sesenta: el convento de El Rollo, de Antonio Fernández Alba, terminado en las afueras de Salamanca en 1963 (fig.6 y 7) y el edificio de viviendas Torres Blancas, en Madrid, realizado por Francisco Javier Sáenz de Oiza en 1966 (fig.8). Mientras el primero es de inspiración aaltiana, incluso en sus detalles, Torres Blancas está en deuda con Wright, especialmente con la Price Tower de Bartlesville, Oklahoma (1955). Así como para Wright el significado último de lo orgánico implicaba un uso de losas de hormigón vistas, dando lugar a construcciones arbóreas, Torres Blancas, con sus "platillos voladizos", puede entenderse como un *tour de force* organicista. Siendo más retórica, pero proyectada de manera menos sutil que el contemporáneo proyecto de Coderch para el Parque de Sarriá, Torres Blancas emergía en la periferia del Madrid de los 60 como la silueta

Fig. 6. Antonio Fernández Alba. Convento de El Rollo, Salamanca, 1963.

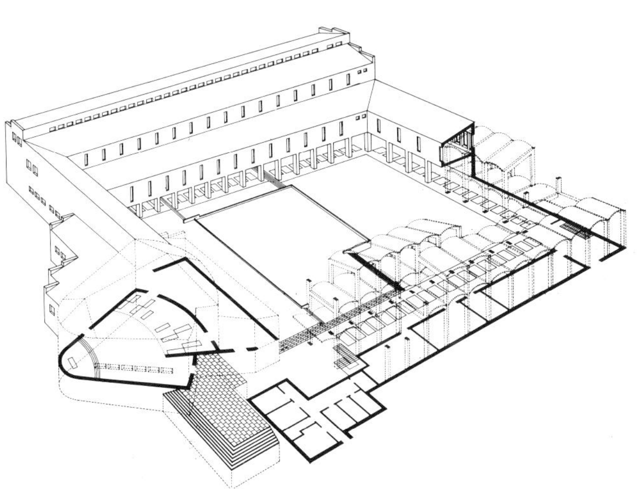

Fig. 7. Antonio Fernández Alba. Convento de El Rollo, Salamanca, 1963. Axonometría.

utópica de una promesa babilónica y todavía hoy se mantiene así, con unas lujosas cataratas de vegetación cayendo a lo largo de los 24 pisos de *bèton brut*. Para contrarrestar lo que Oiza llamaría el efecto "aeronáutico", cada uno de los salones circulares de los que se compone la torre se cierra al exterior con un ancho frente corrido de ventanas. Es interesante recalcar, como lo hace Capitel, que los primeros croquis de esta obra aparecen como variaciones sobre el tema de los *inmuebles villa* de Le Corbusier, aunque pronto se transformarán en paradigma wrightiano. Sobre su forma definitiva Capitel escribe:

" *[Torres Blancas] Es importante y expresiva no solo por su calidad y su espectacularidad, o por su condicion de testimonio construido de aquel momento. Lo es sobre todo por el curioso eclecticismo —o, casi diríamos mejor, sincretismo— y la extremada ambigüedad que la invaden, y que la hicieron ser en su día tanto el mayor canto a la modernidad, como su mayor contestación, —dependiendo de a qué modernidad nos estemos refiriendo—, cuestión que fue bien clara entonces para los profesionales. Torres Blancas simultanea, superpone y hasta resume la Aventura Moderna española al fundir en un solo edificio las distintas modernidades que, disfrazadas de desarrollo continuo y progresivo, se disputan la hegemonía de ser consideradas la verdadera arquitectura moderna. Pues Torres Blancas querrá ser fiel a los principios de función, tecnología y sociedad, al tiempo que ser organicista, enriqueciendo además el lenguaje moderno en una clave escultórica y expresionista.* "[6]

A lo largo de la ecléctica trayectoria de su obra arquitectónica, Oiza ha vuelto repetidas veces a Wright como único maestro, y nunca de un modo tan acentuado como en el edificio del Banco de Bilbao de Madrid de 1979 (fig. 9). Aunque no sea aparente a primera vista, el Banco de Bilbao es sin duda una reinterpretación de la torre de investigación del edificio para S. C. Johnson construida en Racine, Wisconsin, en 1946. Que esta sutil reinterpretación oculte sus fuentes nos da la medida de la postura sincrética de Oiza, es decir, que solo un crítico sea capaz de ver en las pasarelas de tubo metálico, que permiten en cada planta la limpieza del vidrio que rodea toda la torre, una transposición de los tubos de vidrio perimetrales del complejo de S. C. Johnson. Esta construcción de acero y hormigón

armado, revestida de acero cortén y vidrio es, de hecho, la síntesis de una serie de ejemplos. El modélico edificio Seagram de 1959, obra de Mies, es una alusión obvia en los microdetalles, mientras que la subdivisión de la torre en plataformas de hormigón en voladizo soportando estructuras de acero de cuatro pisos entre medias, debe mucho al rascacielos de oficinas proyectado por Amancio Williams en 1949 para Buenos Aires, pero nunca construido.

Aunque no tan prolífico y consistente como Coderch, Fernandez Alba inauguraría la linea nórdica en Madrid con su convento de El Rollo de 1963, un edificio que a pesar de estar en deuda con Alvar Aalto estaba dispuesto a evocar no solo la tradición española de cubierta de teja a un agua, sino también a un concepto formal de orden como evidencian sus agrupados huecos. Esta orquestación algo solemne de ciegos muros perimetrales, trae a la memoria al primer Asplund, y más concretamente al neoclasicismo referido en el cementerio Woodland de 1940. `En contraste con la fluidez con que el ayuntamiento de Saynatsalo de Aalto compaginaba rusticidad con plasticidad organicista, podemos ver cómo El Rollo se sitúa más cercano al organicismo racionalista del Gonville and Caius College de Cambridge construido en Inglaterra en la misma época.

Aunque Rafael Moneo era un protegido de Oiza con quien, junto con J. D. Fullaondo, había trabajado en la última fase de Torres Blancas, también sacó partido del proyecto de El Rollo en la medida en que este trabajo emanaba una elegante quietud que, olvidándonos de cuán espiritual pudiera ser el encargo, eludía en cierto modo la línea de Oiza. El Rollo influyó seguramente en la decisión de Moneo de experimentar el mundo nórdico de primera mano despues de tres años de aprendizaje con Oiza. Así al final de 1961 se incorporó al estudio de Jorn Utzon en Copenhage para trabajar allí en un tour de force también organicista, la Opera de Sidney, que en aquel momento estaba en una fase inicial previa al traslado de Utzon a Australia.

El primer gran edificio de Moneo, el Bankinter de Madrid de 1976, realizado en colaboración con Ramón Bescós, podría ser visto en retrospectiva como la síntesis de un número de posturas organicistas que confluían en Madrid, por un lado la configuración triangular de la entrada debe algo a Wright, una afinidad que se refuerza en lo ornamental; por otro la plasticidad del edificio, rematado en ladrillo visto, debe mucho a Aalto y más allá al clasicismo nórdico. Esto último, se hace más evidente como influencia en el Ayuntamiento de Logroño de 1981 con su eurítmica y atectónica fachada en piedra, aludiendo no sólo a Asplund sino también a ese otro moderno tradicional que era Tessenow.

El logro más excepcional de Moneo hasta la fecha es sin duda el Museo de Arte Romano de Mérida, que concluyó en 1984 (figs. 11-13), un edificio singular que le ha asegurado desde entonces el estatus no oficial de *arquitecto laureado* de su generación. El conjunto es sensacional a muchos niveles, entre ellos principalmente la postura que adopta frente a la historia tanto real como imaginada. Aquí las aporías de un tiempo arcaico son abiertamente evocadas por un edificio que se sitúa directamente sobre una excavación de tal modo que, con estructura de hormigón armado y revestido interior y

Fig. 8. Francisco Javier Sáenz de Oiza. Torres Blancas, Madrid, 1965.

Fig. 9. Francisco Javier Sáenz de Oiza. Banco Bilbao, Madrid, 1979.

exteriormente de un ladrillo de proporciones romanas, se asienta sobre las ruinas antiguas como contrapunto, con sus nuevos apoyos rivalizando y a veces incluso violando las huellas de la ciudad romana original. El aura del lugar es así transformada en una fantasía piranesiana, mientras fragmentos encontrados allí y en otros lugares, y una vez reconstruidos, son

Fig. 10. Rafael Moneo y Ramón Bescós. Bankinter, Madrid, 1973-76.

expuestos prominentemente en el emporio situado en la gran sala superior. En términos algo cursis se podría decir que el edificio se sitúa suspendido entre la realidad de la mina y la representación de su precioso mineral.

Dos gestos igualmente ambiguos dan forma al tono irónico de este edificio. En primer lugar, un ingenioso túnel de longitud aparentemente indeterminada sirve de conexión entre su cripta y las ruinas de los anfiteatros romanos vecinos; en segundo lugar, la fachada a la calle, dividida en contrafuertes de ladrillo, que permiten la lectura de los muros transversales del interior del edificio, aluden a la época medieval que Mérida nunca vivió, ya que tras su tiempo de gloria atravesó un prolongado declive. Junto al aludido comentario de su forma sincopada, los detalles del museo emergen como comentario continuo sobre las aporías de la museología. Con este fin el todo es tratado como si fuera un gigantesco almacén cubierto con unos grandes lucernarios o incluso como si fuera un edificio industrial de principio de siglo, de alguna manera evocando las fabricas de ladrillo visto de Peter Behrens o Hans Poelzig. La clave final sin duda deriva de la estructura misma, ya que el hormigón revestido de ladrillo visto utilizado en todo el edificio simula demasiado directamente la quintaesencia de la fábrica romana.

Mérida ha sido un acto de difícil continuación, no solo por su evidente maestría sino también debido al hecho de que los sucesivos trabajos han sido realizados sin la continua presencia y atención de Moneo; tanto la Estación de Atocha de Madrid (cuya primera fase concluyó en 1988) como las oficinas de La Previsión Española llevadas a cabo en Sevilla en 1987, fueron terminadas durante el periodo de cinco años en el que Moneo dirigió la Escuela de Arquitectura de Harvard. Pero ni tan siquiera esto puede dar cuenta del aura decorativa de ambos edificios.

Moneo da muestras notables de haber reagrupado filas en un sencillo proyecto para el complejo de El Kursaal de San Sebastián (fig14). Ganado en un concurso restringido a seis participantes, este centro de conferencias y música representa un retorno categórico a las raices nórdicas de este arquitecto, sobre todo a Utzon y a la Opera de Sidney, ya que

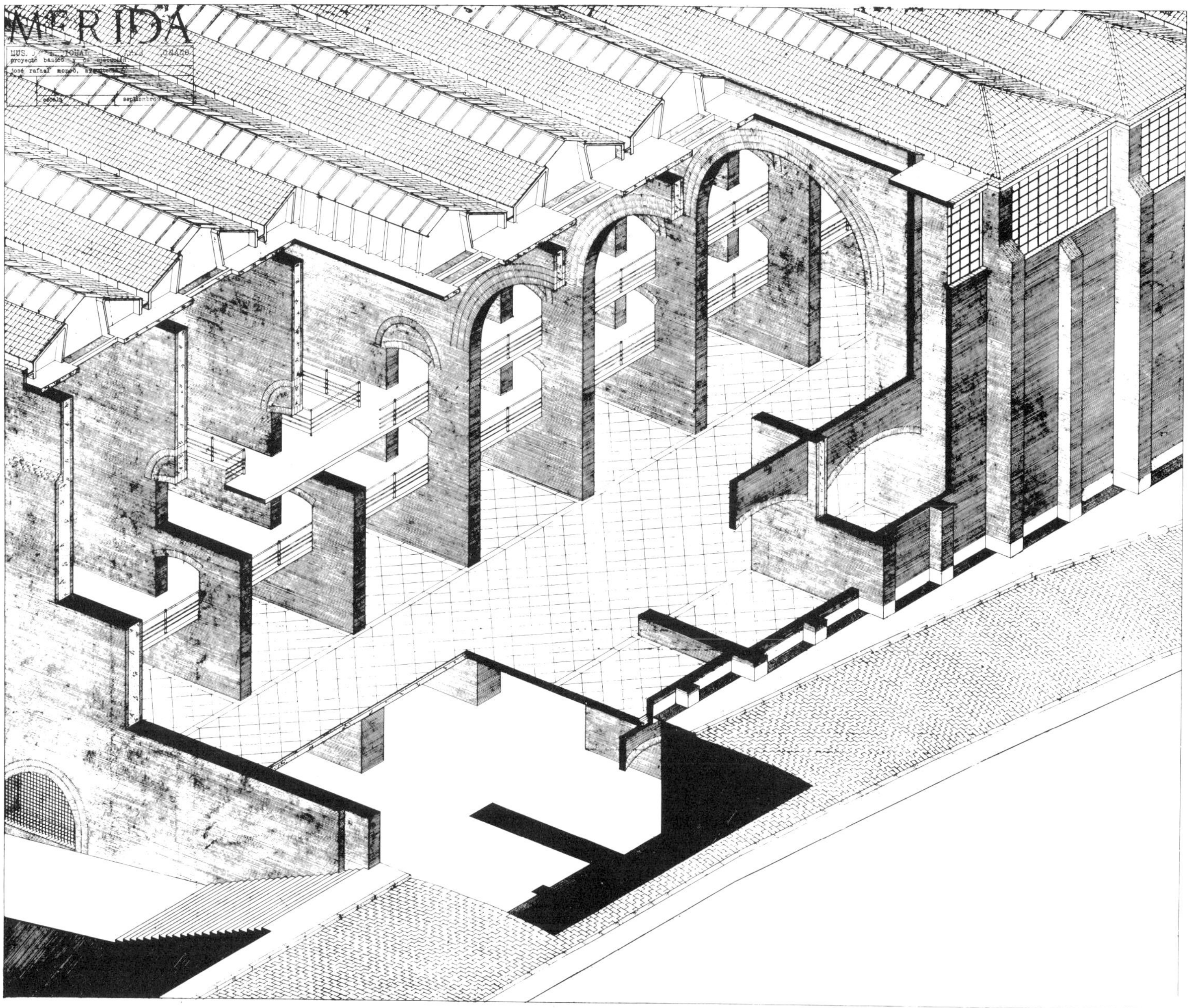

Fig. 11. Rafael Moneo. Museo Nacional de Arte Romano, Mérida, 1984. Axonometría.

aquí los auditorios gemelos que Moneo propone separadamente, se inclinan y giran como para alinearse con el promontorio y el río, a la vez que vuelven su rostro para mirar al mar. La magnitud total de este proyecto queda seguramente mejor expresada en las propias palabras de Moneo:

"De ahí que nuestra propuesta para el Auditorio y la Sala de Congresos, piezas clave del complejo cultural que se proyecta, las entienda como dos gigantescas rocas que quedaron varadas en la desembocadura del Urumea: no pertenecen a la ciudad, son parte del paisaje

Fig. 12. Rafael Moneo. Museo Nacional de Arte Romano, Mérida, 1984.

Fig. 13. Rafael Moneo. Museo Nacional de Arte Romano, Mérida, 1980-84.

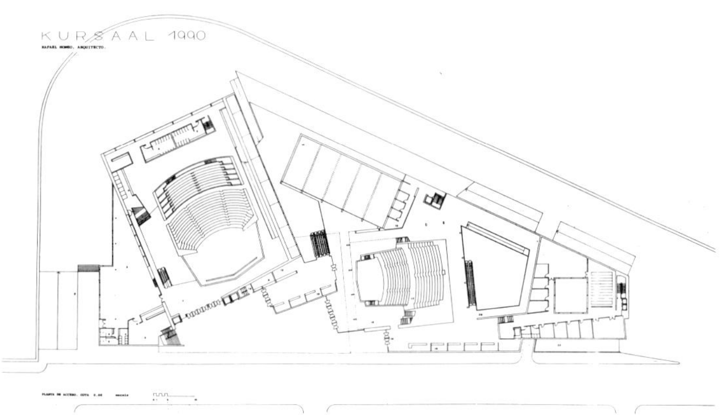

Fig. 14. Rafael Moneo. Centro Kursaal, San Sebastián, 1990.

(...) Tan solo el Auditorio y la Sala de Congresos se manifestarán como volúmenes autónomos, exentos. Las salas de exposiciones, las salas para reuniones, los servicios que tales usos implican, los restaurantes etc. quedarán contenidos en la plataforma(...)

(...) entendemos [que el sistema de construcción en bloque de vidrio y estructura de acero] garantizaría tanto la estanqueidad como el acondicionamiento [apropiado], produciendo un luminoso y neutro espacio interior, cuyo contacto con el exterior sólo se produciría en las espectaculares ventanas del foyer abiertas sobre el mar (...) el bloque de vidrio convertiría el volumen en una masa densa, opaca, y sin embargo reflectante y cambiante durante el día, en tanto que, durante las noches, se transformaría en atractiva y misteriosa fuente de luz. "[7]

Moneo, miembro permanente de la E.T.S.A. de Madrid, tiene actualmente a su estela una generación de arquitectos que pueden considerarse discípulos suyos, entre los cuales se encuentran Gabriel Ruiz Cabrero y Enrique Perea, cuyo edificio más importante es el Colegio de Arquitectos de Sevilla construido entre los años 1979 y 1982, y Antonio Cruz y Antonio Ortiz, los cuales tras realizar un pequeño edificio de apartamentos en torno a un patio en 1976 en el centro de Sevilla, han realizado un buen número de obras de importancia que incluyen las viviendas de Carabanchel, Madrid, en 1989 y más recientemente la Estación de Santa Justa realizada para la Exposición Universal de Sevilla de 1992.

El proyecto de Carabanchel, a diferencia del proyecto del Parque del Sarriá de Coderch, retoma el bloque rectilíneo del racionalismo europeo de Otto Haesler de los 20, donde cada habitación es un volumen rectangular estándar, frente al carácter que Coderch otorgaba a su espacio doméstico. Ambos esquemas de vivienda mantienen la unidad del bloque urbano hasta cierto punto, en el primer caso un podio elevado cubriendo el solar por completo, y en el segundo mediante un muro perimetral de fábrica de ladrillo. A pesar de ser apartamentos adaptados a una fuerte normativa, el bloque de dos frentes de Carabanchel se rompe sobre el primer piso en

Fig. 15. Gabriel Ruiz Cabrero y Enrique Perea. Colegio de Arquitectos, Sevilla, 1979-82.

Alejandro de la Sota y el culto a la simplicidad

No existe en España un arquitecto que sea a la vez tan reverenciado y sin embargo tan remoto como Alejandro de la Sota. Como la obra última del maestro sueco Lewerentz, a quien podemos apropiadamente compararle, la arquitectura de Sota es a la vez conocida y desconocida. Es familiar porque su producción completa ha sido extensamente publicada, pero permanece a la vez curiosamente desconocida debido a su caracter lacónico y de algún modo impenetrable. No es que su arquitectura sea esotérica o afuncional, ya que, en muchos sentidos, es demasiado accesible y servicial. Y sin embargo, muchos aspectos que en un principio parecían simples, esta "simple simplicidad", como Sota gusta llamarla, es también extremadamente compleja.

Así, en cierto modo como ocurre con la escultura de Brancusi, es a la vez aparente y opaca; aparente por su presencia irrefutable como cosa construida y opaca por un aspecto intrínsecamente misterioso que siempre sugiere, como en la obra de Mies, la presencia de algún elemento invisible bajo la superficie de la

una masa de formas escalonadas rematada con una ligera losa de hormigón con reminiscencias a Frank Lloyd Wright o al edificio wrightiano de Gropius para la exposición *Werkbund* de 1914. Esta asimilación consciente de la tradición moderna, reinterpretada en vez de reiterada, se hará igualmente manifiesta en la Estación de ferrocarril, donde los Ortiz, como Moneo, buscarán en el Norte de Europa sus fuentes, en Poelzig y en Aalto, dando lugar a unas formas plegadas como abanicos en la gran cubierta de la estaciòn y en la gran escala de los muros de fábrica que la flanquean. Este trabajo testifica la presencia de la tradición tectónica en España a medida que pasamos de generacion en generación.

Fig. 16. Antonio Cruz y Antonio Ortiz. Viviendas en Carabanchel, Madrid, 1989.

arquitectura. El alcance de esta sensibilidad ha sido definido por José Llinás en los siguientes paradójicos términos:

" Posiblemente para satisfacer a la persona o ente que lo encarga hay una arquitectura que se fundamenta en la exhibición de los instrumentos que la determinan: arquitectura en cuanto a exhibición de poder económico, de medios técnicos, de conocimientos históricos, de remiendos compositivos (...).

Pero hay otra manera de hacer edificios, quizá no tan ligada a servidumbres profesionales o a un cierto concepto de trabajo, en la que precisamente de lo que se trata es de neutralizar y hacer irreconocibles esos instrumentos. En ella, y tal como sucede en las actuaciones de los magos, es fundamental que los instrumentos con que se auxilian permanezcan invisibles y que no se aprecie esfuerzo, o dificultad alguna en la ejecución del prodigio. Nada por aquí, nada por allá: un edificio; o una cuerda se convierte en un paraguas.

Decía John Cage que él no componía con notas musicales sino con ruidos; podría decirse de Alejandro de la Sota que él no proyecta con sistemas compositivos sino con materiales, como

Fig. 17. Alejandro de la Sota. TABSA, Barajas, Madrid, 1957.

sucede con Mies; ello le permite olvidar la arquitectura y detener la forma en la construcción. Pero Alejandro va un poco más lejos: retuerce los materiales; convierte una cuerda en un paraguas. "[8]

Esta capacidad de transformar el acto de construir en una revelación de su forma material se hace de golpe evidente en el más importante proyecto de Sota, el hangar de aviones que construyó cerca de Madrid en 1957 (fig.17). En este caso como en un buen número de otros, especialmente el Gimnasio del Colegio Maravillas de Madrid (1961) (figs. 18 y 19) y su Pabellon de Deportes de Pontevedra (1966), la esencia tectónica emana de una estructura que recorre un gran volumen central que en el hangar y en el gimnasio fue diseñada en colaboración con el ingeniero Eusebio Rojas Marcos. En el caso del hangar, el canto de la estructura se invierte hacia arriba para soportar tanto los lucernarios sobre la sala de montaje como los carriles-estantería que sirven a la zona de trabajo; en el gimnasio sucede al contrario. Es decir, la parte superior soporta un patio de recreo mientras una serie de aulas quedan suspendidas dentro de la estructura invertida. El resto del conjunto del Maravillas, la carpinteria vista de acero, la banda acristalada del clerestorio, los paneles de ladrillo y finalmente las estructuras metálicas que soportan la valla del patio de recreo, todos estos detalles conforman una especie de arquitectura neoconstructivista de la que Sota escribiría:

" Este edificio del año 62, nació a su aire. Preocupados por los problemas urbanos, aprovechamiento del mal solar, económicos, no dió margen para preocuparse por una arquitectura determinada; por eso carece de cualquiera de ellas. Tal vez sea otra; tal vez. (...)

(...) Se remata todo con la valla de protección del patio, que juega con el conjunto y también es fachada. "[9]

La reconocida obra maestra de Sota, el edificio que garantiza su preeminencia, fue el Gobierno Civil de Tarragona realizado durante los años 1954 y 1957 y recientemente restaurado por José Llinás (fig. 20). Fuertemente influenciado y también distanciado de la Casa del Fascio de Giuseppe Terragni de 1936, es un edificio también de cuatro frentes cuadrados de un

Fig. 18. Alejandro de la Sota. Gimnasio del Colegio Maravillas, Madrid, 1961.

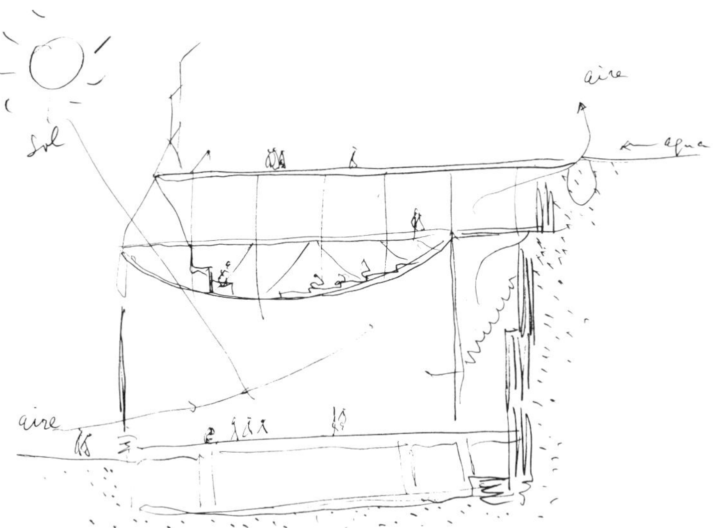

Fig. 19. Alejandro de la Sota. Gimnasio del Colegio Maravillas, Madrid, 1961.
Croquis de la sección.

insistente caracter cúbico. El aura metafísica que desprende la pieza también aparece en los detalles, desde los despieces de piedra hasta las sutiles diferencias en la modulación, que sirven para distinguir en términos de superficie entre la fachada de piedra, los huecos y el vidrio mismo. Más allá de esto, sin embargo, los dos edificios no podrían ser más diferentes, ya que donde la Casa del Fascio gira sobre una reinterpretación autoconsciente de la tipología de palacio de patio cubierto, el Gobierno Civil se centra en un eje simétrico enfatizando su monumental frente, la fachada principal. A través de esta simetría asimétrica, se permitió tanto al programa como al solar influir en la composición; mover, como se hizo, tanto los volumenes principales como las escaleras de una alineación a otra según el edificio se eleva de piso en piso. Así, mientras las plantas baja y primera sirven de forma variada para propósitos representativos y administrativos, las plantas de la segunda a la sexta otorgan una jerarquía residencial, que va desde la suite del gobernador en las plantas segunda y tercera, a sus colaboradores localizados en la parte superior. Sobre la unificación de la forma mediante el uso de chapado de piedra, Sota ha escrito lo siguiente:

"Tarragona, eso sí, se hizo chapado. Allí se usó el mármol pulido en el exterior, bruñido en pavimentos y, recuerdo, tuve la gracia de hacer la mesa del conserje, un pequeño paralelepípedo de piedra, bruñidas todas sus caras menos la superior que se pulió (para rellenar impresos), representando la maravilla que un solo material nos ofrece, y que hace representativa a una piedra, aún siendo solamente la mesa del conserje; era la piedra del patio de los Reyes en El Escorial, la última piedra."[10]

La flexibilidad del método de Sota está en relación con el hecho de que cada edificio se formula en un material distinto y de ahí que su sintaxis sea diferente y que las opciones tectónicas sean orquestadas de tal manera que incorporen el tipo y que engendren el carácter de su forma espacial. La capacidad de Sota para moverse dentro de las limitaciones propias de la producción racional se hace más evidente en su aplicación de sistemas metálicos a grandes estructuras institucionales, tales como el bloque de aulas que construyó para la Universidad de Sevilla en 1972 o como el edificio de Correos que ha realizado recientemente en León (fig,21 y 22). De este último Sota ha escrito:

Fig. 20. Alejandro de la Sota. Gobierno Civil de Tarragona , 1954-57.

" *Los procedimientos constructivos son hoy nuevos; tenemos que incorporarlos a nuestros pensamientos, previo a los proyectos.*

Por la supervaloración que hoy se da a la herencia, se mezclan en nosotros el miedo y la nostalgia. Vale más la restauración que la recreación. Y no es así. (...)

La nueva sede de Comunicaciones en León es un edificio 'funcional' y realizado con medios actuales. Posiblemente no más. Se trató de hacer un 'cubo que funcione' y que permita cambiar este funcionamiento en el transcurso del tiempo; contribuirá a ello la simplificación estructural y la claridad interior. ¡La claridad! ¡Luz, más luz!

Dos 'touches' de sabida y conocida representatividad añadirán al muy tranquilo paralelepípedo el prestigio que a un edificio público le corresponde.

El intento de situar nuevos materiales en nuevas construcciones seguirá siempre. En León se usó el Robertson, que aquí en España se empleaba para hipermercados, en un edificio singular, importante, y el resultado es admisible. Exteriormente por haber pintado la chapa de 'color León' y en el interior porque con delicadeza se humaniza lo que la sensibilidad parece en principio rechazar o exigir. "[11]

Aunque pocos arquitectos poseen el valor o la convicción intelectual para seguir el acercamiento no retórico de Sota, su influencia, como profesor y como arquitecto, ha sido muy extensa. Y aunque uno podría encontrar un buen puñado de discípulos, mucho se les ha pegado a otros muchos arquitectos españoles desde 1945, año en que Sota comenzó su práctica. La profundidad de la influencia de Sota parece derivar de la autenticidad con la que experimentaba y hacía volver a emerger la arquitectura moderna en su vida, desde el tradicionalismo de su casa Pareja-Dera construida en Guipúzcoa en 1945, a la fase racional constructivista de su carrera que culminaria más recientemente con la *répétition différente* de su proyectada Embajada Española de París de 1987.

Constructivismo racionalista en Madrid y Barcelona 1958-1990

Entre los arquitectos de la generación posterior a Sota y vinculados a éste, merecen un lugar especial Ramón Vázquez Molezún y Jose Antonio Corrales, con quienes Sota colaboró exitosamente en el concurso para una residencia de verano para niños en Miraflores de la Sierrra en 1957. La influencia de Sota en el Pabellón de España, obra de Corrales y Molezún, de la Exposición Universal de Bruselas del año siguiente, se deduce del simple sistema estructural con que se montó (fig. 23). Es importante señalar que este sistema era a la vez *tectónico* y *topográfico*; tectónico en tanto que la forma expresiva era

inseparable de la estructura básica, y topográfico ya que la altura relativa de las unidades hexagonales que lo conformaban podía ser modificada para manipular el volumen interno y acomodarlo a la caída del terreno. Provistas de drenaje y soporte de tubo de acero centrado (Cf. Palacio de Cristal de Paxton), cada unidad hexagonal facilitaba la aplicación de un sistema también modular de acristalamiento donde las barras superiores podían ser conectadas directamente al perímetro exterior de los hexágonos. El resultado era una estructura excepcionalmente elegante y límpida; una expresión poética compuesta de luz, transparencia, y de un espacio en continuo desdoblamiento.

Esta linea racional-constructivista se manifestará de manera algo diferente en una serie de casas privadas construidas en los últimos 70: la propia casa de Corrales construida en Aravaca, cerca de Madrid en 1978, la casa de Llinás en Begur, de 1980 (fig. 24), y la casa que Victor Lopez-Cotelo construyó para un familiar en Soto del Real, Madrid, en 1981, tras haber colaborado con Sota durante años (fig.8). Cada una de estas casas se puede entender como reinterpretación de la esencia tectónica de la Casa Guzmán que Sota construyó en Santo Domingo en 1972; esto es como decir que cada una de estas casas se puede entender como variación de un mismo tema, cubiertas de poca pendiente con terrazas en voladizo, huecos

Fig. 21. Alejandro de la Sota. Edificio de Correos, León, 1981. Vista del interior.

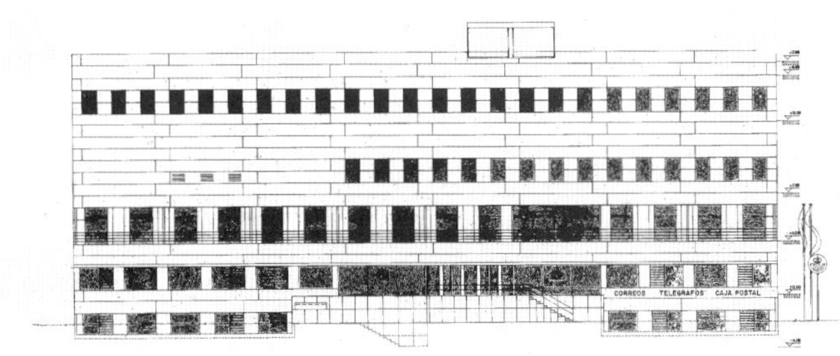

Fig. 22. Alejandro de la Sota. Edificio de Correos, León, 1981. Alzado.

Fig. 23. José Antonio Corrales y Ramón Vázquez Molezún. Pabellón de España, en la Exposición Universal , 1958.

horizontales, escaleras y pérgolas de acero tubular combinadas con ligeros toldos desplegables de lona. Aunque el material elegido para los muros vaya desde el ladrillo a los paneles sintéticos, todas estas casas se posan sobre el terreno de manera similar, sin tener en cuenta cuán imperceptible sea la caída. Con estas casas uno podría sinceramente hablar de una escuela de arquitectura moderna, en contra de la forzada individualidad que tantas veces se enmascara como originalidad a medida que nos acercamos al fin de siglo.

Posiblemente ningún estudio ha contribuido en mayor medida en lo que yo he decidido llamar "constructivismo racionalista" en España que el que formaban López Cotelo y Puente, particularmente en su Facultad de Farmacia de la Universidad de

Fig. 24. Josep Llinás. Casa en Begur, Gerona, 1980.

Alcalá de Henares de 1985 y en la Biblioteca Pública de Zaragoza de 1989 . Esta última obra es ejemplar no solo por su evidente contextualismo sino también por el modo en que combina el racionalismo tectónico de Sota con una expresividad táctil que podemos encontrar en el último Gunnar Asplund o en Arne Jacobsen.

De la generación que ronda ahora los cuarenta uno de los seguidores más capaces de Sota es Llinás, quien como hemos visto llevó a cabo la restauración del Gobierno Civil de Tarragona y que es el arquitecto encargado del proyecto de Sota para la embajada en París. Como arquitecto de propio derecho, Llinás tiene una serie de proyectos estructural-racionalista que le dan crédito como tal: el Centro de Salud de Ripollet (1982-84), la Biblioteca Municipal de Vilaseca (1986), y el Colegio de Ingenieros de Caminos de Barcelona, terminado en 1989. El Centro de Asistencia Primaria (CAP) de Ripollet fue el primer trabajo público de escala media de Llinás. Aquí, como en su casa en Begur, una estructura aparentemente axial es modificada asimétricamente no sólo en términos de sección, la cual responde a la idiosincrasia del lugar, sino también en las fachadas, donde un sutil juego entre simetría y asimetría organiza la composición total estableciendo un contrapunto a la regularidad de las ventanas horizontales y a los finísimos aleros en voladizo de las plantas baja y primera (fig. 25 y 26; ver Capitel, fig. 11) . Este edificio, que ocupa un solar casi rectangular, flanqueado por un río, una carretera y una via de acceso, está orientado hacia un aparcamiento y hacia un futuro parque urbano. Ingeniosamente diseñado de tal manera que se puede acceder indistintamente desde ambos lados, a diferentes cotas, este edificio se descuelga en tres etapas, desde una pastilla de cuatro plantas a una estructura de una sola planta de aparcamiento enfrentada al parque.

El CAP de Llinás, evidentemente influenciado por el racionalismo italiano y hasta cierto punto por Wright, está incorporado al terreno como si de un parterre se tratara. Esta característica se acentúa por unos setos que rodean al edificio por los tres costados, por bandas de vegetación entre las líneas de aparcamiento y finalmente por unas pasarelas de madera que

Fig. 25. Josep Llinás. Centro de Asistencia Primaria, Ripollet, 1982-84.

sirven para expresar la naturaleza ambigua del nivel superior del aparcamiento.

La tendencia española contemporánea por la expresión estructural va más allá de la escuela de Sota, como podemos juzgar por la gran estructura que conforma el *umbráculo* levantado en 1979 en una reserva natural cerca de Madrid, según proyecto de Javier Vellés y María Luisa López Sardá (ver Capitel fig. 18), y por los dos Estadios obra de Esteve Bonell y Francesc Rius construidos en Barcelona para los Juegos Olímpicos del 92. El proposito ecológico, el orden estructural y el significado metafísico del umbráculo queda mejor expresado en pálabras del propio arquitecto:

" *La idea del encargo era la de situar en el monte un edificio que reuniera una serie de servicios --bar, venta de leña, aseos, piscina, vestuarios, almacenes y despachos-- que supusieran un centro de interés concentrado en un lugar concreto al mayor número posible de excursionistas y evitando así su dispersión*

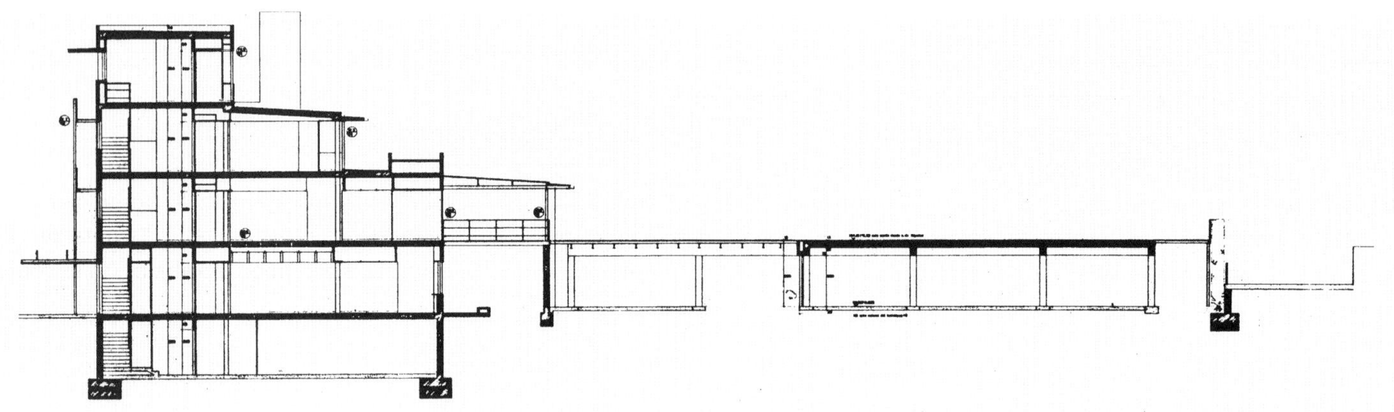

Fig. 26. Josep Llinás. Centro de Asistencia Primaria, Ripollet, 1982-84. Sección.

Situado en un claro del bosque, en una ladera orientada al Sur, el edificio se concibe como un gran umbráculo que recrea el ambiente de luz y sombra de las ramas de los pinos. Así, la planta asemeja la de un aparato musical. Los nudos de la silla de Rietveld dieron la clave para la organización de esta ligera construcción de madera, elemental, hecha con los pinos de la propia sierra, medida y articulada con precisión arcaica. "[12]

Como el Pabellón de España de Corrales y Molezún de 1958, esta estructura de malla está articulada a la vez tectónicamente e integrada topográficamente, de tal modo que los arquitectos parecen más que justificados en reclamar un precedente arcaico, si no clásico, para tal logro. Como la cabaña primitiva de Gottfried Semper, este umbráculo parece estar dividido entre el estereotómico trabajo del terreno y el entramado tectónico de su superestructura. Aspirando a una tectónica que se acerca a la visión de los *grandes constructeurs* franceses (Tony Garnier, Auguste Perret y Eugene Freyssinet), el Velódromo de Bonell y Rius, llevado a cabo en el Val d'Hebron de Barcelona en 1984 (fig. 27; ver Capitel fig.12), es un *tour de force* en tanto en cuanto nos enfrentamos a un edificio público en el cual la autoridad monumental de la obra deriva de un juego entre el orden geométrico de la forma y la especificidad empírica de la estructura. En palabras del propio arquitecto:

" Planteamos un edificio (...) que a pesar de su dimensión se apoyara en el terreno, molestara poco y fuera lo más transparente posible. Un edificio que tuviera dos escalas, debidas a una visualización lejana y a una próxima, por otra parte, queríamos un edificio con una imagen clara que se definiera como unidad arquitectónica, que tuviera capacidad organizativa de todo su entorno inmediato.

Si tuviéramos que definir el velódromo en pocas palabras diríamos que posee una cierta clasicidad por la manera en que se coloca en el paisaje y por la rotundidad de su concepción. Modernidad por su aspecto pragmático y realista, por su sencillez y por la manera en que la construcción es coherente con los materiales utilizados. "[13]

La planta en forma elíptica de la pista del velódromo, reminiscente de la oposición entre la forma real y la empírica en la obra de Le Corbusier, está rodeada por un anillo circular de 4,5 m. de ancho que da cabida a una serie de servicios a lo largo del perímetro; el pórtico, el acceso, los cuartos de baño, los bares, las escaleras y los vestuarios, etc. La escala monumental de este trabajo queda garantizada por las proporciones y por el juego de jerarquías entre la superestructura de hormigón del anillo y el relleno de bloque y cemento de las láminas de 4,5 que soportan la cubierta. El vuelo hacia fuera de estos aleros constituye una cornisa que junto a los mástiles de aluminio que portan la iluminación coronan el edificio. Entre el anillo exterior y los asientos que rodean la pista existen dos espacios abiertos pavimentados que quedan a disposición de los espectadores en determinados intervalos.

Desde la finalización de este edificio Bonell y Rius han trabajado en un estadio de baloncesto también excepcional en Badalona, inaugurado en el verano de 1991. Aquí de nuevo uno se topa con un trabajo *modélico* de un carácter decididamente tectónico. Una ligera cubierta de metal y una estructura vertebral de tubo de acero cubriendo el eje longitudinal de la cancha, le hace a uno retornar a los logros ingenieriles del XIX. Vienen a la memoria el viaducto Saltash de Brunnel o los de Eiffel en el Macizo Central. Y sin embargo, como en el velódromo, los arquitectos prestan especial atención a la pavimentación del terreno en una pulida piedra local y a la ubicación general en un solar urbano algo restringido e irregular de la totalidad de la pieza, por no mencionar el tratamiento jerárquico de la estructura a medida que pasa del

hormigón de su base al fino esqueleto tubular que corona el edificio.

Minimalismo atectónico: Barcelona y Madrid 1982-1990

Albert Viaplana y Helio Piñón trabajan juntos desde que concluyeron sus estudios de arquitectura en la Escuela de Barcelona en 1966. Aunque sus primeros trabajos, tales como los apartamentos Can Braixa de 1976, estuvieron influenciados por el racionalismo italiano, sus trabajos más impactantes hasta la fecha son de una naturaleza topográfica; obras en las que la formación del plano del terreno ha sido tratado mediante construcciones minimalistas en chapa y en tubo de acero. Tres trabajos de este género, todos construidos en Barcelona, ejemplifican lo mejor de su producción hasta el día de hoy: el parque del Bessós (1982), la Plaza de Sants (1982-89) y por último el recientemente terminado Centro Cultural de Santa Mónica, en el interior de un convento situado en Las Ramblas.

El más ambicioso de estos proyectos, la Plaza de Sants, consiste en la superposición de una estructura "ficticia" en una caótica y desolada zona de Barcelona frente a la Estacion de Sants (figs.28; ver Solà-Morales fig.8). Cada vector de esta abstracción tridimensional arranca dando forma al plano del terreno y es transformado desde ahí en una secuencia de trayectorias dinámicas implícitas en la pavimentación diagonal y en otros vectores inscritos en el solar. En este punto, sobre el palimpsesto del terreno se levantan dos grandes volúmenes de estructura de acero y una serie de muebles urbanos con un carácter rítmico o funcional ya sean bancos, fuentes , farolas o bolas. Estas últimas recuerdan inesperadamente al equipamiento de un aeropuerto o de un emplazamiento militar. Ciertas metáforas son conscientemente evocadas a pesar de la severidad escultural de esta abstracción. Así el cubo abierto parece sugerir la silueta de una estructura civil, tal y como la ondulada pérgola que fluye de la estación parecería compensar la falta de una cubrición respetable en la Estación misma, una referencia quizá a la magnificencia de la terminal construida en Roma en 1954.

Es ciertamente posible ver su reciente Centro de Arte (ver Pérez Escolano, fig. 29) como un trabajo también espectral en el que,

Fig. 27. Esteve Bonell y Francesc Rius. Velodromo, Vall d'Hebron, Barcelona., 1984.

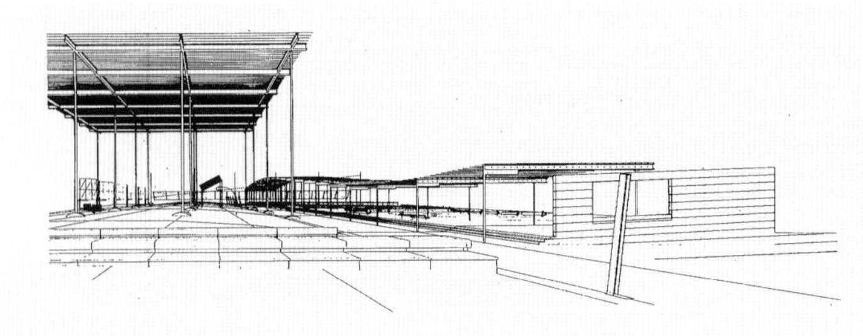

Fig. 28. Albert Viaplana y Helio Piñón. Plaza de la Estación de Sants (Plaça dels Països Catalans), Barcelona, 1983. Perspectiva.

mientras el *topos* es un elemento decisivo, el volumen del edificio existente necesariamente se reafirma como un valor importante. De esta manera la pavimentación diagonal de Las Ramblas se convierte en una pasarela en rampa de madera que nos lleva al primer piso del convento. Así la pasarela asume el caracter molesto de un terreno quebrado que colisiona contra el costado del edificio, como la cubierta de un barco encayado. Esta asociación es llevada hasta el mobiliario, la delicadeza de la marquesina de acceso, o la elegancia del plano de vidrio a canto visto de la pasarela, que a su vez sirve de umbral a la entrada principal.

Lo que podríamos llamar la linea gestual de Viaplana y Piñón ha sido seguida por su *protegé* Enric Miralles, quien junto con su mujer Carme Pinós optó por una vía similar de creación topográfica, con una bravura escultural que en conjunto es menos severa que la de sus mentores. La combinación, de algún modo paradójica, de minimalismo y expresividad escultural se hace ya evidente en el umbráculo diseñado para una plaza en Parets en 1985 y un impulso táctil similar se apodera del Centro de Tiro con Arco construido para la Olimpiada de Barcelona.

Un minimalismo de muy diferente índole es el que distingue el trabajo del arquitecto madrileño Alberto Campo Baeza, cuya arquitectura no tiene nada de la ambigüedad topógrafica que encontramos en la obra de Viaplana, Piñón, Miralles y Pinós. En cambio su arquitectura se basa, en la medida de lo posible,

tanto en formas platónicas como cubos, cilindros y paralelepípedos, como en la revelación de su forma bajo la luz. En este sentido recuerda a la obra del arquitecto japonés Tadao Ando, ya que, como Ando, Campo Baeza parte de una arquitectura blanca funcional, Estilo Internacional, y termina comprometiéndose en una purificación expresiva de este legado formal. Como sucede con otros puristas modernos , como Richard Meier, la arquitectura blanca depende de su susceptibilidad con respecto a la luz y con este fin él hace extensivo el uso de grandes paños de vidrio. Esta variedad minimalista que obtiene su máximo grado de expresión en las casas privadas, tales como la Casa Turégano, terminada en Pozuelo en 1987, se hace por necesidad más tipológica en los encargos públicos tales como el Ayuntamiento de Fere (1980; fig. 29) y en los diversos colegios que construyera en la primera mitad de los ochenta (ver Capitel, fig. 19).

La tradición vasca: del Novecento al racionalismo 1938-1988

Resulta poco afortunado que, debido a su separatismo, el País Vasco se perciba a menudo como una nación aparte y en consecuencia uno sienta una cierta negligencia crítica que no existe en absoluto en el caso de Barcelona. Esta curiosa distancia es tanto más sorprendente, dado que los principales arquitectos de Madrid y Barcelona han mantenido siempre contacto con San Sebastián y Bilbao. Esta proximidad se expresa en el hecho de que Coderch, de la Sota, Sáenz de Oiza, Fernández Alba, Moneo

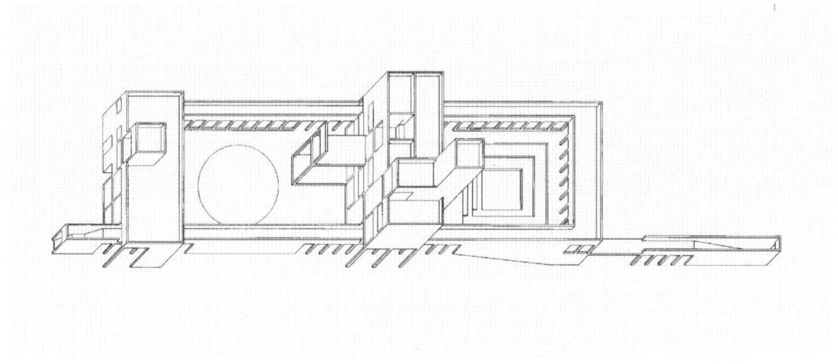

Fig. 29. Alberto Campo Baeza. Ayuntamiento de Fere, La Coruña, 1980. Axonometría.

y Campo Baeza han trabajado todos en el Pais Vasco, así como algunos arquitectos vascos han desarrollado papeles importantes en la cultura arquitectónica de Madrid y Barcelona. En lo que a este intercambio concierne, existe incluso una ligazón que se remonta a 1929: la fundacion del ala española de los CIAM en San Sebastián; los catalanes José Luis Sert y García Mercadal uniéndose a los arquitectos vascos José Manuel Aizpurúa y Joaquín Labayen, creando el GATEPAC Aizpurúa y Labayen seguirían esta iniciativa con dos trabajos racionalistas singulares, ambos llevados a cabo en el San Sebastian de los primeros 30: el Club Naútico y el Café Sacha.

Aunque el racionalismo vasco no fue nunca eclipsado durante el período franquista que sucedió a la guerra civil, en Bilbao se dió una expresión a lo Novecento fuertemente influenciada por la tendencia antimoderna norteitaliana del mismo nombre comandada por Giovanni Muzio. Los principales arquitectos vascos de esta línea fueron Pedro Ispizua, Germán Aguirre y Fernando Arzaden, aunque muchos otros trabajaran durante los 40 en este idioma. La mejor obra local de este período franquista son los ejemplares conjuntos de vivienda Torremadariago, construidos en Irún en 1941 según proyecto de Germán Aguirre y Emilio Amann, y el más extenso llamado San Ignacio de Loyola realizado cerca de Bilbao en 1945 por Aguirre de nuevo, esta vez asistido por Hilario Imaz y Luis Lorenzo Blanc. Este ultimo conjunto podría ser visto como una forma ejemplar de desarrollo perimetral, una tipología por la cual los arquitectos españoles han demostrado siempre un gran interés desde la construcción en Europa de conjuntos de vivienda social de este tipo.

Durante la etapa transicional posterior a Franco, aparecieron en Bilbao arquitectos de gran importancia como Fernando Olabarría, Juan Daniel Fullaondo y los diversos arquitectos que con ellos trabajaron desde los primeros años 60 en adelante, principalmente Alvaro Livano con quien Fullaondo realizó un buen número de escuelas ingeniosamente proyectadas en fábrica de ladrillo visto. Fullaondo y Olabarría también participaron durante este periodo en la evolución de una versión local a lo brutalista, realizando una serie de bloques

residenciales de ladrillo comparables en su rigor plástico a la primera obra de O. M. Ungers en Colonia. En 1967 Fullaondo comenzó a publicar en Madrid su influyente revista *Nueva Forma*, convirtiéndose a la vez en un profesor de cierta influencia. A lo largo de la siguiente década, Fullaondo se situó en diferentes frentes a la vez, dividiendo su tiempo entre la enseñanza y los escritos en Madrid y su práctica en Bilbao.

Otro arquitecto vasco que surgiría durante este periodo es Luis Peña Ganchegui, quien tras estudiar en Madrid retornaría a su ciudad natal, Matriku, a mediados de los 60 para llevar a cabo allí su ejemplar Casa Imanolena de 1964. Esta casa de cubiertas inclinadas apoyada sobre columnas y estructurada en torno a un patio, estableció la sintaxis básica de un acercamiento neopopular que llevaría más allá en un conjunto de viviendas en altura construidas en Matriku en los 60. En las dos últimas decadas la obra de Peña ha variado ampliamente desde el neoconstructivismo de unos laboratorios farmacéuticos revestidos enteramente en bloque de vidrio, construidos en Irún (1974), al edificio de apartamentos neojugendstil de ladrillo que realizara en Elorrio en 1987.

Las mejores realizaciones de Peña han sido, sin embargo, paisajísticas, en particular la Plaza de la Trinidad en San Sebastián (1976), el frontón memorial construido sobre el muro del cementerio de Oyarzun al año siguiente y la topográfica Plaza del Tenis realizada fuera de San Sebastián en 1986 como localización para la escultura de Eduardo Chillida *El Peine del Viento* (fig 30; ver Pérez Escolano, fig.13). Los orificios realizados en la superficie de granito de este mirador al mar sirven como propulsores de una fuente. En determinadas condiciones de luz, este mecanismo de fuente espontánea crea un localizado efecto arcoiris.

A traves de los años 70 y 80 lo mejor de la arquitectura vasca parece oscilar entre dos líneas principales de desarrollo. Por un lado está el clasicismo racionalista introducido de manera decisiva a mediados de los 70 por Miguel Garay y José Ignacio Linazasoro, a través de una escuela construida cerca de Irún en 1974 y de una fábrica y una casa, proyectadas esta vez por Garay

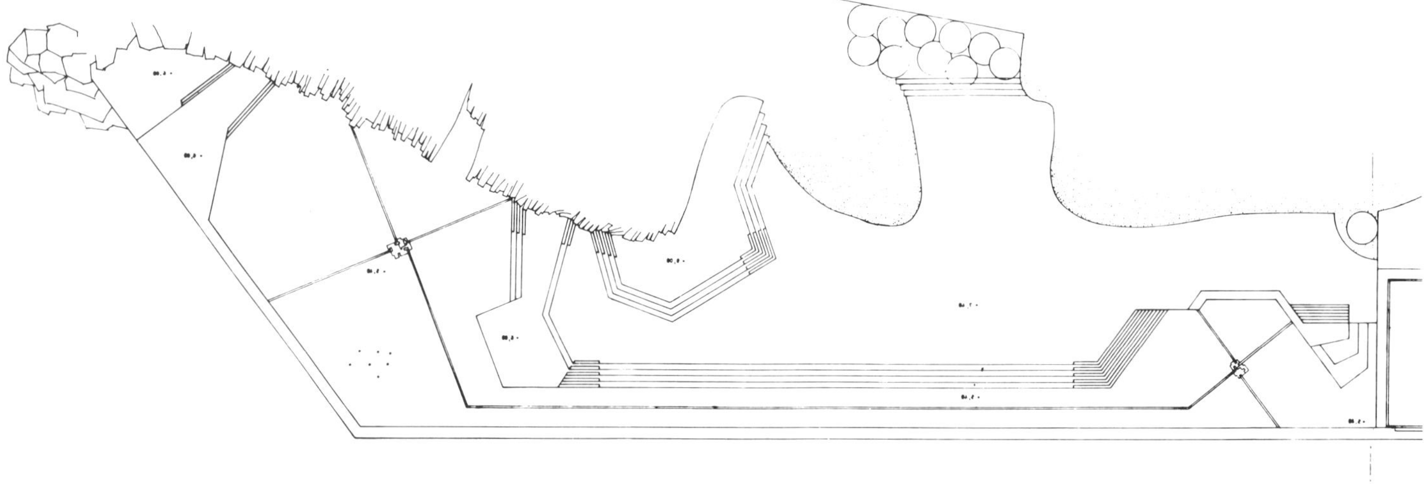

Fig. 30. Luis Peña Ganchegui y Eduardo Chillida. Plaza del Tenis y *El Peine del Viento*, San Sebastián, 1976.

solo en 1976 y 1979 respectivamente. A lo largo de la siguiente década esta línea se desarrollará, en dos direcciones diferentes, por un lado en el pastiche clasicista y por otro retornando al racionalismo que siempre fue inseparable de lo moderno, tal y como vemos en los apartamentos aterrazados realizados en Basurto por Olabarria y Juan R. Villanueva en 1982 (fig. 31). Recientemente un racionalismo más suave y constructivista ha surgido en la escena vasca como lo demuestra la obra de Roberto Ercilla, especialmente en una escuela construida en Lladró en 1986.

El hábitat ibérico: vivienda y urbanización:

Hay que reconocer debidamente el excepcional nivel arquitectónico alcanzado en España como podemos ver, en primer lugar, en la gran calidad de su producción general y, en segundo lugar, en el alto nivel de cultura civil que que refleja el calibre de las viviendas sociales y el alcance y la calidad con que el desarrollo y la renovación urbana se viene realizando recientemente. Aparte de los logros conseguidos en el País Vasco en este aspecto, la postura de la España democrática hacia la vivienda y el desarrollo urbano parace haber empezado a tomar forma en las viviendas de bajo coste realizadas en Caño Roto en Madrid en 1961 según proyecto de Antonio Vázquez de

Castro y José Luis Iñiguez de Onzoño (fig 32). La importancia de estas promociones de poca altura reside en la delicadeza de sus detalles, en la naturaleza articulada de sus espacios abiertos y en el ingenioso juego desarrollado en su tipología de casa-patio. En muchos aspectos Caño Roto sigue siendo el mejor asentamiento urbano de poca altura y alta densidad realizado en España hasta la fecha, aunque se hayan construido

Fig. 31. Fernando Olabarria y Juan R. Villanueva. Edificio de viviendas, Basurto, Guipúzcoa, 1982.

recientemente muchas versiones siguiendo patrones similares a lo largo del país.

En lo que a vivienda de altura media concierne algunos de los mejores ejemplos han sido diseñados por el estudio Martorell, Bohigas y Mackay, como por ejemplo las viviendas de Sabadell de 1979 y el complejo Eduardo Conde en el barrio de Sarriá en el mismo año (fig. 33). A diferentes escalas ambos trabajos están estructurados en torno a un acceso a través de un patio , tipología esta que se dió también en los barrios de viviendas en altura de Madrid construidos en los mismos años, sobre todo en los bloques espalda contra espalda del nuevo distrito de Palomeras, llevado a cabo en las afueras de Madrid a principios de los 80. Estos bloques genéricos obra de Jerónimo Junquera y Estanislao Pérez-Pita y de Manuel e Ignacio de las Casas (fig.35; ver Capitel, fig. 7), establecieron unas tipologías de viviendas totalmente nuevas, especialmente el tipo creado por los Casas que consiste en viviendas patio en forma de ele en edificios de diez plantas. Evidentemente esta tipología pertenece a una larga sucesión de edificios que van desde los *inmeubles villa* de Le Corbusier de 1922 a los apartamentos Hansaviertel construidos en Berlín en 1955, de Alvar Aaalto.

De igual importancia son los bloques de vivienda del nuevo barrio de Pino Montano en Sevilla. Construidos según un plan general de veinte manzanas diseñado por Cruz y Ortiz en 1980, la primera fase de esta promoción consiste en cuatro bloques cuadrados de 42 metros de lado y otros tantos rectangulares de 42 por 84. Un equipo de jóvenes arquitectos colaboraron en el diseño de estos ocho bloques, entre ellos Antonio Hernández, J. A. Sánchez, Rafael Lucas, José Morales, M. J. Muñoz, Antonio Barrionuevo, Victoria Dura y Francisco Torres. El conjunto es ejemplar no sólo por su arquitectura sino también por el hecho de que todo el barrio conforma una ciudad en miniatura comparable a la planificación racionalista del XIX, a la Ringstrasse de Viena o al Ensanche diseñado por Ildefonso Cerdá para Barcelona. Al mismo tiempo los cuidadísimos detalles en lo referente al espacio abierto, tanto interior como exterior a los bloques, dan al conjunto un carácter único.

La Olimpiada de Barcelona 1979-1992:

La operación más global de reforma urbana realizada en España es la que ha emprendido Barcelona a lo largo de la última década: la realización de un plan general para la renovación de la metropolis catalana, promulgado por primera vez en 1976. Concebido en gran medida por Oriol Bohigas como encargado del area de urbanismo de la municipalidad, este conjunto de *plans i projectes per a Barcelona 1981/82* se llevaron a cabo a lo largo de los 80. Esta tarea sin precedentes en términos de

Fig. 32.   Antonio Vázquez de Castro y José Luis Iñiguez de Onzoño. Viviendas en Caño Roto, Madrid, 1956.

renovación urbana, abarcó el acondicionamiento de alrededor de once barrios de la ciudad, la creación de diez parques, la construccion de dos nuevas avenidas y más de treinta espacios públicos de diversos tamaños, incluyendo el Moll de la Fusta según el proyecto de Manuel Solà-Morales (fig. 36). Este último construido sobre una carretera que recorría el borde costero del puerto, se concebió como un paseo nuevo con terrazas y palmeras a lo largo de todo su recorrido.

El puente de Bach de Roda, de 140 metros de luz, obra del arquitecto catalán Santiago Calatrava de 1987 (fig. 37), es otra de las operaciones urbanas también sin precedentes. Al margen de la armonía de su perfil, el cual recuerda a las obras pioneras de Robert Maillart y Eugene Freyssinet, lo absolutamente excepcional de esta estructura es la transformación de una obra de ingeniería en un instrumento de diseño urbano, lo cual se evidencia en el modo en que activa el solar tanto a escala regional como local. Además de salvar un corredor de trenes del siglo pasado que atraviesa y rompe el Ensanche de Cerdà, este puente proporciona una plaza peatonal que vuela por ambos

Fig. 34. Jerónimo Junquera y Estanislao Pérez Pita. Viviendas en Palomeras, Madrid, 1983.

lados de su total longitud. Gracias a este mirador, unido mediante escaleras a dos parques situados a ambos lados de las vías, esta estructura no sólo abarca una estructura regional en relación con el ferrocarril, sino que consigue otra más íntima al unir el trazado urbano de ambos lados del corte existente con anterioridad. Esta obra ha abordado muy diversos temas. En primer lugar hace uso del ingenio técnico para sobreponerse a los desajustes creados por la tecnología y en segundo lugar reduce la estatura simbólica del automóvil, al elevar las aceras con respecto de la calzada permitiendo la vista sobre el tráfico y haciendo desaparecer levemente los peores efectos de la polución.

La política de metástasis urbana creció con la elección de Barcelona como sede de los Juegos Olímpicos de 1992, ya que el efecto de esta decisión fue aumentar el programa inicial. De esta manera, además de la renovación de ciertos elementos civiles y de la dotación de equipamiento a otros, Barcelona ha tenido que comprometerse con empresas mucho mayores, sobre

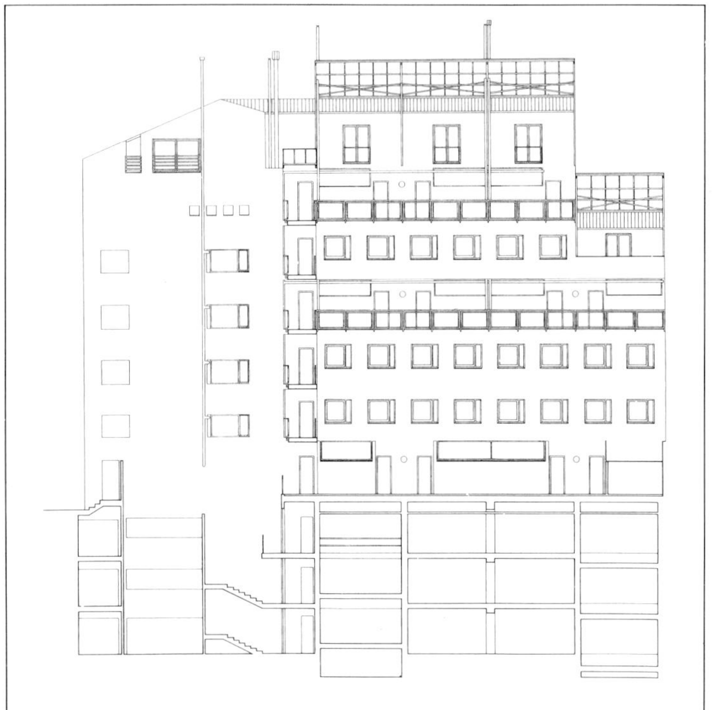

Fig. 33. Martorell-Bohigas-Mackay. Viviendas Eduardo Conde, Barcelona, 1975-79.

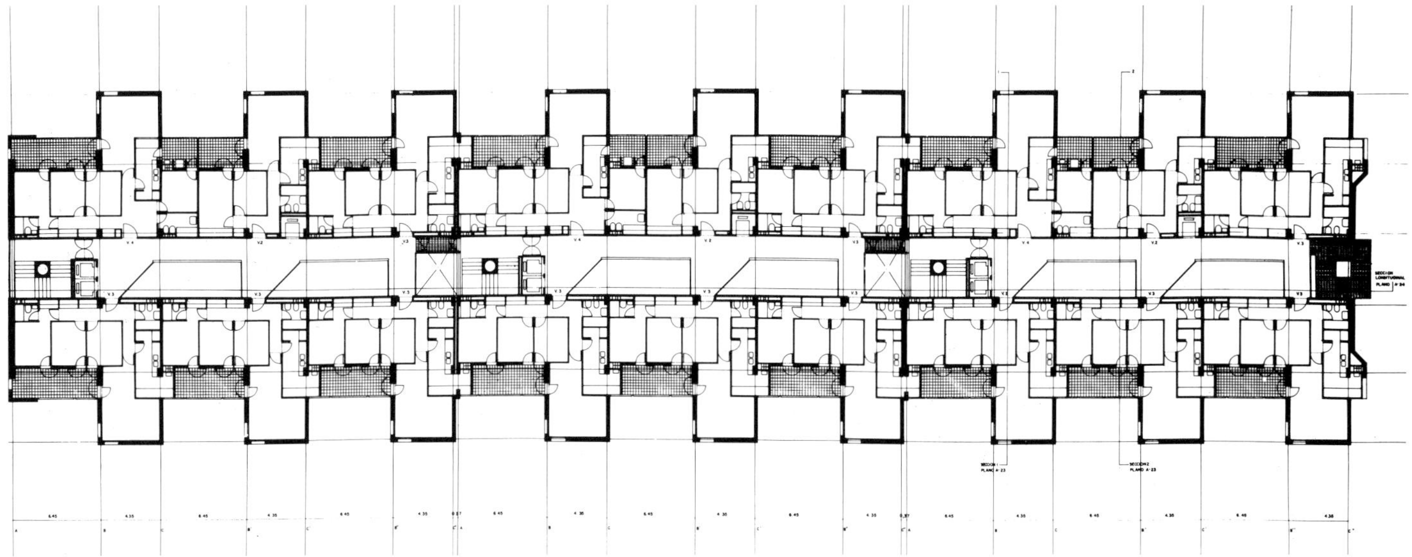

Fig. 35. Manuel e Ignacio de las Casas. Viviendas en Palomeras, Madrid, 1980-84. Planta.

todo con la renovacion y expansión de las instalaciones deportivas de la zona del Montjuich y con la creación de un barrio residencial que albergará a 10.000 personas y que servirá como Villa Olímpica durante los Juegos. Este nuevo barrio, conocido como la Nova Icária, localizado en una zona antiguamente industrial entre el Parque de la Ciudadela y el Poble Nou, orientará de nuevo la ciudad al mar ofreciendo 900 metros de playa desde la Barceloneta a Botagell (fig.38). Tres barreras de infraestructuras tuvieron que modificarse con el fin de llevar a cabo esta promoción: desviar las vías este-oeste que recorrian la costa, enterrar la vía principal que partía de la Estación de Francia y crear una autovía ajardinada a lo largo de la costa entre la Nova Icària y el mar. Este híbrido, diseñado por Martorell, Bohigas y Mackay en colaboracion con Albert Puigdomènech, podría verse como la síntesis de tres modelos básicos: el urbanismo utilitario de Cerdà, del cual es una ampliacion, la topografía pictórica de la tradición de jardines ingleses y las grandes propuestas de la Ecole des Beaux Arts, como demuestra el eje norte-sur que culmina en dos torres de oficinas de 100 metros junto al mar.

Conclusión:

En un artículo de longitud predeterminada no se puede hacer justicia a la cultura arquitectónica española de los últimos veinte años. Uno sólo puede desquitarse de la omisión de innumerables obras mediante la identificación de aquellos procesos generales y principios comunes que han ayudado a dar forma y sustento al nivel general de la arquitectura española contemporánea. Quizá haya que comenzar por constatar el nivel social relativamente alto y el estatus económico del cual los arquitectos españoles disfrutan y por reconocer a aquellas instituciones nacionales que tanto han contribuido a la cultura arquitectónica a lo largo del pais. Es necesario mencionar la duración y el calibre al que los arquitectos españoles están sujetos en su educación profesional; una educación que es más larga y que está enfocada más técnicamente que en muchos otros paises. Los ocho años de media que lleva el titularse, parecen estar en relación con dos condiciones igualmente inusuales: el hecho legal de que ningún edificio puede ser construido en España sin la firma de un arquitecto y la existencia de un sistema de organizaciones profesionales locales conocidas como *Colegios* que existen para operar como gremios, ejercitando un cierto control sobre los aspectos más fundamentales del proceso constructivo. Cada Colegio es un

Fig. 36. Manuel de Solà-Morales. Moll de la Fusta, Barcelona, 1988.

Fig. 37. Santiago Calatrava, Puente Bach de Roda-Felipe II, Barcelona, 1986.

organismo local responsable de representar a todo arquitecto que trabaje en la región y en este sentido casi todas las ciudades poseen un *Colegio de Arquitectos*. Ya que todos los proyectos son sometidos al escrutinio tanto del colegio como de la municipalidad, un cierto nivel de competencia queda asegurado, mientras que algunas prácticas perniciosas son eliminadas, como lo son los caprichos de clientes sin escrúpulos que renuncian a pagar por los servicios completos. El Colegio posee poder gracias a sus servicios para obtener compensaciones por cualquier falta en este sentido, ya que es él, y no el arquitecto, el que cobra las tarifas de las que el arquitecto a su vez cobrará un porcentaje. Esta combinación de poder económico y regulador ha permitido a los Colegios asumir un cierto grado de

liderazgo cultural, en parte a traves de la organización de conferencias y exposiciones, y también mediante el patrocinio de revistas críticas de la más alta calidad como *Quaderns* y *Arquitectura,* respectivamente publicadas por los Colegios de Barcelona y Madrid.

Todo esto apunta hacia los beneficios que ha supuesto el retardo en el desarrollo económico y cultural y sirve para recordarnos de nuevo que la sociedad de consumo no llegó a España hasta mediados los 70, es decir, quince años después de su aparición en la mayoría de los paises europeos. España entró en el consumismo de manera retardada, aspirando a una democratización progresiva, reteniendo un control autoritario centralizado y entonces, con el fin de entrar de lleno en el flujo de la modernización, eligiendo la vía de devolver poder y crédito a la periferia; una decisión federalista consumada en la plena responsabilidad de mantener y aumentrar el estado del bienestar mediante gobiernos autonómicos.

Esta secuencia parcial de eventos combinada con un conservadurismo endémico de las instituciones españolas y la resistencia implícita de los comercios y oficios tradicionales, ha significado que los arquitectos españoles han tenido la fortuna de encontrarse con la modernización neocapitalista relativamente tarde y hacerlo de una manera retroactiva, mediante la cual han tenido la oportunidad de actuar antes y después de los acontecimientos. Afortunadamente, la historia parece haberles dado fuerzas no sólo con la oportunidad de construír en gran medida, sino también con una desligada manera a la vez radical y conservadora. Aún profundamente conscientes de toda la *apria* que inevitablemente acompaña a toda modernización en una epoca posmoderna, los arquitectos

españoles han mantenido sin embargo una convicción mediante la capacidad de su oficio de intervenir positivamente en la producción de su entorno.

Por todo su eclecticismo, que es como decir a pesar de su recurso conocedor de la sintaxis de la herencia moderna, la arquitectura española se afirma, no sólo en relación con su literal anclaje al terreno sino también mediante la expresividad de su materia. En este sentido los arquitectos españoles poseen una sensibilidad especial hacia la forma topográfica y constructiva. A diferencia de lo que sucede en otros lugares donde al objeto en sí mismo se le da una importancia indebida y donde a menudo es tratado de una manera superficial, los arquitectos españoles imprimen los contornos de la situación de tal manera que refuerzan y aumentan los atributos expresivos de la forma tridimensional. Uno sólo necesita reflexionar sobre la gran gran cantidad de obra a la que le ha sido aplicado este principio para darse cuenta de que esta idea es omnipresente en España y que prevalece irrespetuosamente por encima de las idiosincrasias estilísticas.

Si lo topográfico ha de ser reconocido como el primer indicador de la práctica de la arquitectura en España, el segundo sería entonces lo tectónico, es decir, una evidente poética de la construcción que se pone de manifiesto en una gran cantidad de tipologías y situaciones edificatorias. La arquitectura española tiende a ser poco fotogénica y dificilmente es casual el que sea imposible hacer justicia a la arquitectura española mediante representaciones perspectivas. Mientras que las contradicciones de la última modernidad pueden encontrarse en cualquier sitio, lo que sucede es que la mayoría de estas obras afirman una presencia tectónica palpable que se resiste culturalmente hasta el punto de distanciarse de la influencia de los medios y de la cínica reducción de los "tinglados decorados". Cualesquiera que sean las múltiples lecturas y ambigüedades que necesariamente abundan en esta arquitectura, es su cuerpo tectónico el que, digamos, la sostiene contra una condición global según la cual la forma cultural es progresivamente reducida a un mero bien de consumo.

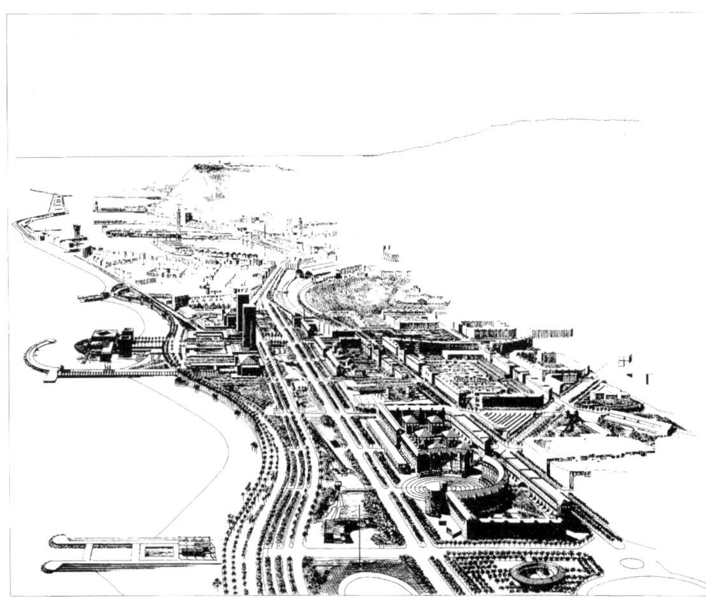

Fig. 38. Josep María Martorell, Oriol Bohigas, David MacKay con Albert Puigdomènech. Nova Icària, Barcelona, 1986-92. Vista aérea de la propuesta.

Notas

1 Antón Capitel, "The Modern Adventure of Spanish Architecture" in *Contemporary Spanish Architecture: An Eclectic Panorama*, editado por Antón Capitel e Ignacio Solá-Morales, Rizzoli, Nueva York, 1986, p. 16.

2 Jose Antonio Coderch, en una entrevista con Enric Sòria Badia en *Coderch de Sentmenat*, Editorial Blume, Barcelona, p.16.

3 José Antonio Coderch, *Op. cit.*, pp. 132 y 133.

4 Ver Helio Piñón, *Nacionalisme: Modernitat en l'Arquitectura Catalana Contemporania*, Llibres a l'abast, Edicions 62, Barcelona, 1980, p. 23. Piñón cita de un ensayo de J. M. Sostres, publicado en 1950 en el *Boletín de la Dirección General de Arquitectura*, Madrid, titulado "El funcionalismo y la nueva plástica".

5 J. M. Sostres, *op. cit.*

6 Antón Capitel, *op. cit.*, p. 17.

7 Rafael Moneo, *El Croquis*, Abril-Junio 1990, pp.13-23.

8 José Llinás, "Nada por aquí, nada por allá...", en *Alejandro de la Sota, arquitecto*, Ediciones Pronaos, Madrid, 1989, p.11.

9 Alejandro de la Sota, en *Alejandro de la Sota, arquitecto*, op. cit., p. 74.

10 Alejandro de la Sota, *op. cit.*, p. 236.

11 Alejandro de la Sota, *op. cit.*, pp. 176 y 177.

12 Javier Vellés, *Arquitectura Española Contemporánea, 1975-1990*, El Croquis Editorial, Madrid, 1989, Vol. II, pp. 408 y 413.

13 Esteve Bonell, *Arquitectura Española Contemporanea, 1975-1990*, op. cit., pp.438 y 447.

Explicar la arquitectura española contemporánea: de la fundación de una modernidad nueva a la exhibición del eclecticismo

Antón Capitel

La fuerza de la propia historia

Explicar la arquitectura española contemporánea puede intentarse con cierta claridad a través de un examen de su pasado reciente, pues en él residen en buena parte las claves que permiten entender la intensidad y el éxito actual de una cultura que, bien poco antes, era desconocida o estaba oculta. Endémicamente oculta y sistemáticamente desconocida durante un largo tiempo por el propio mundo occidental en el que paradójicamente se integraba y del que dependía, la arquitectura española contemporánea es fruto también de esta tradicional marginación, que, en alguna medida y en aparente paradoja, contribuye a hacerla inteligible.

Dos períodos principales pueden ser considerados para ello. Uno, el que corresponde a la tardía consolidación en España de la arquitectura moderna (esto es, durante los años 50 y 60), antecedente directo de la arquitectura contemporánea en cuanto se produce en él la obra de los maestros de los arquitectos actuales más significativos, y alguna parte incluso de la de estos mismos; y ello aunque entre ambos períodos se estableciera una fuerte ruptura de ideales y de objetivos. Otro, el que corresponde a la importante revisión del pensamiento moderno emprendida a partir de los primeros años setenta, base de la actual situación y que la expresa de un modo bien concreto al permanecer aún en una notable continuidad con él.
El primer período, el de fundación de una arquitectura moderna española, influyó en el actual de dos formas generales distintas y contrarias, a la vez que sólidamente trabadas entre sí. Pasemos a exponerlo.

De un lado, el triunfo y desarrollo de la arquitectura moderna en España se produce en los años de la posguerra civil bajo el activo catalizador que significaba el sentimiento de retraso frente a Europa y Norte-América; esto es, frente al mundo cultural tenido por propio, al que se ansiaba unirse completamente superado un dilatado bache histórico y, muy en concreto, la distancia establecida debido al régimen dictatorial, que había llegado incluso a promover la supervivencia del historicismo como marchamo nacionalista y de cobertura cultural del franquismo.

Así, los arquitectos más empeñados de los tiempos de la dictadura, pasaron a mitificar la arquitectura moderna que no poseían, en unos años muy tardíos. Tanto que para determinadas culturas extranjeras era entonces ya una cuestión convencional o, incluso, sometida a revisión. La Arquitectura Moderna apareció ante ellos, de este modo, como una verdadera e incontestable Buena Nueva, superadora de todo mal, incluso extra-arquitectónico, y en esta mitificación —a la que probablemente no fuera ajena ni la base católica del sentimiento español ni la fuerte frustración que la sociedad franquista significaba— volcaron tanto una gran intensidad de su trabajo como la imagen de un espejismo: la Arquitectura Moderna se insinuaba como el único bien perseguible al tiempo que inalcanzable. Ya que su identificación era esquiva y su método era el progreso, una vez llegados a ella el camino consistía en superarla.

Pero, de otro lado, esta condición mítica y misteriosa de la arquitectura moderna aumentó su dificultad de identificación al evolucionar realmente fuera de España, de acuerdo con su naturaleza de arquitectura en progreso, y al compás de importantes ideas revisionistas, tales como el neo-realismo italiano y la teoría de las pre-existencias ambientales, o el organicismo nórdico y americano, por citar las que tuvieron también una fuerza especial para la arquitectura española.

En la conciencia y en la obra de los arquitectos españoles se va a superponer así, casi en el mismo período, el triunfo de la arquitectura moderna propiamente dicha —la del Estilo Internacional— con revisiones tan importantes como la orgánica, sin que esta contradicción ni los equívocos por ella creados, fuera sentida como tal por aquéllos que hubieron de soportarla. La arquitectura española moderna de los años 60 se convirtió en ecléctica sin saberlo ni aceptarlo; esto es, sin dejar de aspirar a un modelo ideal, único y excluyente, que cualquier tendencia pretende detentar.

La superación de este ideal esquivo de las anteriores generaciones, eliminando tanto la carga de «verdad» como la de obsesiva acción «en progreso» que en sí llevaba, pero aceptando paulatinamente el no reconocido eclecticismo que también significaba en el aspecto más propiamente arquitectónico, describe en parte la actitud de las nuevas generaciones. La paradójica herencia dejada por los modernos será, pues, el eclecticismo, y tanto en lo que esta actitud significa en cuanto a práctica arquitectónica en la que se mezclan distintas cuestiones, como en lo que tiene de «coexistencia pacífica» de tendencias dispares. Esta será entonces una de las consecuencias verdaderamente importantes que se derivaron para las nuevas generaciones de la carrera de sus mayores.

La búsqueda del esquivo ideal moderno, la aceptación de éste como un ideal en progreso y la práctica de las revisiones al Estilo Internacional provocaron, sin embargo, en los arquitectos españoles de los 50 y los 60, la realización de un denso y rico trabajo, de una compleja «Aventura», dilatada y difícil. Una aventura del más alto interés, pues la persecución de la modernidad, continuamente superada y vuelta a elaborar, supuso un esfuerzo colectivo de gran envergadura, la creación de una tradición moderna que antes no existía.

La crisis del pensamiento moderno

A principio de los años 70, sin embargo, dicha tradición consuma una profunda crisis, ya paralela a la de la cultura internacional. Como en Europa y América, a las revisiones orgánicas y tardo-orgánicas les sucede un nuevo y exaltado interés por las tecnologías, se produce el deslumbramiento por las neo-vanguardias como Archigram, se sigue el espejismo del diseño por computadora o la creencia mítica en las metodologías que gentes como Alexander protagonizaron; o incluso muy nuevos intereses, como la semiótica o el estructuralismo, invaden la disciplina arquitectónica haciendo que su contenido vaya, poco a poco, desapareciendo. La arquitectura sufre una crisis de identidad, de naturaleza, como si la disciplina, siguiendo opiniones como la de Reyner Banham, debiera perder los objetivos e instrumentos que la habían caracterizado. La aventura moderna con tanto esfuerzo acumulada parece diluirse y las nuevas generaciones encuentran ante sí un horizonte vacío.

Pero si la creencia en un ideal moderno, como ya dijimos, no es heredada por estas nuevas generaciones, la fe depositada en el valor de la arquitectura por sus mayores y la riqueza de su aventura será recibida como un fuerte patrimonio básico, no necesariamente consciente, y desde el que reaccionar ante la crisis del pensamiento y de los instrumentos modernos que ante ellos se abrían.

En un primer momento la reacción es de anti-modernidad, oponiéndose directamente a la idea de progreso constante que ésta significaba y a la propia naturaleza de su contenido: función, tecnología y sociedad no serán reconocidos ya como valores básicos, buscando identificarse por el contrario con aquéllos principios que la modernidad había desechado. Educadas las nuevas generaciones en el ambiguo culto del Movimiento Moderno, buscarán, en un primer momento, aquéllas cuestiones que una mitificación tal les había negado.

Las nuevas generaciones se encontrarán así en una disposición muy fértil para recoger algunos nuevos discursos, no generados en España, pero que van a permitir a los jóvenes arquitectos españoles interpretarlos en el interior de sus preocupaciones y de su propia tradición, superando así el tradicional retraso que había caracterizado hasta entonces a la arquitectura española e iniciando una posición de vanguardia aún no desmentida. Me refiero a la contestación de Venturi al discurso moderno, de amplia y difusa repercusión en España y a la contribución de Rossi a un entendimiento de la arquitectura como una disciplina de naturaleza y principios propios, legibles en la historia, habiendo sido la influencia de esta última enormemente importante.

Cuestiones tales como la autonomía de la disciplina, la intemporalidad del lenguaje clásico, el sentido de la auténtica racionalidad, la continuidad de la historia, el papel de la técnica, la relación entre obra e ideología, la construcción de la ciudad, etc., eran los temas que a una significativa parte de las nuevas generaciones les preocupaba. Esto es, aquellas cuestiones a las que no habían dado respuesta en los agitados años que les tocó vivir en las Escuelas, y que ahora serán tanto más vitales cuanto que muchos de ellos se incorporarán a estas como profesores.

La «recuperacion de la disciplina»

Este cambio de mentalidad se produjo además en el
momento en que se trascendía la estructura geográfica de la
cultura arquitectónica española hasta entonces existente;
esto es, la articulada en torno a las dos grandes metrópolis,
Madrid y Barcelona, y a sus ya tradicionales Escuelas de
Arquitectura, apareciendo focos activos en otros lugares, y
destacando entonces el de Sevilla —surgido con la misma
naturaleza de los antiguos en cuanto orbita en torno a una
gran ciudad capital y a su Escuela de Arquitectura—, pero
apareciendo también otros menores, como el del País Vasco y
el de Galicia.

La recuperación del entendimiento de la arquitectura como una
disciplina autónoma del trazado proyectual, con recursos e
instrumentos propios, surge así como base común de una
reflexión que se produce generalmente en torno a las Escuelas y
que tuvo en cada caso matices específicos.

En Barcelona, la figura docente de Rafael Moneo —educado
en la Escuela de Madrid, pero profesor de Barcelona en los
70— aglutina con su magisterio a un grupo de jóvenes
profesores que forman hoy el frente más importante de la
arquitectura catalana. Piñón, Viaplana, Torres, Llinás, Mora, y
algunos otros, tendrán el privilegio de estar presididos por
Moneo, arquitecto que había vivido la última parte de la
«aventura moderna» antes aludida, pero que reaccionará
con excepcional lucidez y agilidad ante la crisis del
pensamiento moderno, llegando a conducir, como un
hermano mayor común a todos, la llamada «refundación
disciplinar» que partirá, en un principio, del análisis del
pensamiento de Aldo Rossi. Moneo se convirtió así, al unirse
su papel de profesor excepcional con el de arquitecto en
ejercicio, en el símbolo de una nueva etapa que había
superado positivamente la aguda crisis del pensamiento
moderno, y que, si bien partía de ideas foráneas, las utilizaba
según puntos de vista y problemas propios. (Pues no debe
desdeñarse nunca, en la comprensión de la arquitectura
española, las consecuencias que siempre ha tenido la voluntad
de entender su cultura, tradicional o contemporánea, como

una cuestión nacional y local, como un modo propio y colectivo
de entender las cosas).

En Madrid, grupos de jóvenes profesores (representados por
nombres como Casas, Capitel, López-Peláez, Ruiz Cabrero,
Vellés, y, algo más tarde, Navarro Baldeweg) aglutinan poco a
poco una escuela masiva y desarticulada, siguiendo una
orientación semejante a la de Moneo en Barcelona, y apoyados
en la autoridad institucional de nombres de primera importancia
en la, ya antigua, aventura moderna», como Fernández Alba, o
Sáenz de Oíza. Los problemas inherentes al hecho de transcurrir
en los setenta al final de la dictadura y la transición a la
democracia, y a la propia crisis económica de aquellos años,
provocaron una escuela estudiosa y crítica, al tiempo que activa
y libertaria, en la que la vitalidad y el instinto de la joven
generación de profesores, y su ansia por investigar y alcanzar lo
que como estudiantes les había sido negado, fue capaz de
procurar un enorme y profundo crecimiento cultural de la
institución docente. El descubrimiento y la reflexión sobre la
totalidad de las arquitecturas del siglo XX, y de la historia de la
arquitectura, en general, así como el reconocimiento de la
arquitectura como una disciplina dotada de condiciones de
autonomía, originó un trabajo proyectual y docente, critico y
teórico de importante alcance, al menos en cuanto a lo local y a
lo nacional, y capaz de explicar en gran parte el nuevo interés
que la arquitectura española contemporánea llegaría a tomar en
los años 80.

En Sevilla, nombres como Barrionuevo y Torres, Ortiz y Cruz,
Vázquez Consuegra, Trillo, Sierra, etc., se unen, en la Escuela y
en la ciudad, tanto a lo que significaba reflexionar en torno a las
ideas más emergentes del pensamiento rossiano como a la
orientación culta, ecléctica y profesional que en Barcelona
aglutinaba Moneo. Madrid, Barcelona y Sevilla se producen así
de forma semejante, representando a la totalidad española, y en
un pensamiento y una producción arquitectónica que se situó en
torno a una nueva interpretación del racionalismo. Esto es, a
una versión de la tradición moderna que se estimaba
especialmente tanto en sí misma como en cuanto modo de
incorporar las consideraciones a que ya aludimos y que en
aquellos años interesaban.

Unas básicas «dosis» de «tendenza»

Otros focos de cultura arquitectónica, como los del País Vasco y Galicia, no estuvieron apoyados al principio en ninguna Escuela de Arquitectura, sino en torno a los Colegios profesionales de Arquitectos, y representaron más clara y hasta esquemáticamente la arquitectura más influenciada por el pensamiento de Aldo Rossi y del grupo que se llamó la «Tendenza», fundamentalmente a partir del conocimiento que de esta se tuvo después de la XV Trienal de Milán, en 1973. Otro grupo de seguimiento importante de la arquitectura en torno al pensamiento de Rossi se formó en Barcelona en torno a la revista «2C-Construcción de la ciudad».

Salvador Tarragó, director de la revista «2C», José Ignacio Linazasoro y Miguel Garay, organizadores de las «Semanas de Arquitectura de San Sebastián», o César Portela, arquitecto gallego representativo de lo que hablamos, sintetizan una actitud en la que se privilegia la idea de tradición racionalista como la más importante herencia del Movimiento Moderno, al tiempo que se defiende la vigencia de un clasicismo contemporáneo, la atención a la consciente relación entre arquitectura y ciudad, y el valor del lugar, o de la propia tradición. Es este último contenido el que dará cuerpo a una arquitectura de intención vernácula, en la que se reflejará desde un principio la base ecléctica de los principios de la «Tendenza», que se manifestarán, sin embargo, en los proyectos y obras concretas, en forma de una purista adhesión a la línea clásico-racional.

El caso es que las ideas extraídas del pensamiento rossiano fueron en la España de los 70 el catalizador principal de la renovación del propio pensamiento y, así, de los principios de acción de la arquitectura de las nuevas generaciones, entendiendo por éstas a todos los arquitectos «empeñados» que acabaron su carrera en torno al período 1967-73, a los que ha de añadirse la singular y excepcional personalidad de Rafael Moneo (titulado en 1961), o la también muy representativa en Madrid de Manuel de las Casas (titulado en 1964), representando ambos, con su actitud ante la enseñanza y sus obras profesionales, el apoyo al nuevo modo de entender las

cosas más protagonizado, en un principio, por los algo más jóvenes.

Pero la arquitectura producida fue ya bien diversa, o, si se prefiere, bien amplia. Desde el extremo figurativo más opuesto al Movimiento Moderno se produjo de forma bien temprana la obra de Linazasoro y Garay, expresa en una realización, la Escuela en Fuenterrabia (fig. 1), que busca el impacto de un «Clasicismo Contemporáneo» conducido por la voluntaria

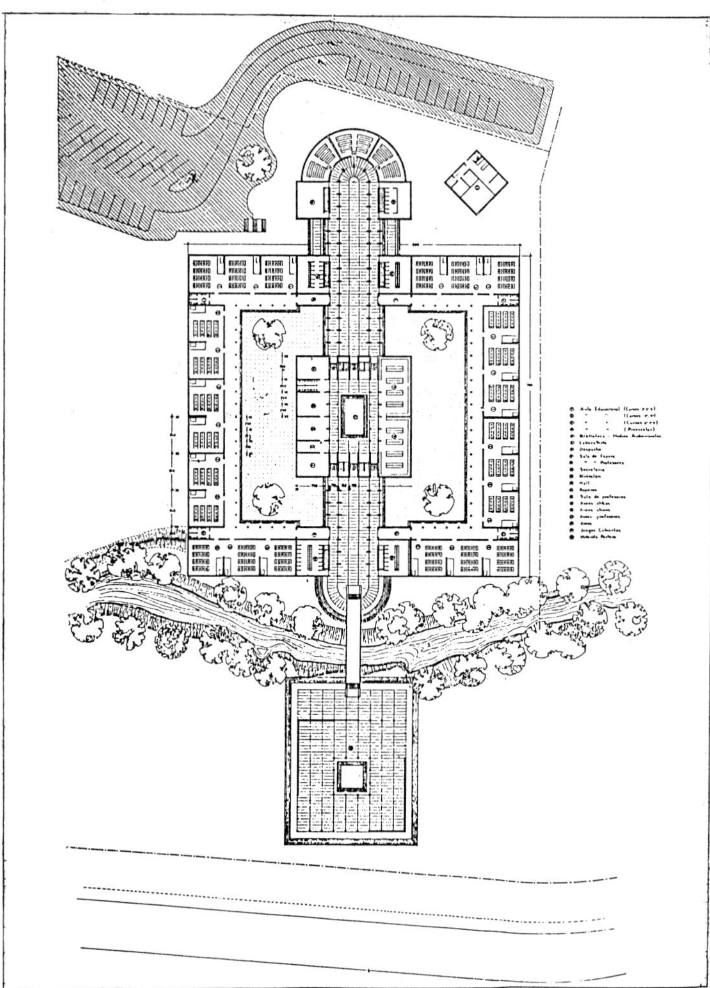

Fig. 1. José Ignacio Linazasoro y Miguel Garay. Ikastola, Fuenterrabia, Euskadi, 1974. Planta.

Fig. 2. César Portela. Viviendas para gitanos en Campaño-Poio, Pontevedra,1974-75.

referencia a la redescubierta obra de Heinrich Tessenow, que
había divulgado entre los seguidores de la Tendenza el
arquitecto italiano Giorgio Grassi. Las casas en el campo de
Galicia (fig. 2) de César Portela, constituyen una versión de la
línea clásico-racional en cuanto favorecedora de un
entendimiento neo-vernáculo de la arquitectura, y ambos
ejemplos parecen orillar el movimiento moderno para
introducirse en puntos sofisticados de una ilustrada (e
inexistente) tradición académica.

La formacion del racionalismo eclectico

En las capitales, y en torno como dijimos, a la enseñanza de las
Escuelas, las cosas fueron distintas y, en su propia diversidad,
más parecidas entre sí. La influencia de Moneo, tanto en su
papel de profesor como en su evolución como arquitecto, se
extiende de un modo u otro a todas ellas, al coincidir en
general intereses arquitectónicos amplios, pero similares. El
edificio Bankinter de Moneo y Bescós, en Madrid, (fig. 3) sirve
de clave al entender como con él se busca una arquitectura que
rompe con el desarrollo inmediato de la modernidad,
destacando el racionalismo como el que se cree tronco más vivo
y auténtico de ella, y enlazando en sus muy diferentes
instrumentos proyectuales y en sus gestos con episodios
diversos de la historia reciente de la arquitectura, española y
extranjera. Edificio inclusivo, alude a Sullivan y a la Escuela de
Chicago, y a episodios de la modernidad madrileña de
anteguerra y de pos-guerra, en su empleo de los principios de
la «composición plana» como satisfacción de la vocación urbana
del volumen. Pero también alude a las ideas de Venturi y, en
cierto modo, a la poética figurativa aaltiana, dando cuenta de
una posición ecléctica que no renuncia ni a la
contemporaneidad ni al pluralismo. Tampoco a una relativa
continuidad con la inmediatamente anterior «aventura
moderna» a la que nos hemos referido.

El edificio fue para los arquitectos de las nuevas generaciones,
y para sus alumnos, todo un emblema. Un emblema que, como
el propio Moneo, tendía a integrar las culturas entre las
distintas capitales. Y un emblema que señalaba cuál iba a ser

Fig. 3. Rafael Moneo y Ramón Bescós. Bankinter, Madrid, 1970-76. Alzado.

Fig. 4. Rafael Moneo. Ayuntamiento, Logroño, 1973-81. Interior del vestíbulo.

durante muchos años la postura mayoritaria de la nueva arquitectura española: la tendencia que hoy podemos definir como el «racionalismo ecléctico». En ella insistirá el propio Moneo con obras como el Ayuntamiento de Logroño, (fig. 4) o con el Museo Nacional de Arte romano en Mérida (fig. 5).

Arquitectos como Manuel e Ignacio de las Casas, en Madrid; como Antonio Cruz y Antonio Ortiz, en Sevilla; o como Llinás y Bonell, en Barcelona, emblematizan asimismo esta postura mayoritaria, que agrupó a una gran cantidad de edificios y proyectistas de interés.

Aproximados entre sí por el interés en la línea racionalista del movimiento moderno, se unen asimismo a una difusa pero insistente tradición española de hincapié en la construcción material, de apego por la composición pura y de consecuente simplicidad, y hasta esquematismo, de la expresión. En la tradición nacional más inmediata, se rechaza el organicismo practicado en los sesenta, pero no el racionalismo de los cincuenta, surgiendo así el recuerdo de arquitectos nacionales como Francisco Cabrero, o, sobre todo, como Alejandro de la Sota. Arquitectos más lejanos, como Asplund o Terragni son fuente de admiración, cumpliendo en ello la inspiración en la historia que Rossi había defendido y alentado como entendimiento de una disciplina que tiene objetivos y recursos propios. El valor urbano de la arquitectura, o la relación entre tipo y morfología como principio de la ciudad, son ideas que pertenecen también en origen al pensamiento rossiano, pero que han sido interpretadas en el interior de los problemas propios, muchas veces acudiendo a la propia tradición que ya los contenía.

Fig. 5. Rafael Moneo. Museo Nacional de Arte Romano, Mérida, 1984. Vista del interior.

Fig. 6. Manuel e Ignacio de las Casas. Viviendas en Talavera de la Reina, Toledo, 1976-85.

Fig. 7. Manuel e Ignacio de las Casas. Viviendas en Palomeras, Madrid, 1980-84.

De los hermanos Casas, tal vez lo más significativo sean sus viviendas en Talavera de la Reina (Toledo) (fig. 6) y en Palomeras (Madrid) (fig. 7), representando con ellas tanto una actividad de importancia para los arquitectos de la capital —la construcción de viviendas, muchas veces de la política social del Estado—, como un cierto estilo seco y duro, intensamente compositivo y algo «metafísico», que llegó a ser en Madrid, y en aquellos años, una cierta seña de identidad. El esfuerzo por convertir en un problema urbano el tema de la vivienda colectiva, incluso a través de la edificación abierta, destaca en sus trabajos tanto como lo que éstos han supuesto de investigación tipológica (ver fig. 8).

De la obra de Ortiz y Cruz han de hacerse notar sus ejemplos de vivienda en el casco de Sevilla (fig. 9), en donde un seguimiento de la arquitectura moderna en sus componentes formales se compatibiliza con la tradición y la lógica de construír en torno a un patio (fig. 10). Como Moneo, de quienes son discípulos, el racionalismo se interpreta en una forma amplia, lo que les permite operar en un abanico que, estilísticamente, se mueve desde la fidelidad al racionalismo «ortodoxo» de los años 20 hasta el «novecentismo» o clasicismo moderado vigente también en la ante-guerra. Una intención que no debe confundirse con un simple historicismo, sino con una identificación de la arquitectura como disciplina capaz de extraer de un escogido pasado los instrumentos proyectuales.

El edificio para dispensario médico de Josep Llinás (fig. 11), el velódromo de Barcelona de Bonell y Rius (fig. 12) o la estación en Bellaterra de Bach y Mora (fig. 13) expresan bien el

Fig. 8. Javier Frechilla, Carlos Herrero, José M. López-Peláez, Eduardo Sánchez. Viviendas en Palomeras, Madrid, 1982. Perspectiva.

Fig. 9. Antonio Cruz y Antonio Ortiz. Patio de un edificio de viviendas. Sevilla, 1974. Perspectiva preliminar.

Fig. 10. Antonio Cruz y Antonio Ortiz. Patio de un edificio de viviendas. Sevilla, 1976.

Fig. 11. Josep Llinás. Centro de Asistencia Primaria, Ripollet, Barcelona, 1982.

«racionalismo ecléctico» de la joven generación catalana, siempre más inclinada al lado propiamente moderno y menos «novecentista», pero que viene a unirse a Moneo y a otros muchos arquitectos de Madrid, Barcelona y Sevilla en la práctica de una arquitectura bastante común, que trasciende ahora geografías y culturas locales para convertirse, con todas las licencias que se quiera, en «nacional». Una gran parte de la arquitectura española generó así una cierta escuela, vigente a lo largo de los setenta y los ochenta, emblematizada por los nombres y obras que hemos comentado, y tan mayoritaria que tiende a confundirse con una manera propiamente española.

La influencia de Venturi y el salto al «post-modern»

Pero a la enorme influencia del pensamiento de Rossi —presente, como hemos visto, tanto en la obra de seguidores más directos como en la mayoritaria posición que hemos llamado «racionalismo ecléctico»— ha de añadirse la también importante de Robert Venturi, que queda menos reflejada en las obras, al menos directamente, pero que está presente asimismo en la base de muchas de las producciones citadas. El pensamiento de ambos arquitectos tuvo enorme importancia para los arquitectos españoles, pues venía a llenar de contenido propio una disciplina que había sido terriblemente devaluada por el desarrollo de la modernidad al querer reducirla a las ideas de función, de tecnología, de servicio social inmediato. Reivindicar la arquitectura como una cuestión de forma y de composición, poner entre paréntesis la idea de progreso e invalidación del pasado, defendiendo la arquitectura histórica como un depósito de sabiduría, eran discursos comunes a Rossi y a Venturi. Para los arquitectos españoles fueron una importante guía y un tranquilizador apoyo a sus propios sentimientos, permitiéndoles eliminar algunos de los equívocos de su herencia y aprovechar la riqueza de su tradición más reciente. De esta combinación de

cuestiones partirá la arquitectura española reciente, que hunde
sus raices en ellas incluso en lo que hace a las tendencias más
tardías o, aparentemente, menos representadas por lo que
antecede.

La influencia de Venturi fue, pues, complementaria, si bien
específicamente importante si pensamos en su insistencia acerca
de los lenguajes arquitectónicos en cuanto convención
arbitraria, y a la densidad, complejidad y hasta permisividad de
tratamiento de la imagen y, en general, de los problemas
formales. Puede detectarse la influencia de esta riqueza y
permisividad incluso en arquitectos como Rafael Moneo o
Manuel de las Casas, por no hablar más que de los ya citados, así
como debe anotarse la introducción profunda de las ideas
venturianas, acompañando a las rossianas, en la cultura colectiva
de la arquitectura española.

Podemos citar, no obstante, algunas arquitecturas que, muy
tempranamente, respondieron con un eco más directo del
discurso venturiano. De entre ellas son las más importantes las
obras del equipo de Clotet y Tusquets, los arquitectos más
jóvenes de la antigua «Escuela de Barcelona» que capitaneaba
Bohigas. En sus primeros años de profesión habían llegado a

Fig. 13. Jaume Bach y Gabriel Mora. Estación de Bellaterra, Barcelona, 1984.

intervenir en el «realismo» practicado por este grupo e influido
por la arquitectura italiana y que fue, en los años sesenta, la
contribución catalana al desarrollo de la «aventura moderna»
española.

Pero, ya desde 1972, darán testimonio de una actitud muy
radical mediante algunas pequeñas obras, entre las que destaca
el llamado «Belvedere Giorgina» en Gerona (fig. 14) primero, y
la casa en la isla de Pantellería (Italia) (fig. 15), años más tarde.

El «Belvedere Giorgina» —sobre el que hay que hacer constar su
condición de obra tan adelantada como brillante en la situación
de cambio de mentalidad entre los años 60 y los 70— es una
pequeñísima vivienda unifamiliar en el campo (un refugio para
fin de semana) que se enfrenta a la dificultad de insertarse en el
paisaje a base de apropiarse de la imagen de un «Belvedere»

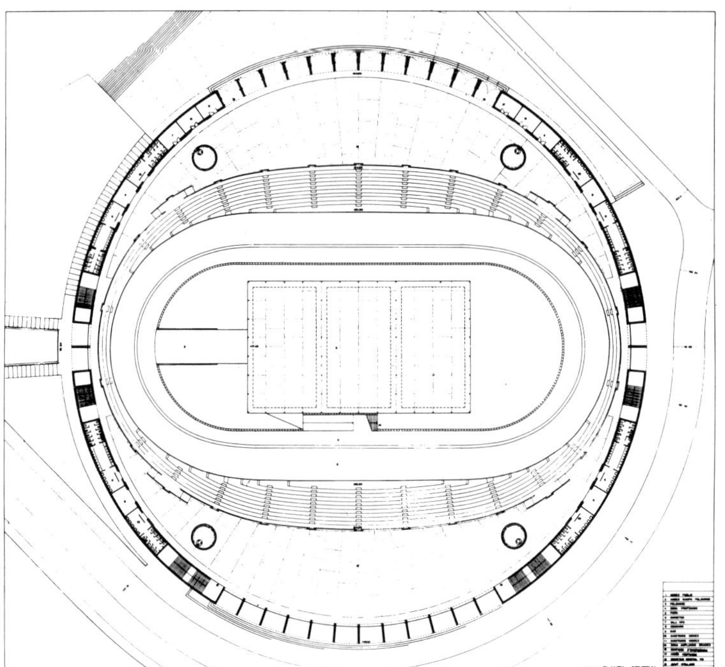

Fig. 12. Esteve Bonell y Francesc Rius. Velódromo, Barcelona, 1984. Planta.

neoclásico, en cuyo basamento está el habitáculo. La pequeña y polémica obra, cuajada de recursos conceptualistas, significó enseguida para los más avisados el signo del cambio de tantas cosas, así como el atractivo de la producción de estos autores. Este quedará confirmado por el refugio en Pantellería, asimismo una pequeñísima casa, ahora frente al mar, e igualmente arropada por una imagen columnaria: pilastras de hormigón formado una pérgola evocan, conceptual y figurativamente, una ruina ática. Diseñadores de objetos y sofisticadamente atractivos, Clotet y Tusquets refuerzan el panorama que estamos dibujando con una posición de franco-tiradores tanto aislados como de gran influencia, valga la aparente paradoja. Su camino será luego más diverso y por separado, siendo Oscar Tusquets más decidido en continuar por la arquitectura «post-modern» señalada por el Belvedere Giorgina, y Luis Clotet más partidario de ir por sendas más cercanas al racionalismo ecléctico. La restauración y ampliación del Palau de la Música Catalana, en Barcelona, de Tusquets, y el Banco de España en Gerona, de Clotet (con Ignacio Paricio) (ver fotografías y descripción del proyecto en Apartado II) señalan sus posiciones más recientes.

Acaso sea inevitable referirse en este punto a la obra de Ricardo Bofill, sin duda uno de los profesionales más conocidos fuera de España, al tiempo que uno de los arquitectos españoles más ajenos a nuestra cultura interna. Miembro asimismo y en su día del grupo de la «Escuela de Barcelona» en torno al liderazgo de Bohigas y a la práctica del «realismo», su carrera presentó una evolución vertiginosa en el uso de la permisividad formal y figurativa hasta llegar a la posición «post-moderna» más exacerbada del panorama nacional (ver fig. 16). Y dicho ello tanto en relación al uso no discriminado de los lenguajes históricos como a la utilización de éstos como tales lenguales; esto es, a la intención de una arquitectura como pura escenografía, componente bastante ajeno a la práctica española, generalmente atada a un cierto prurito de ascetismo lingüístico y a la fuerte relación entre forma y construcción material. Ello explica el alejamiento entre Bofill y la «inteligencia» de la arquitectura española, del mismo modo que completa nuestro panorama con un caso que demuestra la pluralidad a la que conducirá, en muy escaso tiempo, una etapa que nace bajo la presidencia del racional-clasicismo y de la austera e intelectual «recuperación disciplinar».

Una cierta continuidad moderna

La reacción ante los estertores orgánicos de la modernidad, española e internacional de los años 60, se expresó asimismo por vías opuestas al rossianismo o al venturianismo; esto es, tanto a toda idea de compromiso con la historia en lo conceptual como a todo intento de prescindir de la herencia figurativa moderna.

Fig. 14. Lluis Clotet y Oscar Tusquets. Belvedere Giorgina, Gerona, 1971.

Un «héroe» local, Alejandro de la Sota, ya citado; la admiración despertada por el conocimiento de la obra de Teragni, asimismo aludida, y, en lo contemporáneo, el brillante ejemplo del grupo norteamericano, entonces compacto, conocido como los «Five Architects», ofreció la base, para la existencia de un modo de pensar y de hacer arquitectura en una voluntaria continuidad con la modernidad originaria. En cierto modo cercanos al grupo del racionalismo ecléctico, pero sin querer participar de las características implícitas en un tal calificativo, es el grupo que se opone directamente a la práctica del «post». Con su existencia dan prueba de la condición ecléctica de una arquitectura que partió toda ella de la necesidad de encontrar un nuevo norte

para la disciplina después de los excesos tardo-orgánicos, o de la dilución de los contenidos más propios de aquélla.

Tentada, por un extremo, a definir la pervivencia de la tradición racionalista hasta límites peligrosamente cercanos a la utopía a-formal de Reyner Banham, y a confiar así en un valor arquitectónico de la tecnología, la arquitectura de la continuidad moderna se convirtió en un brillante virtuosismo, en un manierismo sofisticado y atractivo. Tal vez el mejor ejemplo pueda ser el de las obras de López Cotelo y Carlos Puente (ver fotografías y descripción del proyecto de la Biblioteca Pública en Zaragoza, en Apartado II), y en un menor grado, las de Antonio

Fig. 15. Lluis Clotet y Oscar Tusquets. Casa en la Isla de Pantelleria, Italia, 1973.

Fig. 16. Ricardo Bofill. Viviendas, Montpellier, Francia, 1979-85. Detalle.

Barrionuevo y Francisco Torres (ver fig. 17) o las de Javier Vellés y Luisa López Sardá (ver fig. 18).

Por otro extremo, la continuidad moderna deriva hacia una explotación plástica y compositiva del lenguaje racional heredado, un ejercicio que tiende a la forma pura, a un manierismo de naturaleza distinta, pero a un manierismo al fin. Una cita clarificadora es la obra de Alberto Campo (ver fig. 19).

Con ellos se completa todo un fresco, representativo de una primera evolución de la arquitectura española, desde los primeros setenta hasta bien entrados los ochenta, y cuya condición diversa debe de entenderse como la propia de un grupo que se relaciona muy intensamente entre sí. Tanto que sería bien difícil distinguir exactamente los límites que separan a unos y a otros, algunos de ellos bien dispuestos a veces a saltar al que parecía territorio ajeno.

Neo-modernos y figurativistas

Pero la explicación no sería completa si no se pusiera de relieve la existencia de una evolución muy importante desde las preocupaciones y las diversas respuestas a la «refundación disciplinar» que dieron origen a la comentada diversidad. Y es la del triunfo más reciente de una serie de personalidades responsables de tendencias más actuales y que han apostado por una pervivencia de la tradición moderna, y de su ruptura con la historia, sin apurar su continuidad, sino explotando su capacidad aún no agotada.

Proceden, en realidad, del mismo examen de la disciplina que todos los anteriores, teniendo una base de partida muy próxima a los arquitectos que hemos visto agruparse en torno al mote de «racionalismo ecléctico», a los que personal y vitalmente también han estado bien próximos, si bien mantenida con unos perfiles que los hicieron, desde el principio, más peculiares.

Constituido el grupo por la suma de personalidades concretas (individuales o en parejas) éste queda bien claro al citar a las más importantes: Piñón y Viaplana; Torres y Martínez Lapeña y Navarro Baldeweg. La posición colectiva de todos ellos corresponde a una situación cultural no tan específicamente española, sino más bien internacional. Esto es, a una situación en la que apenas hubiera existido el «racionalismo ecléctico» en cuanto compromiso y mediación entre tradición y modernidad, como ocurrió sobre todo en España, y que vino a manifestarse como la toma de partido entre alinearse con el «post» de las escenografías historicistas o apostar, como estos grupos hicieron, por un nuevo desarrollo de la tradición moderna. A los arquitectos antes citados pueden añadirse los nombres de Enric Miralles, de Javier Bellosillo, o del ingeniero-arquitecto Santiago Calatrava.

Se trata, en general, de arquitecturas afectas a fuertes dosis de conceptualismo, a ciertas interpretaciones del «minimal», y a un desarrollo del lenguaje moderno desprovistos de las ideas o connotaciones de las viejas vanguardias y volcado en efectos y hallazgos figurativos. Algunas de estas obras despiertan incluso intenciones que nos hacen recordar el «organicismo», y se diría

Fig. 17. Antonio Barrionuevo y Francisco Torres. Casa Sáenz, Sevilla, 1976.

que con todas ellas la arquitectura española dibuja un cuadro de tendencias muy completo, en el sentido de ofrecer, en los últimos quince o veinte años, un panorama ecléctico formado por un estructurado abanico de posibilidades. Pues las tendencias —sumidas en el interior de una cultura que, aunque ahora muy internacionalizada, tiene siempre una conciencia muy fuerte de su propia identidad— se refieren y se suceden unas a otras, se influencian, se diferencían o distancian y se oponen directamente entre sí.

Esto es, que si bien estos grupos se relacionan directamente con la situación que en lo internacional llegó a generar el llamado «decostructivismo» (por expresar las cosas en términos directos y simplificados), no puede prescindirse tampoco, en la explicación de estas arquitecturas «neomodernas», del ingrediente de voluntaria oposición a los derroteros más consagrados o experimentados de la cultura arquitectónica nacional. Una cultura que, si se había distinguido claramente por su riqueza y habilidad en la superación del tremendo bache cultural que

significaba la crisis de las ideas modernas, había llegado a sustituir la tradición propiamente moderna por una tradición ecléctica, «novecentista», de compromiso acusado entre tradición y modernidad, con demasiada afición al historicismo, aun cuando fuera «suave», y que parecía anclarse en la admiración como ideal de arquitecturas como las que, en el primer tercio del siglo, conciliaban clasicismo y lenguaje moderno.

Pero, si bien las eclosiones más atractivas de las arquitecturas neo-modernas pertenecen, pues, a un segundo estadío de la época que analizamos —esto es, a partir de los años 80—, las personalidades más importantes de estos grupos señalaban ya en su obra más inicial una singularidad que anunciaba este futuro.

Helio Piñón y Albert Viaplana, arquitectos de Barcelona, inician su carrera con algunas experiencias «venturianas», de entre las que destaca la Casa Jiménez de Parga (con Gabriel Mora), y en las que el grado de complejidad y de abstracción formal se llevó hasta la exacerbación. Un edificio de viviendas en Barcelona (1977), obra original, pero modesta y de carácter disciplinar, insinúa un no menos abstracto y conceptualista camino, que desarrollaron en numerosos concursos. Algunos de ellos fueron para parques o espacios abiertos, y la libertad implícita a un tal tema les permitió un grado de experimentación formal, ahora

Fig. 18. Javier Vellés y María Luisa Lopez Sardá. Umbráculo, Cercedilla (Madrid).

Fig. 19. Alberto Campo Baeza. Colegio, Madrid, 1985. Vista del interior.

llevado a un «minimal» conceptualista y a la elaboración de un «vocabulario» de elementos formales no convencionales. La plaza de la Estación de Sants, en Barcelona (1985) fue, en este aspecto, su realización más significativa (fig. 20).

Elías Torres y José Antonio Martínez Lapeña, también arquitectos de Barcelona, iniciaron su carrera en un «racionalismo ecléctico» del grupo en torno a Oriol Bohigas en los años 60. Su postura fue siendo cada vez más derivada hacia un moderno «neo-orgánico» y figurativista, atento al

importante valor de lo más superficial, a la libertad formal y a la imaginación y a la eliminación de las convenciones. En su obra pueden advertirse influencias de Aalto, del Coderch más orgánico y permisivo, del arquitecto Jujol (discípulo de Gaudí), del portugués Siza Vieira y de Frank Ghery. Las obras en las que expresaron mejor su forma de hacer fueron a veces pequeñas tiendas, la restauración libre de una capilla en Ibiza (1982-85) (fig. 21) o el pequeño parque de Villa Cecilia (Barcelona, 1986).

Juan Navarro Baldeweg, arquitecto madrileño, presenta un perfil del todo singular. Investigador formal (ver fig. 22) artista conceptual y «minimal», relacionado a través de su estancia en el M.I.T. con el arte americano, y actualmente pintor de gran calidad además de arquitecto ejerciente, se dio a conocer como proyectista singular al ser premiado en dos de los concursos de la revista «Japan Architecture», el de la «Casa para una intersección» y el de la «Casa para Schinkel», arquitecturas «dibujadas» de gran carga ideática.

Presupuestos semejantes a los de estas obras, aunque más evolucionados, maneja en sus construcciones ya reales, tales como el Museo del Agua en los Molinos de Murcia (1983-86) (fig. 23) y el Centro Municipal de Servicios Sociales en la Puerta de Toledo (Madrid, 1984-87). Su carrera como arquitecto se ha ido convirtiendo en una de las más brillantes y apreciadas del panorama nacional, pero su posición, tanto hace años como en la actualidad, no es tan radical como en el caso de los anteriores, reconociéndose en su obra la cercanía al moderno continuista, e, incluso, al racionalismo ecléctico. Una admiración tanto a las obras de Asplund como a las de Aalto o Siza Vieira completan su compleja definición.

Diversidad y desarrollo de la arquitectura española

La arquitectura española contemporánea ha recorrido así, en las dos últimas décadas, un largo y denso camino. Un camino que negaba en parte —y, también en parte, continuaba— aquél otro que sus mayores habían emprendido durante las dos décadas anteriores, sin participar ya en la encendida fe que hizo a éstos perseguir ansiosos la «verdadera» modernidad, pero teniendo en común con ellos un eclecticismo entusiasta y hasta

Fig. 20.   Albert Viaplana y Helio Piñón. Plaza de la Estación de Sants (Plaça dels Països Catalans), Barcelona, 1982-89.

Fig. 21. Elías Torres y José Antonio Martinez Lapeña. Restauracion de la capilla de, L'Hospitalet Ibiza, 1982-85. Interior.

apasionado, que puede considerarse tradicional. Una encendida confianza en los valores de la arquitectura.

De la primitiva idea de la «recuperación de la disciplina» a la más reciente realización de las tendencias «neo-modernas», un panorama completo, como ya advertimos, se ha desarrollado. Completo en el sentido de que podríamos realizar un cuadro (fig. 24) capaz de explicar la arquitectura española contemporánea como un todo relacionado.

Basta para ello dibujar tres ejes principales a 120° y otros secundarios a 60° de éstos. En el eje vertical podemos situar al «racionalismo ecléctico», tendencia mayoritaria, representada por el compromiso entre tradición y modernidad, tendencia también amplia en el sentido de abarcar un amplio espectro acercándose a las tendencias próximas, y representada por la obra de Rafael Moneo, por la obra de catalanes como Bonell,

Llinás, Bach y Mora..., de Sevillanos como Ortiz y Cruz, Vázquez Consuegra, Barrionuevo y Torres..., de madrileños como Casas, Pérez Pita y Junquera, Frechilla y López Peláez...

Sesenta grados a la derecha podemos situar al «tradicionalismo», si por tal entendemos la arquitectura que, próxima a la tendencia anterior, se manifestó menos conforme con la herencia moderna y más afin a la recuperación del clasicismo y de principios históricos. Es la que representan Linazasoro, Portela, Iñiguez y Ustarroz..., y aquéllos que interpretaron más radicalmente las ideas procedentes de Aldo Rossi.

Girando más llegamos al post-moderno, entendido en el sentido internacional y, más concretamente, norte-americano, representado por algunas obras de Tusquets o de Bofill. Esto es, de aquéllos que han utilizado la historia no tanto según sus principios, sino más bien como escenografía, como lenguaje.

Si giramos ahora desde el racionalismo ecléctico hacia la izquierda, a los sesenta grados podemos situar al «continuismo moderno», directamente opuesto al «post», y que, en versiones diferentes, pueden representar obras de Cotelo y Puente, Campo o Garcés y Soria.

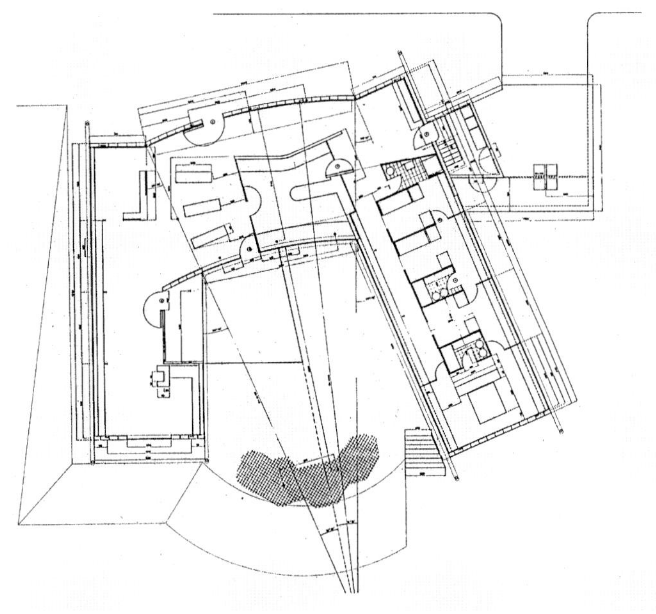

Fig. 22. Juan Navarro Baldeweg. Casa de la lluvia, Santander, 1979. Planta.

Fig. 23. Juan Navarro Baldeweg. Museo hidráulico, Murcia, 1983-88.

Siguiendo con este giro hasta quedar en oposición directa con el tradicionalismo llegamos al «neo-moderno», definido por obras como la de Navarro Baldeweg o las de Piñón y Viaplana.

Situándonos, por último, en oposición al racionalismo ecléctico podemos anotar a lo que llamaríamos «figurativismo» o «neo-organicismo», expresado por las obras de Torres y Martínez Lapeña, Bellosillo o Calatrava.

Asi habremos completado el cuadro prometido, dando cuenta de un eclecticismo que abarta todas las posibilidades que la base de su pensamiento supone, y que permite entender la arquitectura española como una cultura propia y entrelazada.

Coda

Pueden reconocerse y recordarse, aquí al final, algunas de las bases, de los «invariantes», diríamos, de esta cultura. Entre ellas destaca la preocupación constructiva, o, si se prefiere, la intensa relación entre construcción y forma, que caracteriza prácticamente a todas las tendencias de la arquitectura española, concebida además siempre de modo concreto, para realizarse, y nunca para agotarse en una idea de «arquitectura española, concebida además siempre de modo concreto, para realizarse, y nunca para agotarse en una idea de «arquitectura dibujada», por más que puedan ser ambiciosos o sutiles sus objetivos formales. Son estos rasgos —la fuerte relación con la construcción y el premeditado realismo—, rasgos tradicionales, y son complementarios pero diferentes.

Puede observarse también una mayoritaria tendencia al uso de formas y lenguajes sobrios, intensamente intencionados, pero parcos en su expresión; esto es, afectados por una voluntaria economía de medios formales, incluso tendentes al «minimal».

Es esta también una tradición propia, si se quiere, pero es igualmente una fuerte herencia de la modernidad.

La ya destacada condición ecléctica es otro de sus principales rasgos, así como la también explicada fuerte relación entre sus tendencias, escuelas e individuos, que se influencian y contestan entre sí, configurando una unidad independiente, completa y propia, dentro de la cultura occidental. Tal vez ello se explique indirectamente por la unitaria sociología española; así como, directamente, por la fuerte interdependiencia entre los profesionales «empeñados», cuya relación sigue siendo intensa a través de las Escuelas y de las publicaciones.

Y acaso sea este también un rasgo solamente tradicional, y la arquitectura española vaya perdiendo con el tiempo la unidad e independencia —el empeño en entenderse a sí misma como una parte propia, específica, de la cultura occidental— que la caracterizaba en el pasado. Y que todavía la sigue caracterizando más de lo que se suele pensar, o de lo que pudiera parecer en un apresurado examen.

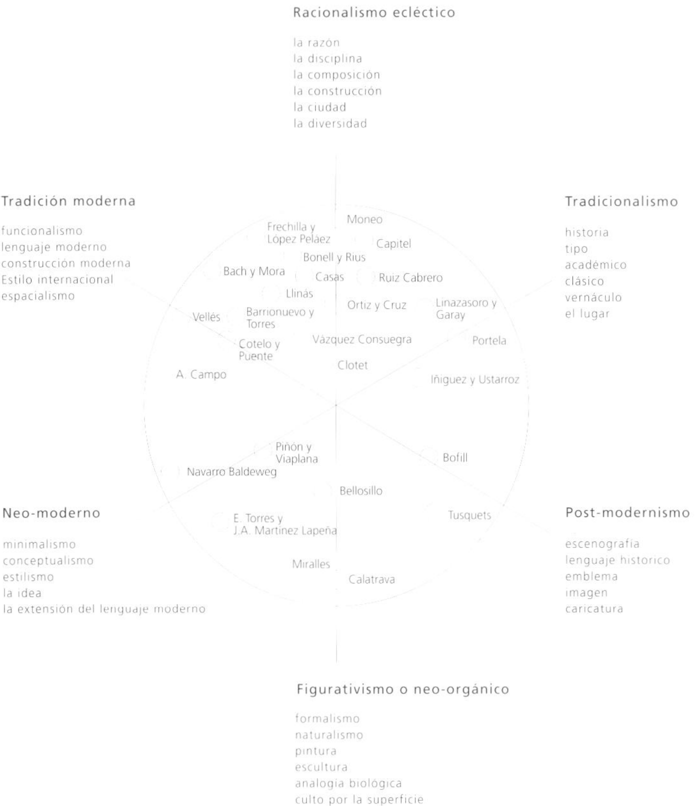

Fig. 24. Antón Capitel. Esquema de la arquitectura española de 1971-1992.

Arquitectura e historia de la España democrática

Víctor Pérez Escolano

Transformaciones de un tiempo histórico

Desde que en 1936 el general Franco liderara el levantamiento militar contra la II República Española que sumió al país en una terrible guerra civil, durante cuarenta años la Dictadura por él establecida reflejó las diversas vicisitudes que ofrecía el panorama internacional; el fascismo en el que bebió, la II Guerra Mundial en la que evitó entrar plenamente, el aislamiento derivado de la victoria aliada, el reconocimiento de USA bajo la presidencia del general Eisenhower, el acoplamiento al sistema económico capitalista sin abandonar serias componentes estatalistas, el establecimiento de planes económicos de desarrollo de técnica plenamente coherente con el sistema occidental, la permisividad cultural y profesional de moderadísimo signo liberal, y ya al final del proceso, una ligera apertura política que vino a ceder ante la lucha más dura del antifranquismo militante, especialmente sustentado por el Partido Comunista. Esas vicisitudes del régimen autoritario, que sobrevivió a la derrota del Eje en 1945, que superó un período de autarquía obligada, y que con inteligencia absorbió primero los valores del sistema económico de mercado para luego ir sumando resquicios de libertad, incluyó hechos de particular relevancia, algunos establecidos por Franco, como la recuperación de la Monarquía en la figura del que sería Rey Juan Carlos I, mediante una instauración que devino en restauración; otros, como el magnicidio, llevado a cabo por ETA, del hombre de confianza de Franco, el almirante Carrero Blanco, vinieron a facilitar un modelo de transición política que superó el deseo de ruptura democrática, y por el que terminaron pasando la inmensa mayoría de las fuerzas políticas españolas, incluidos los comunistas.

Así pues, cuando en noviembre de 1975 muere el general Franco, salvo la lamentable continuidad del terrorismo vasco de ETA, España inicia un proceso pacífico de reconciliación social y desarrollo democrático que se materializó en la nueva Constitución de 1978 cuyo primer artículo dice: «1. España se constituye en un Estado social y democrático de Derecho, que propugna como valores superiores de su ordenamiento jurídico la libertad, la justicia, la igualdad y el pluralismo político. 2. La soberanía nacional reside en el pueblo español, del que emanan los poderes del Estado. 3. La forma política del Estado Español es la Monarquía parlamentaria». Seguidamente, tras estos principios substanciales, el artículo segundo establece la indisoluble unidad de la Nación española, pero «reconoce y garantiza el derecho a la autonomía de las nacionalidades y regiones que la integran y la solidaridad de todas ellas». De modo que España se disponía a desarrollar un Estado democrático y autonómico, de corte semejante al federal.

Los años siguientes, entrando en la década de los ochenta, significaron la consolidación del sistema, produciéndose la denominada transición política, mediante la promulgación de los estatutos de autonomía de las nacionalidades y regiones, la transferencia casi completa de competencias que no debían permanecer en la administración central, las sucesivas elecciones a distintos niveles, y la alternativa en el poder de partidos políticos de diverso signo.

A estos factores internos habría que añadir sucintamente alguno más y de carácter externo con el fin de mejor comprender el peculiar devenir y el progreso de la arquitectura española de los últimos años. El paso de la Dictadura a la Monarquía parlamentaria coincidió con los graves efectos producidos con la crisis del petróleo sobrevenida en 1973. La economía mundial vivió años de dificultad cuyas consecuencias se percibieron en España hasta después de concluida la década de los setenta. De otro lado, la incorporación de España a la Comunidad Económica Europea se produjo en los momentos decisivos en que se caminaba hacia al Acta Unica que después de 1992 traerá consigo la libre circulación de mercancías y personas en todas sus actividades productivas y de consumo. Esta unidad económica, preámbulo de la deseada pero difícil unidad política de Europa, se ha visto sorprendida en vísperas de su vigencia con los acontecimientos del Este europeo, la crisis del modelo del socialismo real de los regímenes comunistas, comenzando por la propia Unión Soviética, y cuyo efecto más contundente e inmediato ha sido la unificación alemana. El panorama europeo ha de vivir en la década de los noventa un fuerte reajuste gravitando sobre él la fuerza de significados de los cambios orientales.

En todo caso, no carece de sentido proseguir el énfasis meridional, mediterráneo más precisamente, para mejor apreciar los entresijos del frente de confrontación entre Occidente y el mundo islámico que parece destinado a sustituir el ya obsoleto con el Oriente. El Mediterráneo, la región del mundo donde se engendró el fundamento de la cultura occidental, es el territorio destinado a resolver el conflicto más profundo que subyace al final del segundo milenio, el que atenaza el sosiego, la tolerancia y la cooperación entre las sociedades regidas por principios provenientes de las tres religiones monoteístas: judíos, cristianos y musulmanes.

España, el Estado donde en el pasado se hizo posible tal encuentro, vive intensamente la coyuntura histórica de su condición europea y occidental, esforzándose por formar parte del mundo desarrollado, con una riqueza consolidada y una población instalada en el bienestar. Ese esfuerzo, sin duda elegido como prioritario por los gobiernos españoles habidos a lo largo de la transición democrática, no puede eludir sus otros referentes geopolíticos: el ya citado de su vínculo mediterráneo, y el no menos importante correspondiente a su vínculo atlántico, como metrópoli que fue de la más ingente tarea de colonización de la Edad Moderna, producida a partir del descubrimiento de América en 1492. El idioma español, expresión de toda una idiosincrasia que se extiende a lo largo del continente americano, soporta con todo fundamento el discurso de la confrontación global en el mundo presente definida como Norte-Sur. Destinos históricos que entrelazan coyunturas y estructuras que hacen de España, compleja realidad ya de por sí, un interesante centro de reflexión sobre el destino del planeta.

Las instituciones democraticas y la accion sobre el territorio y la ciudad

España, constituido como Estado de Autonomías, ha desarrollado a lo largo de la década de los ochenta una ingente labor de construcción política e institucional que ha tenido en la arquitectura, el urbanismo y la ordenación del territorio, instrumentos especialmente eficaces en la determinación de las diferencias que hoy adornan a la España actual frente a la

Fig. 1. José Luis Rodríguez Noriega y Emilio Tuñón. Teatro de Rojas, Toledo, 1984. Vista interior.

España del régimen anterior. Durante el franquismo se produjeron iniciativas concernientes a esos campos de la transformación física; baste recordar los esfuerzos realizados en relación con el sector primario de la economía, cuando la agricultura, y por ende el mundo rural, representaban un soporte tanto productivo como ideológico de la esencia conservadora del régimen. Así, junto a los esfuerzos realizados en la ingeniería hidráulica y agronómica, la planificación colonizadora y el impulso arquitectónico correspondiente alcanzaron algunos éxitos notables. Igualmente, en el campo de la vivienda social urbana, promovida por los organismos que el Estado creó al efecto, y en los que los arquitectos tuvieron un papel protagonista tanto en la política como en la gestión y el diseño, se llevaron a cabo importantes logros tanto cuantitativa como cualitativamente; una serie de los mejores ejemplos de la arquitectura española de los cincuenta y los sesenta pertenecen a ese campo. Arquitectos aún activos, patriarcas del actual panorama de la arquitectura española, como Alejandro de la Sota y Francisco Javier Sáenz de Oiza, iniciaron su trabajo con proyectos de colonización (Esquivel, de Sota) o de viviendas de iniciativa pública (Poblados de Fuencarral, Entrevias...,). Junto a estas actuaciones otras de la administración central o de los aparatos del Estado, como la sede central de los Sindicatos (arquitectos Cabrero y Aburto), formaron parte, desde finales de los cuarenta, de una línea de innovación paralela al historicismo o el populismo que prevalecía en las construcciones del régimen.

El centralismo permaneció siempre como característica destacada del franquismo, y la arquitectura y el urbanismo oficiales se producía según ese sistema, aún cuando determinadas operaciones, como la reconstrucción postbélica o la colonización subsiguiente se articulan mediante servicios técnicos descentralizados incluso de carácter comarcal (subregional). No obstante, un factor debe ser tenido en consideración: el de la tradición municipalista que, aunque en un marco de dependencia política, articulaba unas competencias urbanísticas y unos servicios que, en algunos casos, permitió

desarrollar una práctica significativa, por ejemplo la de algunos patronatos municipales de la vivienda, si bien el denominador común de ese sistema, sobre todo en los años del desarrollismo de la década y media final del régimen, fueron la especulación inmobiliaria, el crecimiento absurdo de las ciudades, la destrucción del patrimonio urbano de tantas poblaciones históricas y la del patrimonio natural de nuestras costas, sometidas a una salvaje explotación turística. No debe extrañar, por tanto, que desde la incipiente acción de las organizaciones políticas clandestinas, desde el movimiento ciudadano, y desde las organizaciones profesionales, con especial relevancia los colegios de arquitectos, se confluyera en la crítica y la lucha con algunos efectos positivos de salvaguardia concreta, pero,

Fig. 2. Francisco Javier Sáenz de Oiza. Auditorio de música, Santander, 1984-91.

Fig. 3. Victor López Cotelo y Carlos Puente. Ayuntamiento de Valdelaguna, Madrid, 1983-86.

también y más transcendentemente, en la creación de una cultura política específica que habría de sustentar la primera etapa de la gestión de izquierdas en las muy numerosas administraciones de esa orientación, sobre todo municipales, surgidas tras las elecciones de 1979.

Entre 1978 y 1982, es decir, entre la promulgación de la Constitución y la contundente victoria del Partido Socialista Obrero Español en las elecciones generales de ese último año, se desarrolla el primer acto de la nueva democracia con sus primeros efectos en el sector de la arquitectura. Más allá del significado de la alternancia del poder en la mayoría parlamentaria nacional y consiguientemente en el gobierno central, sucediendo Felipe González a Leopoldo Calvo Sotelo, sucesor, a su vez, de Adolfo Suárez, sorprendente patrón de los inicios de la transición, desde nuestra particular perspectiva resultan decisivas las elecciones municipales de 1979 y la construcción del mapa de las autonomías nacionales y regionales, cuyos gobiernos y parlamentos asumirían sustanciales competencias antes residentes en el ámbito central, como la sanción definitiva de planes urbanísticos, el patrimonio del suelo estatal, la promoción pública de viviendas o la tutela e iniciativa en la protección del patrimonio arquitectónico y natural, entre otras.

Conforme transcurría la década de los ochenta se iría produciendo una transformación profunda del marco jurídico y administrativo, de particular relevancia en todo lo concerniente a la arquitectura oficial. La administración central vio reducidas drásticamente sus competencias, y consecuentemente sus medios económicos; su acomodación se produciría tomando la iniciativa en determinadas líneas: por ejemplo, en el gran equipamiento cultural como los museos, cuyo ejemplo más elocuente sería el Museo de Arte Romano de Mérida (arquitecto Rafael Moneo), la rehabilitación sistemática del parque de viejos teatros existentes a lo largo y lo ancho de España, con frutos excelentes como el Teatro de Rojas en Toledo (fig. 1), (arquitectos J. L. Rodríguez Noriega y E. Tuñón), el Principal de Zamora (arquitecto J. Vellés) y el Falla en Cádiz (arquitectos J. A. Carvajal y J. Daroca), o la construcción de nuevos auditorios como los del arquitecto García de Paredes en Madrid y Valencia, el de Sáenz de Oiza en Santander (fig. 2), o el de Navarro Baldeweg en Salamanca (ver fotografías y descripción del proyecto en el Apartado II). Algunos de estos trabajos se produjeron durante el proceso de transferencia de competencias, y constituyeron una especie de canto del cisne de la acción estatal desde Madrid, cuando no un inicio de nuevos modos de cooperación con las administraciones autonómicas.

Este papel emblemático de la arquitectura asumido por el nuevo Estado se vertebraría en sus tres niveles central, autonómico y local con decididas actuaciones en múltiples campos, hasta el punto de poderse definir esta década de los ochenta como la de la fortuna de la arquitectura pública en España. Cada administración en el marco de sus competencias, ha afrontado con mayor o menor éxito, a lo largo y lo ancho del territorio estatal, la realización de programas completos en el campo de la salud, la educación, los nuevos servicios sociales, los nuevos servicios administrativos, el deporte, la cultura popular, la restauración patrimonial, los espacios públicos, o las nuevas sedes del poder democrático. Junto a ellos algunos campos (por ejemplo, el dinero, el ejército y la televisión) pueden considerarse particularmente relevantes: el banco central del Estado, el Banco de España, ha trabajado en pos de un nuevo capítulo de su arquitectura, desde el fallido intento de completar la manzana de su sede central madrileña (polémico concurso ganado por Rafael Moneo) (fig. 4), a la realización de nuevas y excelentes sedes provinciales en Jaén (Moneo) y Gerona (Clotet y Paricio) (*ver fotografías y descripción del proyecto en el Apartado II*); la administración militar promueve el proyecto del Centro Cultural de la Defensa en Madrid, cuyo concurso fue adjudicado a Alvaro Siza Vieira, o la remodelación de destacadas instalaciones como la de Campamento en Madrid (Ferrán, Ramany, Navazo y Herrero); y algunas televisiones públicas autonómicas han levantado importantes centros de producción, como el Canal 9 en Valencia (Vetges Tu i Mediterrania y H. Fernández Martín) o el Canal Sur en Sevilla (G. Díaz Recasens).

Ayuntamientos, diputaciones provinciales, calbildos insulares, gobiernos autonómicos y el gobierno español, en competencias exclusivas, bajo fórmulas de cooperación o asistencia, en convenios de diverso carácter, para la mejor calidad de vida cotidiana o para resolver desafíos de carácter excepcional, han contado con la arquitectura con resultados desiguales, pero con éxitos ciertos que permiten representar la tarea de una década en una muy breve selección de ejemplos de inequívoca calidad.

Fig. 4. Rafael Moneo. Propouesta para la ampliación del Banco de España, Madrid, 1980. Maqueta.

Estas operaciones arquitectónicas suelen formar parte de un sistema estratégico, generalmente como desarrollo de las determinaciones del planeamiento general y especial del que se ha ido dotando en la década la mayor parte del territorio urbanizado de España, en un esfuerzo de innovación urbanística sin precedentes. Es decir, estas arquitecturas forman parte de una gestión coordinada con esfuerzos de gran calado económico en la actualización de los sistemas viarios, ferroviarios, portuarios y aeroportuarios, muy deficitarios respecto a la Europa desarrollada. Si a ello sumamos el desafío que representa encarar otros capítulos de la ordenación territorial, como la renovación de la legislación y la acción en las costas y, en menor medida, en las cuencas fluviales, podemos entender cómo un puñado de ejemplos de buena arquitectura no son sino la faz, sin duda hermosa, de una acción extraordinariamente compleja.

Pero debe añadirse otra consideración. Las operaciones generales representadas por el planeamiento ordinario, regulado por las vicisitudes comunes del territorio y las ciudades de España, han sido complementadas por lo que podría denominarse una línea de estrategias concertadas en el tiempo de carácter excepcional, las acciones extraordinarias de 1992: los Juegos Olímpicos de Barcelona, la Exposición Universal de Sevilla y la capitalidad cultural de Europa de Madrid. Esos tres compromisos, sin duda de diversa magnitud y significado, han marcado los esfuerzos de las administraciones como un desafío del Estado por su modernización, por su mejor y más ajustado acople a la unidad europea y, debido a la conmemoración del Quinto Centenario del Descubrimiento de América, por su responsabilidad como puente entre Europa y América.

Ayuntamientos y arquitectura

El potente desarrollo de la arquitectura pública en España en el transcurso de los últimos años se inicia en el ámbito municipal tras las elecciones de 1979 en las que, mediante el pacto alcanzado por los partidos de izquierda, fundamentalmente PSOE y PCE, se constituyeron gobiernos de esa significación política en casi todas las ciudades importantes y en una inmensa mayoría de los pueblos y ciudades de España. Desde un punto de vista electoral global, los resultados de 1979 son el anuncio de lo que sucederá tres años después en las elecciones generales, de las que saldrán los socialistas abrumadoramente ganadores, por lo que no es descabellado estimar que desde su preámbulo, la década de los ochenta se establece como el tiempo de la nueva cultura urbana y arquitectónica en España.

No todos los Ayuntamientos vivirán una trayectoria igual, pero fue, en general, una época de euforia y optimismo, con un deseo de hacer frente a los problemas de la calidad de vida social. Con la euforia propia de los momentos fundadores de un tiempo nuevo, se establecen nuevas políticas para hacer frente a viejas necesidades como la solución de los problemas crónicos de infraestructura, las demandas de equipamientos urbanos básicos, y la regulación de las normas de la iniciativa privada.

En términos generales, y especialmente en las ciudades más importantes, gozará de particular predicamento la doctrina elaborada en Italia, sobre todo por G. Campos Venuti y B. Secchi, definida como urbanismo de la austeridad, conforme a la crisis económica vigente en diversos sectores económicos, y especialmente en el sector de la construcción, a partir de

mediados de los setenta. Esta orientación, alternativa al mensaje de la opulencia, también urbana, que dominó el paisaje occidental en la década anterior de éxito neocapitalista, con sus efectos de renovación y sustitución tantas veces salvaje, vino a sumarse con excelente adecuación a la línea de investigación analítica, y también propositiva, sobre los centros históricos, cuyo texto más eficaz fue *La arquitectura de la ciudad* de Aldo Rossi, quién estableció fuertes vínculos con Barcelona, Galicia y Andalucía, y la guía práctica *La Ciudad de Bolonia* (1973), de P. L. Cervelatti y R. Scannarini. Las ciudades patrimoniales encontraron así en Europa una magnífica coyuntura económico-urbanística a favor de la herencia cultural. Estos ejemplos pusieron de relieve fórmulas para el éxito tanto en la conservación monumental y en la rehabilitación de la arquitectura y de los espacios urbanos, como en las modalidades de intervención auspiciadas por las reglas de las transformaciones o la construcción sobre lo construido, que tan idóneamente se acoplaron al encuentro y diálogo entre la arquitectura heredada y la nueva arquitectura.

Estos planteamientos tuvieron su buque insignia en Barcelona. La ciudad más abierta a Europa, ya desde los años del franquismo, acertó a vivir una vicisitud especial en los inicios de la transición política. Tras reflexiones como las del Laboratorio de Urbanismo de la Escuela de Arquitectura de Barcelona (con M. Solà-Morales al frente), ya antes de las elecciones de 1979 el alcalde Socias Humbert y el gestor Solans llevaron a cabo un ensayo cuya expresión más trascendental se manifestó al menos en dos instrumentos que pusieron a la ciudad en situación ventajosa: el Plan General Metropolitano y la formación de un importante patrimonio municipal de suelo. Pero esa ventaja fue proseguida, tras un año de ciertos titubeos, por una política imaginativa y brillante de la mano del arquitecto Oriol Bohigas, incorporado al equipo municipal de los Alcaldes Serra y Maragall como Delegado de Urbanismo. El discurso de Bohigas fue certero, coherente y, a la postre, hegemónico en el nuevo concierto urbanístico español; Barcelona era una ciudad completa a la que había que dotar de los remates adecuados a su importancia, mediante la realización de los diseños urbanos de los que carecía después de la acción de los ingenieros de infraestructuras. Plazas, enclaves y circuitos definidores del

carácter de la ciudad, arquitecturas para enfatizar la condición
de urbe europea moderna y satisfacer las necesidades de
servicios y equipos de los que era deficitaria. Mediante un
planteamiento definido por algunos como despotismo ilustrado,
Bohigas daría fuego a los mejores arquitectos que en los años
anteriores habían velado sus armas profesionales y culturales.

Los objetivos de la transformación de Barcelona han gozado de
una extraordinaria fortuna. Ningún otro cometido de gestión
urbana en España ha alcanzado nunca, ni lejanamente, su éxito
y publicidad. Son muchos los libros y las revistas, incluidas las de
mayor éxito internacional, los que han difundido las ideas y
realizaciones municipales, junto a otras iniciativas oficiales.
Bohigas lo ha expresado en textos elaborados a lo largo de años,
con frases elocuentes y polémicas (por ejemplo, en 1981
afirmaba que «el urbanismo no es posible» y que toda acción
urbana debería llamarse obra pública), y en conversaciones más
directas, como las mantenidas con Oscar Tusquets y publicadas
en forma de libro bajo el título *Diàlegs a Barcelona* (1986),
donde subraya la claridad de las directrices establecidas: en
primer lugar, traspasar los métodos de control de la ciudad del
Plan General, de la planificación cuantitativa, de la abstracción
del urbanismo entendido como simple planificación, a los de la
concreción de los «proyectos puntuales». Así, la «reconstrucción
de la ciudad ya construida» encararía problemas generales, la
salida al mar, el contacto con la montaña, la zona de la estación
central de Sants, el sistema de comunicaciones, la
infraestructuras de servicios, etc., hasta alcanzar los problemas
más menudos. La ciudad buscó la incorporación de profesionales
que sintonizarán con los nuevos horizontes del diseño urbano,
dedicados a recuperar los temas de la tradición urbanística, el
tratamiento de los espacios públicos, de los monumentos y de
los jardines.

Fruto de esta orientación, durante la década se realizarían
numerosos enclaves. Por sólo citar los preferidos de Bohígas: la
plaza de los Países Catalanes delante de la estación de Sants
(arquitectos Piñón y Viaplana), el parque de la España Industrial
(arquitecto Peña Ganchegui), el parque de L'Excorxador (equipo
Solanas, Galí, Quintana y Arriola), la plaza de la Merced (de los
servicios municipales, especialmente Casajoana y R. M. Clotet), el

Fig. 5. Manuel de Solà-Morales. Renovación de la Moll de la Fusta, Barcelona,
1988.

Fig. 6. José Ramón Sierra y Ricardo Sierra. Viviendas en Pino Montano, Sevilla,
1981-84.

Muelle de la Fusta (arquitecto M. Solà-Morales) (fig. 5), la plaza de la Palmera (del equipo municipal comandado por Barragán y de Sola), la restauración de la Plaza Real (Correa y Milá), los jardines de Villa Cecilia (Torres y Martínez Lapeña), el pasaje Picasso (Domènech i Amadó), entre otros muchos ejemplos a añadir, como las pequeñas plazas de Gracia (Bach y Mora), la reconversión de Vía Julia (equipo municipal con de Sola y Juliá), el puente de Bach de Roda (S. Calatrava), las cubiertas de Parets (Miralles y Pinós), el Fossar de la Pedrera (equipo municipal con B. Galí), o el parque de la Creueta del Coll (Martorell y Mackay).

Los nuevos planes generales de la década de los ochenta asumieron estas características: en primer lugar su entendimiento como «proyecto», punto de partida de una ciudad como «debe ser»; en segundo lugar su contribución política a través del valor de la «forma de la ciudad»; tercero, la superación del divorcio entre plan y gestión; y por último, la incorporación de una nueva idea de obra pública, superando su convencional reducción a las vías de circulación rodada. Un nuevo punto de vista que fue reivindicado de forma más o menos generalizada entre los planes españoles en el tránsito por la década de los ochenta.

Esa transformación hacia un «debe ser» de la ciudad fue especialmente propuesta en el Plan General de Madrid, redactado por el equipo dirigido por Eduardo Leira y promovido por Eduardo Mangada durante la Alcaldía de Enrique Tierno Galván. Reconocido como ejemplar dentro de los de ese período, recogía objetivos como la lucha contra la segregación social y la terciarización del centro, en favor de la reducción de desequilibrios mediante el reequipamiento y la accesibilidad, en favor del suelo público y de la protección patrimonial, etc.

Si observamos una de las primeras publicaciones profesionales españolas sobre el tema del nuevo urbanismo municipal (*Arquitectura 232,* septiembre-octubre 1981), vemos que en Barcelona, los primeros proyectos que se muestran son la ordenación volumétrica de los espacios libres, equipamientos, residencia y edificios históricos de un sector del barrio del Raval

Fig. 7. Guillermo Vázquez Consuegra. Edificio de viviendas, Cádiz, 1986-91.

conocido como «del Liceo al Seminario» (arquitectos L. Clotet y O. Tusquets), y la nueva ordenación del Paseo de Colón y Plaza de Palacio, que es como originalmente se denominaba el proyecto de M. Solà-Morales para el muelle de la Fusta; ambos trabajos reveladores del tono estratégico de rematar la ciudad y abrirla al mar. Sevilla, en la misma publicación, ofrecía tres magníficos trabajos reveladores de intenciones y dificultades futuras: el proyecto de G. Vázquez Consuegra para la Plaza de la Encarnación, que los celos políticos frustrarían, es un ejemplo de una serie de intervenciones previstas en el centro histórico; el nuevo plan parcial de Pino Montano (arquitectos A. Cruz y A Ortiz), decidida alteración del modelo de polígono de bloques en favor de las calles corredor y la tipología de manzanas con amplio patio de uso común, puestas en ejecución de inmediato en las manzanas realizadas por los hermanos Sierra (fig. 6), A. Barrionuevo y F. Torres, entre otros.

Con el trascurrir de la década, la economía española fue gozando de mejor salud, con índices muy positivos del PIB, mediante políticas liberales en concordancia con las de los países más desarrollados, paradójicamente puestas en práctica por los gobiernos socialistas. Ello permitió encarar más ambiciosos objetivos de inversión pública, tanto por vías de gestión ordinaria como por estrategias de naturaleza extraordinaria. Las políticas de construcción de viviendas sociales sufrieron una pérdida de tono que enseguida recobraron en muchas ciudades; en Sevilla o Cádiz, G. Vázquez Consuegra realizaría conjuntos de extraordinaria calidad, y en Madrid se sucedieron numerosos ejemplos en distritos como Palomeras (con proyectos de los equipos Casas,Bayón,Frechilla-López Pelaéz (fig. 7)Prats-Villanueva…), Carabanchel (L. Peña,.Cruz-Ortiz, Casas…,) o los aledaños de la circunvalación M-30, con el más polémico de los edificios de viviendas de estos años, proyectado por F. J. Sáenz de Oiza. Es más, en los últimos años han ido cobrando forma proyectos de verdadera extensión urbana de carácter residencial, o «new towns», en los que hay un denominador común en la voluntad de dotarlos de carácter, de hacerlos

identificables mediante el recurso, por ejemplo, a la axialidad con imágenes no exentas, en ocasiones, de cierto sabor clasicizante, y en las que podría sentirse la sombra de Ricardo Bofill en sus implantaciones residenciales francesas, cuando no rememoranzas del urbanismo antimoderno de los años treinta y cuarenta.

El espacio público en todas sus escalas fue el principal objetivo de la cultura arquitectónica. Durante los ochenta se afrontaron en numerosos municipios actuaciones de este tipo. La iniciativa del Ayuntamiento de Barcelona y el éxito de su difusión se contagió de forma extraordinaria en numerosas poblaciones de Cataluña y de España en general. El pequeño pueblo ampurdanés de Ullastret (Gerona) (fig. 9), urbanizado por J. L. Mateo con C. Fuente, la plaza del Castillo de Santa Coloma de Queralt (Tarragona) de J. M. Rovira, o el parque de Besós en Sant Adrià de Besós (Barcelona) de Viaplana y Piñón, corresponden a esas distintas escalas de los espacios públicos catalanes. Igualmente, ese eco se ha reflejado en otras ciudades españolas con actuaciones de especial relevancia, por ejemplo en Zaragoza, donde en el amplísimo y difícil espacio de las plazas del Pilar y de la Seo (fig. 10) R. Usón y J.M. Pérez Latorre, respectivamente, han llevado a cabo un de los ejercicios más valientes en los últimos años, o en Estella (Navarra) en la plaza de la Coronación proyectada por F.J. Biurrun. Pero en Cataluña donde la escala alcanza su mayor envergadura: en Lérida la obra pública ha sido decisiva en la configuración de su centro histórico con el proyecto de El Canyeret (fig. 11), (arquitectos R. Amadò y Ll. Domènech), en el que el gran muro de contención (547 metros de longitud y hasta 22 metros de altura) y la torre de comunicación vertical del ascensor que salva tan importante desnivel entre partes de la ciudad, junto a otras arquitecturas, como los nuevos Juzgados, configuran un paisaje cuyo valor resulta ejemplar y quizá único en el último medio siglo «entre las experiencias en áreas históricas llevadas a cabo en Europa», según palabras de Ignasi de Solà-Morales.

Un ejemplo completamente distinto de intervención a gran escala es el denominado Jardín del Túria de Valencia, tratamiento del desecado cauce del río a su paso por la ciudad. Fue una iniciativa del alcalde Pérez Casado, y su ejecución, llena

Fig. 8. Javier Frechilla, José M. López Peláez, y otros. Viviendas en Palomeras, Madrid, 1981-83.

Fig. 9. José Luis Mateo con Carlos Fuente. Plaza de la iglesia, Ullastret, Gerona, 1982-85.

Fig. 10. José M. Pérez Latorre. Plaza de la Seo, Zaragoza, 1989-91.

Fig. 11. Roser Amadó y Lluis Domenech. El Canyeret, Lérida, 1982-90.

de vicisitudes y no pocas frustraciones, cubre toda la década de
los ochenta. El Plan Especial que definió el conjunto fue
redactado por el Taller de Arquitectura de Ricardo Bofill,
encargo en el que gravitó con fuerza el deseo de obtener la
atención nacional e internacional que la personalidad de Bofill
otorgaría. No obstante, sólo dos tramos se ejecutaron conforme
a los clasicistas diseños de su Taller (fig. 12). En los demás tramos
serían reinterpretados o simplemente abandonados. El ejemplo
más brillante se produjo en el tramo 2, diseñado por el equipo
valenciano Vetges Tu i Mediterrania, recuperando cierta
presencia del agua que también había motivado el diseño de
Santiago Calatrava para el vecino puente Nueve de Octubre.

Después de décadas de desinterés y abandono, los ríos urbanos,
como los frentes de mar, son ámbitos que están teniendo una
especial relevancia en la renovación urbana de las ciudades
españolas. Después de Valencia, otras ciudades con río están
actuando, como es el caso de Córdoba o Sevilla con el
Guadalquivir, las riberas del Ebro en Zaragoza o la ordenación
de la margen izquierda del Tormes en Salamanca, afrontados
con frecuencia por concurso, y casi siempre sometidos a las
vicisitudes forzadas por las competencias de las Confederaciones
Hidrográficas. Por otro lado, el carácter de ciudad marítima por
excelencia lo ofrece esa vieja y hermosa casi isla que es Cádiz;
con aciertos y alguna frustración, está siendo actualizado
sistemáticamente su borde marítimo; el tratamiento cromático
de las fachadas del frente del mar, la urbanización y
equipamiento (A. Cabrera y O. Rodríguez), el proyecto,
desgraciadamente abandonado, de Auditorio (J. Navarro
Baldeweg), o la rehabilitación del Baluarte de la Candelaria
como Museo del Mar (A. Cruz y A. Ortiz).

Podrían citarse otros ejemplos de intervenciones urbanas
estratégicas, en las que la voluntad simbólica se expresa muy
directamente. El internacionalmente conocido escultor Eduardo
Chillida ha contribuido a una serie de proyectos urbanos: El
Peine del Viento en la Plaza del Tenis (fig. 13), en colaboración
con el arquitecto Luis Peña Ganchegui, al final de la playa de la
Concha en San Sebastián, y el Monumento a la Tolerancia al
borde del Guadalquivir en Sevilla, frente al lugar donde tuvo su
castillo la Inquisición.

Fig. 12. Ricardo Bofill y el Taller de Arquitectura. Jardín de Túria, Valencia.
Tramos 10 y 11.

En ocasiones, menos de las deseables, surgen enfoques sobre la
gran escala que trascienden el marco urbano. Parece lógico que
sea en Galicia donde una actuación en el medio natural haya
sido muy bien planteada y deba ser proseguida por el gobierno
gallego. Así debería suceder con el magnífico trabajo sobre el
Monte de Santa Tegra, en la desembocadura del Miño,
verdadero hito geográfico e histórico de Galicia, realizado por el
equipo dirigido por César Portela, arquitecto autor de
intervenciones de gran sintonía con el entorno como las de la
Carballeira de Santa Miña en Brión (La Coruña) (fig. 14), o en la
Isla de San Simón en la Ría de Vigo (Pontevedra).

Nacionalidades y regiones en marcha

Los gobiernos autonómicos han sido la gran novedad del Estado
Español durante la década. Las autonomías han producido
efectos positivos en el acercamiento de la cosa pública a los
ciudadanos, aunque del modelo central se hayan trasladado no
pocas deficiencias. La salud pública, baluarte de las políticas
sociales, representa la cuenta principal de los presupuestos del

Fig. 13. Luis Peña Ganchegui y Eduardo Chillida. Plaza del Tenis, (Peine del viento) San Sebastián, 1976.

Estado en general y de las Comunidades Autónomas con esa competencia. Algunos de los gobiernos autonómicos que han encarado esta gestión han hecho grandes esfuerzos en determinados campos, por ejemplo en la asistencia primaria. Durante los ochenta se ha producido un ejercicio copiolso de construcción de cientos de centros dedicados a cubrir de forma más próxima las necesidades de atención médica más inmediata del ciudadano. Excelentes ejemplos de arquitectura asistencial incluyen en Cataluña a muchos de los mejores arquitectos del momento, con centros de asistencia primaria (CAP) como los de Mora la Nova (Tarragona) de Garcés y Sòria, Sant Hipólit de Voltregà (Barcelona) obra de Piñón y Viaplana, Sant Vicens dels Horts (Barcelona) realizado por los arquitectos Bach y Mora o Ripollet (Barcelona) del arquitecto José Llinás, aparte de edificios de más envergadura como el hospital de Mora de Ebro (Tarragona) de E. Torres y J.A. Martínez Lapeña. En el País Vasco y en Navarra también han intervenido algunos de sus mejores arquitectos, por ejemplo J.I. Linazasoro en Segura (Guipuzcoa), o M. Iñiguez y A. Ustarroz en Lesaka (Navarra).

Podría decirse que la arquitectura sanitaria ha eclipsado, en cierta medida, a la arquitectura escolar, el otro gran frente de intervención pública en las necesidades elementales de la sociedad. Aunque si hubiese que señalar un par de fragmentos de esa arquitectura, habría que citar los ejemplos catalanes como los de Bach y Mora (Torre Balldovina, en Santa Coloma de Gramenet), Miralles y Pinós (La Llauna, en Barcelona) o Brú y Mateo (La Bastida, en Santa Coloma de Gramenet), y las ikastolas (escuelas con enseñanza en euskera) del País Vasco, siendo la pionera la de Hondarribia (Guipúzcoa) (fig. 15), de M. Garay y J. I. Linazasoro.

El sistema de museos español ha mantenido una especial limitación en la transferencia a las regiones del patrimonio artístico nacional de singular importancia, aun cuando la gestión de los centros sí fuera transferida. Habría que hacer algunas salvedades, como Barcelona, donde se produce una excepción por el origen municipal de sus museos, con obras brillantes en estos años como el de la Ciencia o la ampliación del de Picasso, ambos de Garcés y Sòria (autores también de la extraordinaria reestructuración del Museo de Navarra, en Pamplona) (*ver fotografías y descripción del proyecto en el Apartado II*), y Madrid, donde están museos nacionales como el del Prado. Pero aquellos gobiernos regionales que han sido más sensibles a la cultura figurativa contemporánea han sabido encarar iniciativas con resultados positivos: así, en el conjunto de España, aparte de los museos de Mérida y Navarra, habría que destacar tres intervenciones arquitectónicas muy significativas en el ámbito del arte de nuestro tiempo: en primer lugar, el Instituto Valenciano de Arte Moderno, con su Centro Julio González (arquitectos Salvadores y Giménez), en Valencia, luego el Centro Atlántico de Arte Moderno (F. J. Sáenz de Oíza), en Las Palmas de Gran Canaria, y la esperanza del magnífico proyecto de Centro Gallego de Arte Contemporáneo (A. Siza), en Santiago de Compostela.

Pero la democracia española, al articularse en comunidades autónomas, hubo de encarar también la arquitectura de las nuevas instituciones, desde las sedes de gobierno de los ejecutivos regionales a las de los legislativos correspondientes. Los parlamentos autonómicos han dado pie a ensayos de muy variado enfoque y calidad. En la mayoría de las ocasiones se ha buscado establecerlos en edificios históricos que ya de por sí

Fig. 14. César Portela. Carballeira de Santa Miña, Brión, La Coruña, 1985-86.

dotasen a la institución del noble carácter del monumento seleccionado, pero con las obligadas innovaciones o ampliaciones, como entre otras las llevadas a cabo por M. Portaceli y C. Salvadores en las Cortes Valencianas ubicadas en el Palacio de Benicarló, o por A. Reboredo para la sede del Parlamento de Galicia en el antiguo cuartel del Hórreo en Santiago de Compostela.

Las sedes de los gobiernos regionales viven aún un proceso de determinación definitiva en muchas comunidades, pero se han efectuado algunos ejemplos de notable calidad, como las sedes de la Consejería de Agricultura de la Junta de Andalucía en Sevilla, en la que el arquitecto Antonio González Cordón transformó lo que fuera la algodonera de Tabladilla en una brillante articulación de nuevos edificios, y la sede del gobierno de la Comunidad de Castilla-La Mancha, en el centro histórico de Toledo (*ver fotografías y descripción del proyecto en Apartado II*). La rehabilitación del antiguo Hospital de Maudes para sede de la Consejería de Ordenación del Territorio del gobierno regional de Madrid (arquitecto A. Perea), o la actuación en el complejo de San Caetano para el ejecutivo gallego (fig. 18), diseñada por Manuel Gallego, son otros excelentes ejemplos de esta orientación, especialmente vigente desde la primera mitad de la década, que ha buscado la elocuencia de la intervención nueva sobre lo existente.

El ejemplo más potente de la vía alternativa, la construcción de nuevos y grandes edificios que contribuyen a procesos expansivos, podría ser el conocido como Torre Triana en Sevilla (Fig. 19), del arquitecto Sáenz de Oíza, que va a acoger varias consejerías del gobierno andaluz. Obra marcada por la voluntad monumentalizadora que domina en Oíza en el trayecto último de su carrera profesional, y situada al borde de la Exposición

Universal y en una posición estratégica desde el Guadalquivir, Torre Triana ha pasado a ser un elemento muy destacado del paisaje urbano de Sevilla. Su construcción refleja la voluntad de simbolizar el nuevo poder autonómico, materializado en la condición de Sevilla de capital de Andalucía, que los arquitectos Montaner y Moreno, responsables del encargo del ejecutivo andaluz, creyeron encontrar en Oíza mejor que en cualquier otro arquitecto español.

España se repiensa

En la coyuntura histórica de la España democrática de finales del siglo XX, la arquitectura, no sin grandes contradicciones, ocupa un papel muy elocuente. No como en Francia, donde la figura del Presidente Mitterand actúa a la manera de los monarcas amantes de la arquitectura, y siembra París, mediante decisiones en gran medida personales, de nuevos monumentos que reafirman su condición de capital y centro fulgurante de la nación. En España ni el Rey ni ninguno de los Presidentes de Gobierno han mostrado especial interés por la arquitectura; es más, podría afirmarse sin faltar a la verdad que el más decisivo y duradero de nuestros jefes de gobierno, el Presidente Felipe González, no siente una atracción personal por este arte. Tampoco a los presidentes de los gobiernos autonómicos, como en general a los políticos españoles, se les suele conocer afición arquitectónica. Sin embargo, se han dado unas circunstancias por las que algunos arquitectos (Bohigas, Mangada, Montaner, etc.) han gozado de una confianza lo suficientemente duradera para encarar líneas de actuación o estar presentes en puestos de responsabilidad donde se ha concitado la madurez de una

Fig. 15. Miguel Garay y José Ignacio Linazasoro. Ikastola, Hondarrabia, Guipúzcoa, 1974-78.

79

cultura específica que desde el antifranquismo esperaba poder realizar su contribución a la transformación de este país. El acierto de las instituciones ha radicado, no sin conflinctos y fracasos, en facilitar la expresión de esa sensibilidad.

El esfuerzo por recuperar un tiempo perdido actuó como fermento que permitió hacer más y mejor que en muchas otras naciones europeas. Pero en España se da, justamente ahora, una circunstancia particular: la conmemoración del Quinto Centenario del descubrimiento de América. Efemérides sin duda controvertida que exige del Estado una contribución tan humilde como firme en favor de una celebración intelectualmente honesta, no triunfalista, restañadora de viejas heridas y superadora de anquilosados prejuicios. Más allá de que

tal objetivo se cumpla plenamente, lo cual resultará muy difícil, si debe alcanzar a verse 1992 como un *annus mirabilis* en el que, mediante iniciativas como las Olimpiadas de Barcelona, la Exposición Universal de Sevilla o la capitalidad cultural europea de Madrid, tienen lugar copiosos esfuerzos en pro de un mejor conocimiento y entendimiento de los pueblos y las culturas del mundo, dando por supuesto que con ello se facilita igual misión entre los pueblos y culturas de España.

En los acontecimientos extraordinarios de 1992 se manifiesta una cierta idea de la historia, entendida como plural y compleja en sus verdades y sus falsedades. La historia como método de reflexión, y el patrimonio como su objeto particular desde la arquitectura. Sobre los aspectos más dinámicos, innovadores, e incluso opulentos de muchas iniciativas incorporadas a la economía urbana de los últimos años, justamente en las horas de mayor ambición de los proyectos para 1992, ha permanecido como una componente substancial de la actual cultura arquitectónica la atención e intervención sobre el patrimonio, que tanto representa para un Estado tan viejo y rico en testimonios de su pasado.

No es casual que a lo largo de cuarenta años de dictadura sobreviviera la Ley de 1933 relativa al patrimonio. Una buena ley de su tiempo que al franquismo le pareció suficiente para encarar con reducidos medios ideológicos, materiales y humanos su política sobre los monumentos. Solo en 1985 el gobierno socialista promovió la aprobación parlamentaria de una nueva norma general, la Ley del Patrimonio Histórico Español, que se vio acompañada de algunas normativas específicas en algunas comunidades autónomas. Antes de que la competencia para la intervención fuera transferida se puso en marcha, arriesgadamente, una política profundamente renovadora sobre el papel de la nueva arquitectura en el campo de la restauración, rehabilitación y planificación de edificios, restos arqueológicos, ámbitos y conjuntos históricos. Tanto desde el Ministerio de Cultura como desde el de Obras Públicas, gracias a la intervención de arquitectos como D. Hernández Gil, J.M. Hernández de León, A. Capitel, A. Humanes, A. Vázquez de Castro, M. de las Casas y A. Precioso, entre otros impulsores de esa nueva gestión, se han

Fig. 16. Manuel Portaceli y Carlos Salvadores. Las Cortes Valencianas, Palacio de Benicarló, Valencia, 1988-90.

Fig. 17. Antonio González Cordón. Consejería de Agricultura, Junta de Andalucía, Sevilla, 1989-92.

producido iniciativas cuya línea, con diversa fortuna, han operado luego las administraciones autonómicas.

Por otra parte, la simbiosis entre monumentos y conjuntos ha sido doctrina común en todos los niveles de la administración pública, y especialmente hoy en los gobiernos regionales, con enfoques sistemáticos antes inexistentes, como el Plan General de Bienes Culturales de la Junta de Andalucía. Pero no hay que olvidar referir algunos ejemplos de actuación global sobre conjuntos urbanos, en ciudades muy diversas como Alcalá de Henares (Madrid), con intervenciones en sus murallas, espacios urbanos y numerosos monumentos como la iglesia del Colegio Máximo de la Compañía de Jesús. Podrían añadirse multitud de ejemplos de planes de rehabilitación integrada, orientados a la recuperación de edificios históricos y barrios residenciales en numerosas ciudades españolas, como el Jonquet de Palma de Mallorca o Puerto Real (Cádiz), u operaciones singulares como las requeridas por conjuntos monumentales de primera categoría mundial, como la Alhambra y el Generalife de Granada.

Una apertura completa de vías metodológicas ha sembrado el panorama español, desde la desrestauración, pasando por la

analogía formal, hasta la más reciente línea de «no intervención», preocupada, precisamente, por los excesos rehabilitadores de las instituciones en búsqueda de ennoblecer sus sedes con el carácter de los monumentos donde se instalan. Examinando algunos ejemplos concretos, entre los muy numerosos que podrían citarse, aflora esa diversidad; así en conjuntos de la envergadura de la arquitectura monacal, muchos de ellos arruinados en buena parte antes de ser intervenidos, tenemos desde la restauración del Monasterio Premostracense de Santa María la Real de Aguilar de Campoo (Palencia), llevada a cabo con gran fidelidad por José María Pérez González, primer impulsor de las escuelas-taller ahora difundidas por toda España, hasta la «antirehabilitación» del Monasterio Cisterciense de Carracedo (León) de Salvador Pérez Arroyo, pasando por la operación de mayor escala llevada a cabo en estos años en España, la de la antigua Cartuja de Santa María de las Cuevas en Sevilla, impresionante complejo que ha quedado como corazón del recinto de la Exposición Universal de 1992 (fig. 20), en el que han intervenido al menos cinco equipos diferentes de arquitectos, y que combina modos diversos de tratar elementos heredados junto a reconstrucciones analógicas y nuevas adiciones.

El auxilio dado por el Estado, incluidos los gobiernos regionales, a la Iglesia Católica en su ingente patrimonio es impresionante; las catedrales, grandes basílicas o palacios episcopales de

Fig. 18. Manuel Gallego y otros. Rehabilitación del edificio central del conjunto San Cayetano, Santiago de Compostela, 1984-85.

España son objeto de un amplio proceso de intervención que incluye a una buena parte de ellos, desde la Seo de Zaragoza (J.M. Pérez Latorre) a la catedral de Granada (P. Salmerón), desde la de Córdoba (R. Moneo, G. Ruíz Cabrero y G. Rebollo) a la basílica de San Francisco el Grande de Madrid (hermanos Feduchi), o las intervenciones museísticas en el Palacio Episcopal de Tarazona (Burillo y Lorenzo) y el proyecto de A. de la Sota pra la extensión del de León. En antiguas iglesias, de muy diverso porte, se han ofrecido intervenciones especialmente significativas, por ejemplo la insólita mutación de la pequeña ermita de l'Hospitalet en Ibiza (J.A. Martínez Lapeña y E. Torres), el remate de la iglesia de Nuestra Señora de Montserrat de Madrid (A. Capitel, C. Martorell y A. Riviere), o la impresionante reinterpretación de la ruina de la iglesia de Santa Cruz en Medina de Rioseco (Valladolid) (fig. 21) de J.I. Linazasoro.

Con otros tipos edificatorios cabría observar la misma apertura de tendencias. Entre los palacios urbanos figura, por ejemplo, una de las más hermosas intervenciones llevadas a cabo en estos años, paradigma de la doctrina de la prosecución de la partitura arquitectónica y el acrecentamiento del patrimonio heredado, la

conversión en Biblioteca Pública del Palacio de los Condes de Benavente en Valladolid, obra de M. e I. de las Casas y J. Lorenzo, a la que podrían acompañar un buen puñado de intervenciones sensibles de diversa magnitud como el sutil acondicionamiento del palacio del marqués de Campo para Museo de la Ciudad de Valencia, obra de M. Portaceli y J.J. Estellés. Se suceden las actuaciones en edificios medievales como el castillo de Puebla de Sanabria (Zamora), de J. Vellés y F. Somoza, o de dieciochescos como los Molinos del río Segura en Murcia, de Juan Navarro Baldeweg (fig. 22), o incluso las restauraciones de arquitecturas de nuestro siglo como el Parque Güell de Gaudí (A. González) o el Gobierno Civil de Tarragona de Alejandro de la Sota.

Por no extendernos más, añadiremos tan sólo unas referencias a las intervenciones sobre los teatros romanos en España que, por sí solos, ofrecen una excelente muestra de las diversas actitudes y posiciones que se adoptan ante el patrimonio arquitectónico y arqueológico en España. Desde que el Teatro Romano de Mérida (Badajoz) fuera reconstruido y reutilizado para representaciones, se convirtió en punto de referencia a la hora de la aplicación de las doctrinas acerca del tratamiento de las ruinas. Mientras el de Mérida ha sido recientemente protegido de los efectos destructivos del uso (el arquitecto D. Hernández Gil superpuso pavimentos de fibra de vidrio y poliéster y sustituyó estatuas originales por réplicas), otros han tomado la vía de la reconstrucción, si bien con sensibilidades muy diferentes, así el de Itálica (Sevilla) es restituido por el arquitecto A. Jiménez mediante anastilosis, restituciones y simulaciones, el de Sagunto (Valencia) retorna a su función mediante un proyecto de G. Grassi y M. Portaceli que inventa una ruina artificial y una nueva escena de porte romano y lenguaje actual. Y si los teatros de Segóbriga (Saelices, Cuenca) o Acinipo (Ronda, Málaga) afrontaron con pulcritud y modestia sus intervenciones, Córdoba ha visto emerger los vestigios del suyo entre las extensas ruinas romanas aparecidas en las obras de su nueva estación de ferrocarril, produciendo otra vez una situación de perplejidad entre la salvaguarda y el progreso, los términos que se tratan de conjugar, con la arquitectura como instrumento en esta vieja España que se repiensa.

Fig. 19. Francisco Javier Sáenz de Oiza. Torre Triana, Junta de Andalucía, Sevilla,1989-92 . Maqueta.

Fig. 20. Roberto Luna y Fernando Mendoza; Francisco Torres; José Ramón Sierra y Ricardo Sierra; Guillermo Vázquez Consuegra. Cartuja de Santa María de las Cuevas, Sevilla, 1987-92.

Los acontecimientos de 1992

La importancia que en España se ha dado a la fecha de 1992 ha quedado de manifiesto ya en este escrito. La fuerza con que se concita la coyuntura de la conmemoración del Quinto Centenario del descubrimiento de América junto al paso que se da hacia la unidad europea a partir de ese año, se ha traducido en una acumulación de compromisos internacionales de enorme trascendencia: Olimpiada, Exposición Universal y Capitalidad Cultural Europea, en Barcelona, Sevilla y Madrid respectivamente. Aunque no por igual en las tres ciudades, esos acontecimientos han operado como vectores, elementos direccionales orientados y dispuestos para acelerar y favorecer el ritmo de las transformaciones previstas o intuidas, pero también para constituirse en estrategias cuantitativa y cualitativamente impensables sin ellos. La historia urbana contemporánea de nuestras ciudades cuenta con precedentes, como lo fueron para Barcelona la Exposición Universal de 1888 o la Internacional de 1929, factores ciertos de transformación urbana, como también lo fue en Sevilla la celebración de la Exposición Iberoamericana en el mismo año de 1929.

En orden de magnitud, de volumen de inversiones específicas generadas por el acontecimiento, Madrid ha vivido la operación menos trascendente, o si se quiere menos extrapolada a las previsiones de su planeamiento general. El Plan General de Ordenación Urbana de Madrid de 1985 tuvo uno de sus enfoques más ambiciosos en la búsqueda del reequilibrio Norte/Sur de la ciudad. Un Norte asentado en suaves encinares, con aguas limpias y una atmósfera transparente que atrajo los mejores objetivos urbanos, frente a un Sur donde se decantaron fábricas y trabajadores inmigrados. Por eso, en el mejor

propósito de solidaridad urbana, en la cuña meridional de la capital de España se planteó convergieran tres de las cinco grandes operaciones estructurales del Plan: el Parque Lineal del río Manzanares, el distribuidor y nuevo acceso Sur y la remodelación del área inmediata a la estación de ferrocarriles de Atocha, punto real y simbólico de llegada, asentamiento y partida de las masas trabajadoras inmigradas de Andalucía. Hay que prestar atención a la formación del nuevo centro del distrito de Vallecas, medio centenar de manzanas sobre 113 hectáreas; o, a escala metropolitana, a la Universidad Carlos III, la tercera de Madrid, que se sitúa en Getafe, como contrapunto de la posición de la Autónoma en Tres Cantos, al norte de la ciudad. Incluso, con similar filosofía política, se toma la polémica decisión de iniciar el establecimiento del ferrocarril de alta velocidad en España a través de un nuevo trazado que une la capital con Córdoba y Sevilla.

De todo ello se ha hecho especial énfasis en la remodelación de Atocha (fig. 23). En efecto, la nueva estación, fruto de la transformación de la existente, su desdoblamiento en otra nueva de cercanías y su condición de intercambiador de transporte público, fue uno de los concursos de mayor polémica a lo largo de la década de los ochenta, siendo Rafael Moneo el encargado de llevar a cabo esta prolija operación arquitectónica. Pero Atocha pasa a ser mucho más que el más complejo centro direccional para el transporte de personas de Madrid. Su posición a los ples del Paseo del Prado, símbolo del urbanismo ilustrado de Carlos III, contribuye a la más específica estrategia cultural en la que se fundamenta la oferta de la capitalidad cultural para 1992.

En efecto, el denominado triángulo del arte estaría constituido por el Museo del Prado reacondicionado, el vecino Palacio de Villahermosa habilitado por Rafael Moneo para acoger la colección Thyssen, y el inmenso Centro de Arte Contemporáneo Reina Sofía, tras los trabajos sucesivos llevados a cabo según proyectos de Antonio Fernández Alba, primero, y Antonio Vázquez de Castro y José L. Iñiguez después. Si bien, ciertamente, el programa de centros culturales y teatros abarca un sistema complejo con nuevas y remodeladas instituciones, desde el antiguo Cuartel de Conde Duque (J. Cano Lasso) al

Fig. 21. José Ignacio Linazasoro. Restauración de Iglesia de Santa Cruz, Medina de Rioseco, Valladolid, 1985-88.

Fig. 22. Juan Navarro Baldeweg. Museo hidráulico en los Molinos del Río Segura, Murcia, 1983-88.

nuevo Museo de la Ciudad, desde el Auditorio Nacional de Música (J.M. García de Paredes) al nuevo teatro de la Vaguada, o desde el complejo de la Puerta de Toledo al gran auditorio del Parque de la Hinojosa, y llegando hasta complejos como el de la Arganzuela o la Ciudad de la Imagen de Pozuelo. En el terreno deportivo, Madrid se dotaría de nuevas instalaciones como el velódromo de La Latina o el nuevo gran Estadio de la Comunidad y sus instalaciones conexas, según proyecto de A. Cruz y A. Ortiz. Estas y otras instalaciones, como el nuevo Recinto Ferial de F.J. Sáenz de Oíza, junto a los cinco nuevos parques con los que se pretende alcanzar un total de 3.400 hectáreas verdes, o el remate de la circunvalación M-40, establecen para Madrid unos objetivos de dinamización urbana de relevancia indudable, aunque pueden ser tenidos como insuficientes para satisfacer todos los requerimientos de la vida cotidiana de los madrileños, especialmente en el juego de los cambios políticos operados en la ciudad durante los últimos años que, como consecuencia, generan actitudes encontradas, insatisfacciones y objetivos alternativos.

Aun cuando en 1991 Sevilla vivió también cambios en su gobierno municipal, la condición de proyecto de Estado de la Exposición Universal y la consolidación de la mayor parte de sus grandes operaciones territoriales y urbanas consustanciales a un acontecimiento de tanta envergadura, han hecho que en su configuración básica esa circunstancia resulte irrelevante. La realidad es que Sevilla acoge la última exposición del siglo de ese rango, y lo hace siendo la ciudad más meridional, más pequeña, de mayor abolengo histórico y menos desarrollada de cuantas fueron sedes. La apuesta hecha a finales de los setenta con el beneplácito del Rey Juan Carlos I, se hizo firme entre 1982 y 1983 y siguió una vicisitud extraordinariamente compleja, algunos de cuyos hitos conviene tenerlos presentes. Por ejemplo, ante la envergadura intuida del desafío, la demora en la adopción de las primeras decisiones por parte del Presidente Felipe González (después de haberse anunciado a Ricardo Bofill, el nombramiento de Manuel Olivencia como primer Comisario se pospuso por un año), la extraña determinación de su diseño general (con un concurso de ideas fallado ex-aequo a dos soluciones antitéticas de E. Ambasz y J. Junquera, E. Pérez-Pita y J.A. Fernández Ordóñez, luego deformadas en un caso anónimo plan director), o los reajustes necesarios en distintos momentos para hacer fluida la realización de tan compleja iniciativa (creación de la Sociedad Estatal para la Expo'92, nombramiento de Jacinto Pellón como Consejero Delegado y verdadero impulsor de las obras, o el cese de Olivencia como Comisario y su sustitución por Emilio Casinello). En todo caso, las incertidumbres de los primeros años, acompañadas de paradojas competenciales de la Junta de Andalucía y del Ayuntamiento, desembocaron en un diseño general del certámen convencional respecto a la tradición desarrollista de anteriores exposiciones (Osaka, Montreal), de fuerte impacto en

la estructura urbana y metropolitana de Sevilla, con la consiguiente necesidad de articular un conjunto de decisiones tendentes a estructurar un vasto territorio entonces precario, comportando copiosas inversiones, que se han situado en el orden del billón de pesetas.

Estos son algunos de los términos de la alteración producida: casi duplicar la red arterial viaria ampliándola en 75 kilómetros, construyendo un cinturón de ronda hasta entonces inexistente; modificar completamente la red arterial ferroviaria levantando el trazado junto al río, enterrando su ramal urbano, y creando

Fig. 23. Rafael Moneo. Estación de Atocha, Madrid, 1985-92.

Fig. 24. Martorell-Bohigas-Mackay, con Rice, Arup y Freixa. Pabellón del Futuro, Expo '92,, Sevilla, 1992.

una nueva y magnífica estación (arquitectos A. Cruz y A. Ortiz) en sustitución de las dos que perdieron su uso; actuar sobre el río Guadalquivir a su paso por la ciudad con importantes obras hidráulicas complementarias a las que originaron el proceso de localización territorial de la Exposición, y las subsiguientes de acondicionamiento urbano; la construcción de siete nuevos puentes (destacando los diseñados por los ingenieros Fernández Ordoñez-Martínez Calzón-Millanes, Viñuela-Leonhardt y S. Calatrava, de impresionante perfil) en una ciudad que solo contaba con cuatro; la realización de una nueva y compacta terminal de viajeros en el aeropuerto (arquitecto R. Moneo); aparte de diversos equipamientos urbanos, como el Teatro de la Opera (arquitectos Marín-Pozo-Yanes).

Sevilla es ahora una ciudad transformada, mejor comunicada por aire, carretera y ferrocarril, recuperando décadas de abulia, en pos de un acontecimiento cuyo recinto de 215 hectáreas acoge la enrarecida promiscuidad de edificios y pabellones de todo tipo y condición, entre los que sólo unos pocos, según lo habitual en estos eventos, ofrecen una incontestable calidad arquitectónica. Junto a algunos proyectos de importantes firmas internacionales como Tadao Ando (Japón), Nicholas Grimshaw (Gran Bretaña), Gae Aulenti (Italia), Vigier y Jodry (Francia) y algunos más (desgraciadamente Estados Unidos no seleccionó el proyecto de R. Venturi para su pabellón, por otra parte desastrosamente gestionado), la arquitectura española tampoco cuenta con un elenco todo valioso que hubiese sido posible, desaprovechando lo que, con un adecuado asesoramiento, hubiese conducido a una colección de los más relevantes profesionales del país. Quizá el mejor pabellón sea el de la Navegación, del arquitecto sevillano Guillermo Vázquez Consuegra (*ver fotografías y descripción del proyecto en Apartado II*), por encima de aportaciones notables como el pabellón del Futuro (fig. 24) de Martorell-Bohigas-Mackay con Rice, Arup & Partners y Freixa, el Teatro Experimental (G. Ayala)

o pabellones regionales como los de Aragón (Pérez Latorre), Asturas (Muñoz y Sanmartín), Castilla-la Mancha (fig. 25) (Casas), o Tierras de Jerez (I. de la Peña), por sólo citar altunos.

Para Sevilla quedará el día después (fig. 26). Cuando hayan transcurrido los seis meses del certamen universal y millones de visitantes hayan pasado por él, será la hora de medir sus efectos. Aquellos beneficiosos podrán ser la reconversión de su recinto como parque tecnológico, la herencia de estructuras físicas solventes y de envergadura, y, aún mejor sería, la puesta al día de sus cualidades de ciudad histórica de primera magnitud y de su mentalidad social, cultural y económica, que permanecía ajena a los avatares habituales del progreso contemporáneo. Este concierto deberá restañar no pocas heridas abiertas y acompañarse de otras tantas tareas pendientes de atención a la escala más menuda de las necesidades de los vecinos y de la sensibilidad debida a nuestro patrimonio.

Distinto, pues, del caso de Barcelona. Las Olimpiadas del verano de 1992 han sido, también, un estímulo singular que ha dinamizado los procesos de transformación de la ciudad, seguramente más allá de lo que la gestión ordinaria de las cosas hubiese conllevado dentro de una estrategia urbana sistemática y dúctil. Las inversiones públicas y privadas en infraestructuras y operaciones urbanísticas se han situado sobre los 750.000 millones de pesetas, siendo el impacto económico directo del orden del billón y sumando el indirecto unos 2,4 billones. Por consiguiente, la dinamización vivida por Barcelona no puede comprenderse si no es también en el orden excepcional de los acontecimientos.

La remodelación de la ciudad aprovechando sus cualidades y operando sobre los espacios libres aún disponibles, fue un punto de partida que luego (octubre 1986) se articula con el hecho excepcional de los Juegos, cuyas necesidades fueron afrontadas bajo el principio de integración urbana, mejora de sus infraestructuras y realización de grandes proyectos. Como es lógico, ello ocasionó una mutación de las escalas de intervención, los contextos, el modo de gestión y su ritmo, con lo que objetivos y sutilezas de algunas intervenciones de los primeros ochenta desaparecen y se pasa a otras de mayor tamaño y más periféricas.

La expresión «la ciudad como laboratorio» ha sido utilizada expresamente para indicar el método empírico y fragmentario con el que se ha actuado. Y los Juegos han sido el medio para trascenderlo decididamente en un gran proyecto de reconversión urbana mediante su localización en cuatro áreas olímpicas en los cuatro vértices de la propia ciudad (Montjuïc, Diagonal, Valle de Hebrón y Nueva Icaria/Villa Olímpica), con el destino de ser después de 1992 áreas de servicio urbanas, «áreas de nueva centralidad».

La nueva Terminal de Viajeros del Aeropuerto (R. Bofill y Taller de Arquitectura) o la torre de Telecomunicaciones en Collserola (Norman Foster) son los símbolos de la recualificación del sistema de comunicaciones de Barcelona'92 pero desde el punto de vista de las necesidades cotidianas de los ciudadanos el remate de la red arterial viaria, en particular los cinturones de ronda y los túneles, es el sistema primario de conexión que el urbanismo opulento tardofranquista habría querido. No obstante, la diferencia radica en la definición de las vias cuyo diseño se cuida de acuerdo con las pautas generadas desde el principio de la década, fundadas, según la expresión de Ignacio de Solá-Morales, en la tradición del realismo y la orientación cosmopolita de Barcelona. Una orientación que no podía menos que encarar su fortalecimiento como ciudad de arte mediante iniciativas de prestigio y que han resultado problemáticas para estar listas en el horizonte de 1992, como el Museo de Arte Contemporáneo proyectado por Richard Meier, el Museo de Arte de Cataluña en el Palacio Nacional de la Exposición Internacional de 1992, proyectado por Gae Aulenti y E. Steegmann, el Teatro Nacional de Cataluña de Ricardo Bofill, o la reforma y ampliación del Gran Teatro del Liceo, de Ignacio de Solá-Morales. Frente a ellos y su envergadura, lo ya concluido es excelente: la reforma del Museo Arqueológico de J. Llinás, el

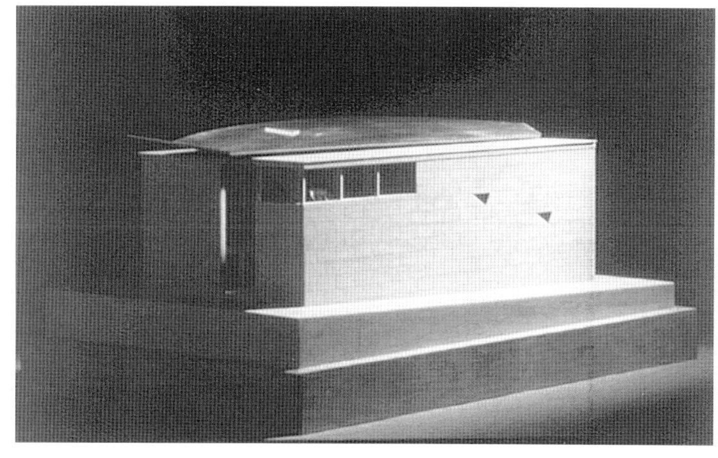

Fig. 25. Manuel de las Casas. Pabellón de Castilla-La Mancha, Expo '92, Sevilla, 1990-92.

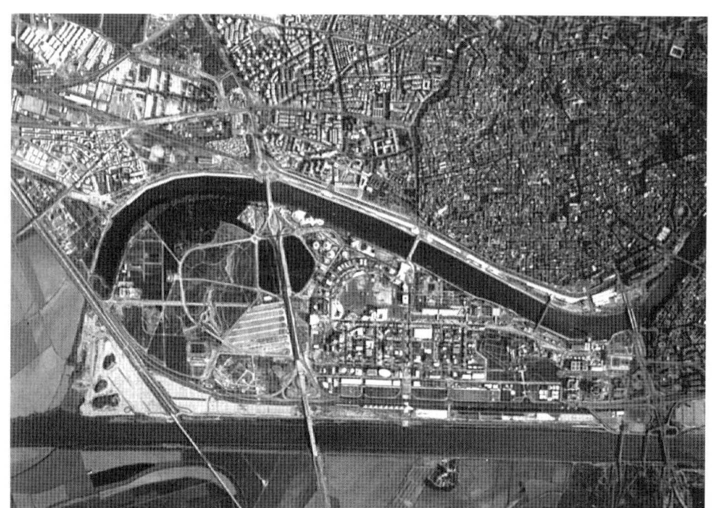

Fig. 26. Vista aerea de la Expo de '92, Sevilla, 1992.

Centro de Arte de Santa Mónica (fig. 27), de Viaplana y Piñón, la Fundación Antoni Tàpies en la antigua editorial Montaner i Simón de Domenech i Montaner, realizada por Amadó y Domènech, la reconstrucción del Pabellón Barcelona de Mies van der Rohe por Cirici/Ramos/I. Solá-Morales, o la remodelación del Palau de la Música Catalana por Tusquets/Díaz, aparte de las obras ya citadas de Garcés y Sória.

Pero a lo largo del proceso de Barcelona'92, entre tantas iniciativas y realizaciones urbanas, a veces se tiende a olvidar, o al menos a difuminar, la esencia deportiva de los Juegos. Por consiguiente, la sustancial aportación de la arquitectura a su celebración la constituye el panel de realizaciones de edificios para su práctica. En primer lugar el Anillo Olímpico de Montjuïc, fundado en la decisión de remodelar el Estadio Olímpico de 1929, sin duda discutible, llevada a cabo por F. Correa, A. Milá, C. Buxadé, J. Margarit y V. Gregotti (fig. 29); junto a él, la realización estelar de Arata Isozaki, el Palacio de Deportes de Sant Jordi (fig. 28), y el Instituto Nacional de Educación Física de Cataluña, de Ricardo Bofill. En el área de Horta, el Velódromo realizado por E. Bonell y F. Rius. En Vall d'Hebron los proyectos de las canchas de tenis La Teixonera (T. Sunyer) y el Palacio Municipal de Deportes y complejo para pelota (Garcés y Sória), al que añadir las instalaciones para Tiro con Arco diseñadas por Enric Miralles y Carme Pinós *(ver fotografías y descripicón del proyecto en Apartado II)*, y en Badalona el palacio de deportes destinado a la competición de baloncesto, obra de Bonell y Rius *(ver fotografías y descripción del proyecto en Apartado II)*, como principales edificios para la celebración del evento olímpico.

Acontecimiento que necesariamente nos lleva de nuevo a una última y decisiva consideración urbanística que materializa el salto de una Barcelona terminada, según aquella expresión de principios de los ochenta, a una Barcelona metropolitana y expansiva hacia su paradigma territorial entre los ríos Besós y Llobregat. El protagonista de esa proyección es la construcción de la Villa Olímpica sobre las 130 hectáreas de terrenos liberados del viejo barrio industrial de la Nova Icària o Pueblo Nuevo, que más allá del límite mítico de la Ciudadela constituía una «Barcelona otra». La Villa Olímpica es la piedra de toque

principal para los antiolímpicos, y no solo por la eliminación de importantes elementos del patrimonio industrial, ya que es una operación de renovación urbana que nada tiene que envidiar a las mayores llevadas a cabo en Estados Unidos durante los años sesenta. Junto a las 2.000 viviendas proyectadas o los edificios Eurocity de oficinas, la implantación de un gran centro comercial, los hoteles o el Palacio de Congresos, acompañando al Puerto Deportivo, actúan, usando una expresión de Oriol Bohigas, como «locomotoras de actividad concentrada y permanente» a fin de alcanzar de inmediato el valor central y el destino social deseado para la Villa Olímpica. Las urgencias en distintos momentos de su diseño y gestión han llevado a determinaciones discutibles, por ejemplo, según J. M. Montaner, la morfología de las grandes manzanas o la falta de traba en algunas intervenciones, para las que fueron convocados, en un procedimiento irreprochable, los arquitectos que en los últimos treinta años habían obtenido un premio FAD (Fomento de las Artes Decorativas), el más prestigioso y de mayor solera de cuantos existen en España. Junto a ellos, y entre otros edificios relevantes, los autores del diseño general (Martorell-Bohigas-Mackay-Puigdomènech) trazaron el Parque del Litoral, J. Navarro Baldeweg el pabellón polideportivo de la zona, Alvaro Siza y J. Falgueras el edificio MOPT y Centro Meteorológico, J.A. Martínez Lapeña y E. Torres el Palacio de Congresos, y Bruce Graham (SOM) uno de los dos rascacielos privados destinado a hotel principalmente, que con sus 153,5 metros de altura se constituyen en los edificios más altos de España.

Decía Joan Busquets que en cualquier proceso de desarrollo de grandes proyectos existen siempre fases contradictorias. Son varias las cuestiones que una reflexión crítica debería afrontar acerca de los grandes proyectos de transformación planteados en Europa, cuyos ejemplos españoles hemos visto: su dimensión mínima, su localización estratégica, el acompañamiento de implantaciones infraestructurales, la innovación de las funciones urbanas establecidas, la especificidad de la gestión operativa, o la temporización de su ejecución, son algunas de ellas. Las grandes operaciones que en España han tenido lugar concitadas por el año 1992 han respondido a esos parámetros, pero, ¿con qué grado de satisfacción? El equilibro ente la innovación y la

Fig. 27. Albert Viaplana y Helio Piñón.   Centro de Arte de Santa Mónica, Barcelona, 1987-89.

Fig. 28. Arata Isozaki. Pabellón de deportes de Sant Jordi, Barcelona, 1984-91.

Fig. 29. Federico Correa, Alfonso Milá, Carles Buxadé, Joan Margarit y Vittorio Gregotti. Estadio Olímpico, Montjuïc, Barcelona, 1986-89

coherencia con la ciudad existente no está satisfecho en igual medida en Madrid, Sevilla y Barcelona. Es evidente que por dimensión de lo realizado, especialmente relativa respecto a la escala de la ciudad, y por modelo de implantación y proceso estratégico, Sevilla ha desafiado un proceso de transformación más arriesgado, mientras Barcelona ha operado con una mayor conciencia intelectual. Pero en todas ellas es reconocible, con aciertos y desaciertos mayores o menores, y con la arquitectura como bandera, el signo histórico del cambio operado en España.

La Década Prodigiosa

Ignasi de Solá-Morales

Una de las novelas más celebradas de la reciente literatura española es la de Eduardo Mendoza titulada *La ciudad de los prodigios*. Se trata de una novela urbana, con un protagonista permanente que no es otro que una ciudad. En este caso se trata de Barcelona, un lugar al que a lo largo del texto y a través de las peripecias de los personajes de la novela vemos transformarse, crecer desde la situación de una tranquila población de poco más de doscientos mil habitantes a fines del siglo pasado hasta la bullente metrópoli de los años treinta. El acierto de la narración está en haber presentado este proceso de cambio como un rosario de prodigios, como la encadenación fortuita de acontecimientos en los que pesa más la imprevisible conjunción de fenómenos aparentemente carentes de toda relación que no la explicación basada en las causas necesarias e ineluctables de una historia entendida como fatalidad.

Pues bien, tomando prestada la idea de que ciertos saltos hacia adelante son a veces una consecuencia de una imprevisible coyuntura, queremos analizar la arquitectura española de la última década como un acontecimiento prodigioso, por lo inesperado y excepcional.

Ha sido precisamente en los últimos años cuando en la historia de la cultura ha hecho fortuna la distinción planteada por Carlo Ginzburg entre centro y periferia.

El modelo teórico plantea una relación entre un espacio central, generador de nuevas ideas, formas y modos de vida y una periferia dependiente, receptora, sólo capaz de actuar como un satélite del centro. Pero la reflexión de los años ochenta ha desvelado el engaño que se oculta tras la apariencia de una relación entre un centro dominador y una periferia dominada. Porque en una situación de crisis cultural como la que vive el mundo occidental desde, por lo menos, 1968, la relación centro-periferia puede haber cambiado. Ni los mecanismos de hegemonía son tan evidentes en los grandes centros culturales, Londres, Milán, Nueva York, en el caso de la arquitectura, ni la producción de la periferia es tan exclusivamente dependiente que sólo puede ser recibida como una versión provinciana de cuanto fue inventado y elaborado en los centros.

Relaciones de autonomía, de creatividad precisamente desde estadíos no dominantes; condiciones materiales diferentes, que permiten disponer de recursos técnicos y humanos que ya no se dan en las situaciones centrales; peso de las tradiciones locales que modifican substancialmente el punto de vista, el modo de entender el problema (ver fig. 1); relaciones entre la comunicación arquitectónica y otros medios de comunicación masiva, pueden y de hecho han dado un estatuto no exactamente dependiente, sino, por el contrario, en muchos casos más autónomo y eficaz en el caso de las culturas supuestamente periféricas al sistema mundial.

Es por este motivo que la arquitectura española en esta década prodigiosa puede ser leída como una peculiar respuesta a la crisis general. Si el término postmodernidad no lo entendemos como la denominación de un estilo, de un lenguaje arquitectónico hecho a base de substituir las formas de la

Fig. 1. José Antonio Martínez Lapeña y Elías Torres. Restauración, Iglesia en L'Hospitalet, Ibiza, 1982-85.

tradición moderna por las de una recuperación del clasicismo, entonces podemos afirmar que el caso de la arquitectura española de los diez o quince últimos años constituye una forma peculiar, distinta de la que han producido los grandes centros, de respuesta a una general crisis de la tradición moderna y de los lenguajes y modos de intervenir que han sido los propios de toda la cultura occidental por lo menos desde el período posterior a la Segunda Guerra Mundial.

Efectivamente, también la cultura arquitectónica española ha puesto en crisis la ortodoxia de una tradición moderna. Desde los escritos de Oriol Bohigas, Fernández Alba o Rafael Moneo y también desde la evolución de la obra de estos mismos arquitectos o de Peña Ganchegui, Sáenz de Oiza o Correa y Milá podemos detectar la inflexión que sufren las ideas de progreso, confianza en la eficacia transformadora de los lenguajes abstractos y supuestamente racionales y seguridad de los repertorios tipológicos con los que afrontar las nuevas áreas de crecimiento de las ciudades.

Lo que es distinto en el caso de la cultura española es el modo con el que se ha dado esta inflexión. A la crisis de los años setenta corresponde en España un cambio político largamente esperado. De alguna manera la transición de la tardodictadura franquista a la frágil democracia se produce precisamente en estos años de crisis económica y cultural. Lo que en otros lugares es sólo desencanto y pérdida de confianza en los grandes ideales de transformación y progreso, en España tiene un carácter completamente distinto. La transición democrática no es sólo política. Es también una apertura en todos los espacios de la cultura como consecuencia de la llegada de las libertades.

España era vista a partir de una imagen comúnmente compartida en Europa y América como un país obscurantista y atrasado, anclado en el pasado a causa del dominio todopoderoso de la dictadura. La verdad es que las cosas no eran exactamente así. En el arte y la arquitectura, al igual que en la literatura y el pensamiento, la elaboración y los contactos con los centros de la cultura mundial era más viva de lo que mostraban las apariencias aunque no fuese menos cierto que las reflexiones y preocupaciones de los intelectuales españoles

estaban principalmente comprometidas con un cambio político y civil que nunca acababa de llegar.

La nueva situación política creada por la democracia en el Parlamento, en los Gobiernos Autónomos y en los Municipios colocó en primer plano la construcción de lo público, de los símbolos, espacios y monumentos capaces de representar los valores colectivos tan largamente esperados y tan penosamente alcanzados, (ver fig. 2).

La historia de la arquitectura española culturalmente interesante en los años de la dictadura, se mueve siempre en el espacio de lo privado. Sólo en sus inicios los poderes públicos de la dictadura se plantearon la necesidad de hacerse visibles y presentes a través de una arquitectura representativa del estado autoritario. Desde los años del desarrollo económico y de la primera prosperidad a mediados de los cincuenta y en los sesenta era en el área de lo privado donde se producían los esporádicos casos de creación arquitectónica innovadora y creativa. Viviendas particulares, estructuras para el turismo, áreas residenciales de vivienda masiva en la periferia de las ciudades fueron el campo de trabajo habitual de los arquitectos españoles en el período de la dictadura. Con la crisis económica de los años setenta, la primera crisis del petróleo y el cambio político, iba a producirse un giro copernicano en los objetivos culturales a los que la arquitectura era invitada a participar.

Una coyuntura especial de crisis de la iniciativa privada, conjugada con una voluntad de expresar la presencia de las nuevas formas de gestionar el poder, llevaban como consecuencia al desplazamiento desde lo privado hacia lo público. Los arquitectos experimentados en hacer viviendas masivas, elegantes interiores, hoteles, bares o discotecas eran de pronto convocados a construir el espacio público y a dar forma a los nuevos servicios que colectivamente eran reclamados desde la base social, (ver fig. 3).

Mientras que en muchos otros países la crisis se manifestaba en la producción de arquitecturas sólo dibujadas, que jamás se llegarían a construir, en España la teorización y la especulación formal tenían poco que hacer ante la tarea de reconstruir un país que, a caballo entre el mundo desarrollado y el tercer mundo, se hallaba ilusionado con las nuevas condiciones políticas.Durante

Fig. 2. Jaume Bach y Gabriel Mora. Estación de Bellaterra, Barcelona, 1984.

estos años la preocupación por la forma que había que dar a la arquitectura pública fue el gran tema de reflexión de los arquitectos españoles. Al plantearlo se descubría inmediatamente que el espacio público y la arquitectura monumental, es decir, representativa de los valores colectivos, eran cosas ausentes o por lo menos mal definidas en la tradición moderna.

En las universidades, en los artículos publicados en revistas especialmente sensibles como *Arquitecturas bis*, *Arquitectura* o *Quaderns* el problema de lo público y su figuración ganaban protagonismo frente a los debates meramente lingüísticos. Una revisión de la tradición moderna en esta clave y una reconsideración de la tradición de la ciudad burguesa del siglo XIX y de los subsiguientes Civic Art, City Beautiful, etc., fueron el soporte de discusiones importantes y de tentativas proyectuales en las que ninguna ortodoxia podía imponerse, puesto que la tradición moderna aparecía con especiales carencias ante este tipo de necesidades.

Centenares de espacios públicos: plazas, avenidas, jardines urbanos; docenas de edificios institucionales: parlamentos regionales, sedes de gobierno, consejerías y toda suerte de edificios administrativos; centenares de edificios públicos de equipamiento: escuelas, hospitales, aeropuertos, ferrocarriles, museos, bibliotecas, instalaciones deportivas, son el grueso de la arquitectura culturalmente relevante de la última década, (ver fig. 4-6).

Por supuesto que todo ello, no sólo proyectado sino en buena parte construido, no tiene una unidad estilística ni procede de un único planteamiento urbano o arquitectónico. Un repaso a un catálogo extenso de las realizaciones de los últimos años en la arquitectura española nos pone en evidencia que la diversidad de criterios, la ausencia de dogmas indiscutibles y la variedad de referencias son demostrativas del carácter experimental, tentativo, que ha tenido la búsqueda de la mencionada arquitectura pública en España.

Posiblemente sea ilustrativo advertir que el proceso de definición de la arquitectura pública se ha producido a lo largo de los últimos diez o quince años de un modo gradual, por apropiación sucesiva desde las escalas menores a las de mayores

Fig. 3. Juan Navarro Baldeweg. Centro de Servicios Sociales Puerta de Toledo, Madrid, 1985-89.

Fig. 4 Antonio Cruz y Antonio Ortiz. Museo marítimo en el Baluarte la Candelaria, Cádiz, 1986-89.

dimensiones y por el aprendizaje acumulado de soluciones que han provocado, en el territorio de los hechos más que en el de las palabras, una progresiva consolidación de ciertos recursos cada vez más establemente aceptados tanto por políticos y usuarios como por los propios arquitectos. Podemos mencionar, por lo menos, tres características destacables:

Primera. Al comienzo de este período hubo un exagerado interés por las operaciones de reutilización de los edificios históricos (ver fig. 7). Si recorremos las más interesantes obras de este período advertiremos el gran número de intervenciones en edificios existentes. Una cierta desconfianza hacia la arquitectura actual por parte de usuarios y políticos y la necesidad de poner la defensa del patrimonio arquitectónico en un lugar privilegiado de las políticas urbanas llevó a la paradójica situación de que mucha de la mejor arquitectura española en los ochenta se dio como intervención en el patrimonio existente.

Lo que tuvo de aparentemente conservador una obsesión como la que estamos señalando provocó, por el contrario, efectos positivos en el sentido de que el tratamiento de la arquitectura

histórica no se encargó a los supuestos «especialistas» en esta actividad sino que lo hicieron arquitectos que tuvieron ante ella actitudes proyectales mucho más creativas e interpretativas. El modo de actuar en el patrimonio arquitectónico en España es, hoy por hoy, un fenómeno singular, difícilmente parangonable a lo que se produce en países donde este trabajo está controlado por mecanismos burocráticos mucho más rígidos e historicistas. La reutilización de edificios históricos para nuevas funciones públicas ha sido en España, en los últimos años, un espacio de creatividad mucho más importante de los que habitualmente cabe esperar en otros países.

Segundo. Hay un movimiento ascendente en la escala de los problemas abordados de la arquitectura pública. De operaciones significativas, puntuales, limitadas a espacios muy emblemáticos, generalmente en zonas de máxima centralidad urbana, se ha pasado progresivamente a proyectos de mayores dimensiones, en áreas más periféricas y por lo tanto, menos consolidadas urbanísticamente, con la exigencia de incorporar valores añadidos de cultura y sentido público que de otro modo no se hubiesen dado a partir de los modos de actuar propios de la tradición moderna.

En las ciudades españolas más sensibles a estas cuestiones, en Sevilla, La Coruña, Valencia, Madrid, Barcelona, ha habido un crecimiento de las experiencias innovadoras en las nuevas operaciones.

Pensemos que los proyectos a los que hacemos referencia y que están reunidos en la apretada antología en la exposición, son también la consecuencia de un desplazamiento de la confianza en el mecanismo planificación pública-edificación privada hacia un nuevo procedimiento que se basa en la actuación directa de la administración pública en la edificación como herramienta de reorganización de los espacios previamente producidos por la iniciativa privada.

A medida que la arquitectura construida desde las administraciones públicas toma sobre sí la tarea de recomponer los fragmentos de la ciudad rota por la iniciativa privada se plantean sucesivamente las aplicaciones de la escala de las operaciones y la complejidad de las mismas, en un proceso en el cual el proyecto y la obra construida deben absorber las competencias de todo aquello que antes pertenecía al ámbito del planeamiento y sus normativas.

En tercer lugar la nueva situación se caracteriza por la incorporación de lenguajes procedentes de la tradición privada hacia la creación de la dimensión pública y representativa de la arquitectura (ver fig. 8).

Fig. 5. Luis Burillo y Jaime Lorenzo. Museo Episcopal en Tarazona, 1982-83.

Fig. 6. Enric Miralles y Carme Pinós. Remodelación de la Escuela La Llauna, Badalona, 1984-86.

Es evidente que la tradición moderna carece de una cadena de experiencias en este sentido. Los grandes conjuntos públicos de Le Corbusier, Niemeyer o Louis Kahn sirven poco como referencias a las actuaciones en ciudades existentes, cargadas de historia y donde toda actuación se produce sobre un tejido previamente dado. Es por ello que la vía más común de la arquitectura española ante este tipo de cuestiones ha sido la del esfuerzo por captar el significado de lo público, sobre todo a través de los grandes espacios –interiores y exteriores– combinando este problema de escala, con el preciosismo de los detalles, con una casi morbosa atención a los acabados que se ha hecho tan característica del esplendor decorativo de nuestra arquitectura reciente.Es difícil explicar la arquitectura española de la última década a través de manifiestos programáticos o de tomas de posición explícitamente formuladas. La nuestra ha sido una transformación en la que las tomas de posición se han reflejado primero en los proyectos concretos que en las formulaciones teóricas.

No es cierto que no haya una labor crítica y reflexiva como tampoco es cierto que el despliegue de la arquitectura reciente no se haya hecho sin debate ni confrontación con otras posiciones. Tal vez lo que sucede es que los canales a través de los cuales se han manifestado las nuevas posiciones hay que encontrarlos de un modo disperso en ciertas enseñanzas universitarias y en el prestigio alcanzado por profesores que han sido al mismo tiempo destacados autores de las nuevas

Fig. 7. Jordi Garcés y Enric Sòria. Ampliación del Museo Picasso, Barcelona, 1981-86.

actuaciones. También en las publicaciones: colecciones editoriales y revistas de arquitectura que han tenido una clara ampliación de su ámbito de influencia en el terreno de las ideas y no sólo en el de la mera información. Finalmente la prensa diaria ha concedido en los últimos años una atención inusual a las obras y a los arquitectos, de modo que se puede afirmar que se ha pasado de la más pura indiferencia ante las obras arquitectónicas a una permanente atención y sensibilización promocionada sin duda por el carácter público de cuanto se ha hecho de arquitectura culturalmente significativa.

Conviene insistir, con todo, en que la reciente arquitectura se ha definido a menudo más de lo particular a lo general que viceversa. En España la profesión de arquitecto ha tenido y sigue teniendo una componente técnico-constructiva importante. El arquitecto es no sólo quien diseña y proyecta sino quien *hace* los edificios, está en las obras, decide los detalles, responde legalmente de todas las cualidades de la edificación. Esta tradición, sustentada en la definición profesional y en el modo de enseñar la arquitectura, se traduce en un notable realismo de las obras. Más que a invenciones formales, el arquitecto español está siempre muy ligado a la realidad de su construcción y por lo tanto a su lógica, durabilidad y economía. Junto a esta componente realista hay también una característica propia de una cultura que no ha tenido sobre sí la responsabilidad histórica de un liderazgo cultural. La arquitectura española es siempre, por este motivo, un punto ecléctica. Bien informada, curiosa de cuanto acontece en el mundo, sensible a aquello que represente innovación y modernidad, su capacidad de elección no está limitada por un programa ideológico previamente trazado ni por experimentalismos alejados de la práctica concreta.

No es extraño que haya sido Kenneth Frampton quien haya señalado que en la última década las arquitecturas de mayor interés haya que buscarlas en buena parte en países tan periféricos a la gran historia de la arquitectura moderna como pueden ser Japón, Finlandia, Francia o España. Con dosis distintas encontraríamos en la reciente arquitectura de estos cuatro países un original encuentro entre dos componentes aparentemente diversos.

Por un lado, el peso de lo construido como lugar en el cual se despliega primordialmente el discurso arquitectónico. Por otro lado, una condición periférica de la que hemos hecho mención al principio y que se traduce en cierto desenfado en las decisiones más ligadas al lenguaje y a los estilemas con los que se hace legible el texto arquitectónico. Por último, un indudable peso de la tradición que aleja, por motivos y razones diversas, a estas arquitecturas de las más estrictamente superestructurales desde un punto de vista cultural y más internacionales desde el punto de vista de su relación con ámbitos culturales más específicos.La crisis post-moderna que ha promovido la reconsideración de todas las arquitecturas no estrictamente modernas también ha planteado la cuestión de la tradición y de los valores locales frente a la abstracción y genialidad de la tradición moderna. Se han revisitado las figuras marginales de nuestro siglo tales como Loos, Plečnik, Mollino, Asplund. Se han hecho incursiones en la arquitectura académica de los siglos XVIII y XIX, desde la Ilustración hasta la manualística de la construcción de la ciudad moderna, Schinkel, Muthesius, Sitte, Hegemann.

Pero también se ha recuperado el contramodelo ideado por la propia vanguardia que busca en lo popular, vernacular, *volkgeist*, anónimo, *genius loci*, un antídoto a la circulación indiscriminada de modos, gestos y tipos exportados e importados de cualquier parte a cualquier parte a través de la cada vez más rápida red de comunicaciones que coloca a toda la cultura arquitectónica en la aldea global profetizada por Mac Luhan.

¿Hay en la arquitectura española una especial y potente componente vernacular? A nuestro juicio, no. Pero no es menos cierto que las condiciones de nuestras ciudades, las dimensiones de los proyectos, el peso del contexto, la eficacia y economía de ciertos materiales y de ciertos métodos constructivos, el gusto por el color, la densidad y la luminosidad no pueden ser ignorados como algo que no esté presente de un modo distinto en España a como pueda estar presente en otros países, con otras condiciones urbanas, geográficas y topológicas.

Fig. 8. Albert Viaplana y Helio Piñón. Plaza de la Estación de Sants (Plaça del Països Catalans), Barcelona, 1982-89.

Más que un regionalismo, lo que puede detectarse como común denominador en buena parte de las obras interesantes de la arquitectura española es la continuidad desinhibida de ciertas tradiciones o de ciertos modos de hacer la arquitectura.

Conviene insistir en esta cuestión puesto que la lectura de la arquitectura española en clave vernacular oculta muchos de los valores de contemporaneidad y de continuidad con la tradición moderna que son, sin duda, mucho más importantes. La presencia de la tradición no parece ser, hoy por hoy, un valor explícitamente buscado. Por suerte, la arquitectura española no se encuentra empeñada por la pregunta sobre su propia identidad. Lo que parece dominante es, por el contrario, la búsqueda más hábil que crispada, más proyectual que teórica, de soluciones a problemas extrínsecos a la propia arquitectura y

que tienen que ver con la ciudad y los ciudadanos, con la sociedad civil y la presencia de sus instituciones (ver fig. 9).

La presencia del ladrillo o la cerámica, cierta tradición brutalista, la posibilidad de incorporar todavía cierta tecnología *light* más que soluciones altamente sofisticadas constituyen las condiciones, el punto de partida, si se quiere también los límites entre los que el arquitecto opera. Pero sería una lamentable confusión entender que la presencia de estas condiciones materiales o límites son las señas de identidad, el objetivo hacia el cual se dirige el proyecto, la posibilidad de la diferencia con las arquitecturas más desarraigadas o internacionales.

Identidad y diferencia constituyen ciertamente los dos polos entre los que, como bien ha detectado el pensamiento contemporáneo, Deleuze o Lacan, se mueve toda definición del significado. La visión lejana que puedan tener nuestros contemporáneos tiende, a veces, a privilegiar la identidad.

La arquitectura española de los últimos años puede ser vista como el último capítulo de una historia particular: la de la cultura española hecha de grecos, goyas, gaudíes, picassos y garcías lorcas. Una cultura leída desde aquellos lamentables invariantes castizos que puso en circulación el españolismo más impermeable a los vientos de la modernidad.

Desde la identidad, la arquitectura española actual sería vista desde el genio de la Alhambra, El Escorial, el arte mudejar y la arquitectura colonial latinoamericana. Sinceramente, no creo que sea esta la preocupación dominante en las experiencias de la arquitectura española de la última década. La tradición existe, sería ingenuo negarlo, pero pienso que en la hora actual no constituye en sí misma el objeto de la reflexión ni la finalidad hacia la cual se orientan los esfuerzos de los jóvenes arquitectos españoles.

Todo lo contrario. Los indicios apuntan exactamente en una dirección opuesta. Después de años, tal vez siglos de aislamiento, la cultura española, la arquitectónica pero también las corrientes actuales del pensamiento y de la creación artística,

Fig. 9. Rafael Moneo, Estación de Atocha, Madrid, 1985-88. Vista aérea.

Fig. 10 Santiago Calatrava. Puente Bach de Roda- Felipe II, Barcelona, 1984-87.

parecen más preocupadas por la dinámica de la diferencia que por el ensimismamiento de la identidad (ver fig. 10).

Salir más allá de nuestras fronteras; abrirlas a quienes quieran o puedan aportar nuevas ideas y sugerencias; sentirse más europeos que españoles, más ciudadanos del mundo que aldeanos, me parece el verdadero trasfondo ideológico en el que se alimentan los esfuerzos actuales de la arquitectura española. Ciertamente existen las condiciones objetivas, la tradición, los límites.

Pero estos límites no son vividos como aquello que encierra la experiencia en un recinto estanco, autónomo, impermeable. Como ha señalado recientemente Eugenio Trías, en su inteligente libro *Lógica del límite,* la estética o la condición limítrofe de toda cultura es la de encontrarse entre, enmedio, de dos cercos: el del *centro*: burocrático, poderoso, estable; y el *exterior*: indefinido, bárbaro, hostigante, pero carente de otra

identidad que no sea la de su poder negativo. Pensar en la arquitectura española actual como una actividad en el límite significa poder entenderla tan lejos y diferenciada del peso de la tradición y de las identidades históricas como de la disolución, más allá de cualquier límite, en todas las diferencias que desde cualquier parte se proponen como espejismos o evasiones posibles.

Poder decir que la mejor arquitectura española actual es una arquitectura del límite quiere decir que su modo de ser, su fisonomía y significado está en la tensión que le permite escapar a la estabilidad de sus hipotéticas características locales, específicas, como también al internacionalismo consumista de las arquitecturas instantáneas de imagen y papel. En la tensión entre estos dos círculos, uno interior y otro exterior, es donde puede encontrarse no una situación pasiva, bien definida, autorreferente y exportable, sino un permanente desafío a la definición concreta sobre situaciones concretas.

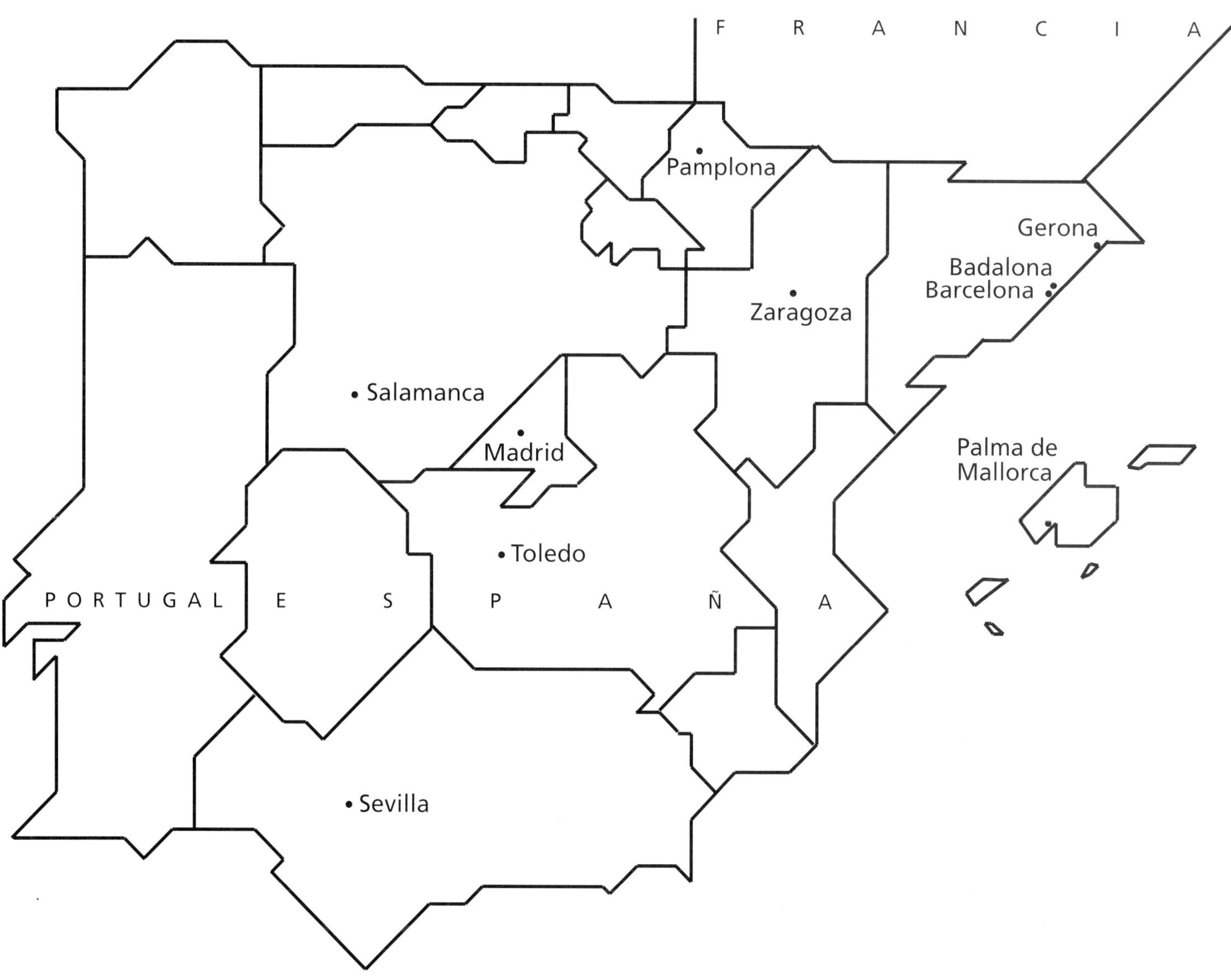

F R A N C I A
Pamplona
Gerona
Badalona
Barcelona
Zaragoza
Palma de
Mallorca
Salamanca
Madrid
Toledo
P O R T U G A L   E S P A Ñ A
Sevilla

Banco de España

Gerona

Arquitectos   Lluís Clotet
Ignacio Paricio

Colaboradores   Joan Sabaté, arquitecto; Jesús Jiménez, Alfonso García, ingenieros; G. Barrena, R. Rexach, arquitectos técnicos; M. Correa, E. Manino, D. Andreu, A.Orbañanos, J. Ruiz, P. Cáreles, M. Riera, A. Miquel, P.López y M. Quintanilla.

Proyecto   1982-85
Ejecución   1986-89
Encargo   Banco de España

La tensión creada por la existencia de un solar tan complicado frente a la relativa sencillez de los requerimientos espaciales, fué la fuerza creadora que indujo a la búsqueda de la forma básica de este nuevo edificio.

Por razones de seguridad, el Banco tenía que estar totalmente separado de cualquier edificio adyacente. Debido a su naturaleza, el edificio debía tener un carácter simbólico, aunque en realidad el número de metros cuadrados, alrededor de los 3.000, no era tan alto. Al principio, las necesidades tan mínimas, ya que se pedia solamente espacio para unas cuantas oficinas, almacén, sala de reuniones y un modesto hall para atender al público, parecían un límite para el impacto potencial del edificio. A pesar de todo el resultado demuestra una hábil combinación de formas, la creación de espacios dramáticos y un entendimiento claro de la naturaleza simbólica y representativa del edificio, lo que ejemplifica un prototipo de solución arquitectónica satisfactoria.

El solar ocupa toda una esquina, lo que le da una gran perspectiva desde la Avenida Gran Via de Jaime I. Era importante que los muros poco atractivos de algunos de los edificios colindantes quedaran ocultos y que el nuevo conjunto respetara la escala de los edificios adyacentes, en su mayoria de interés histórico artístico. Al otro lado de la misma calle se encuentra un nuevo parque urbano proyectado por el equipo de Torres & Martínez Lapeña.

Desde el principio, la solución planteada adoptó forma cilíndrica. Parecía una forma lógica de proporcionar múltiples perspectivas tanto desde el interior como desde el exterior. El Banco alcanza en su punto más alto una altura de 18 metros, con el muro exterior del cilíndro sobrepasando la linea de cubierta, añadiendo altura adicional y monumentalidad al conjunto, al mismo tiempo que esconde las instalaciones y las edificaciones de la parte posterior.

El edificio de menor altura, de planta rectangular que abraza al cilindro establece un diálogo con las edificaciones del entorno. Por último, el muro perimteral del edificio establece la transición entre el gran cilíndro y la escala de la calle, al mismo tiempo que hace que todo el complejo del edificio parezca mayor de lo que es.

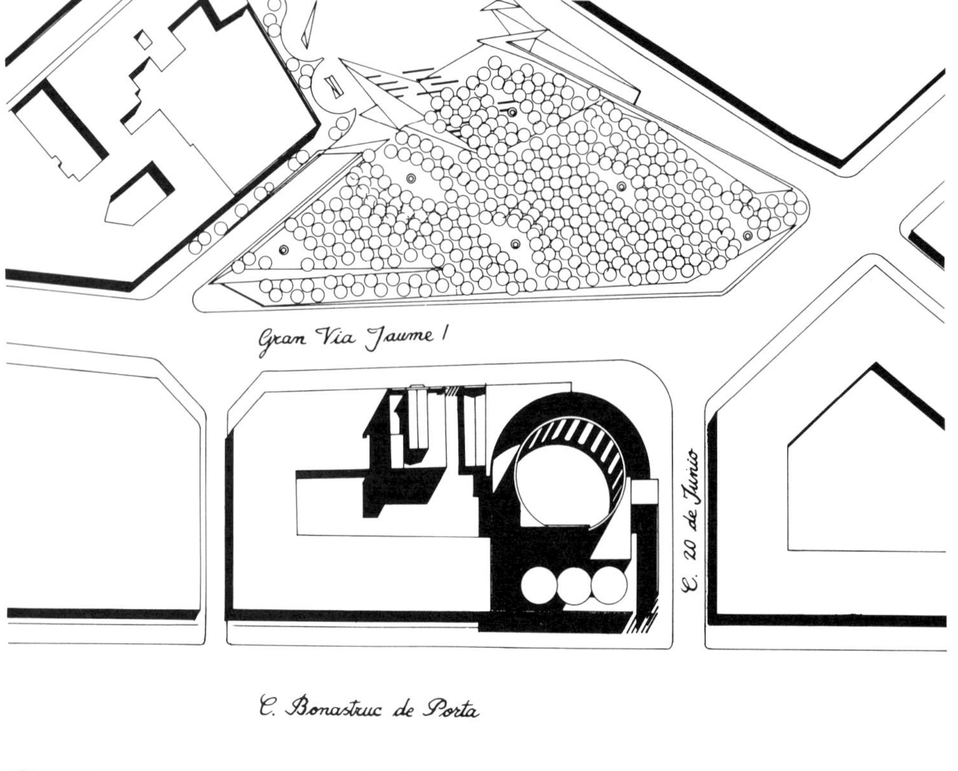

Plano de situación.

Vista desde la calle 20 de Junio.

Sala de espera, primera planta.

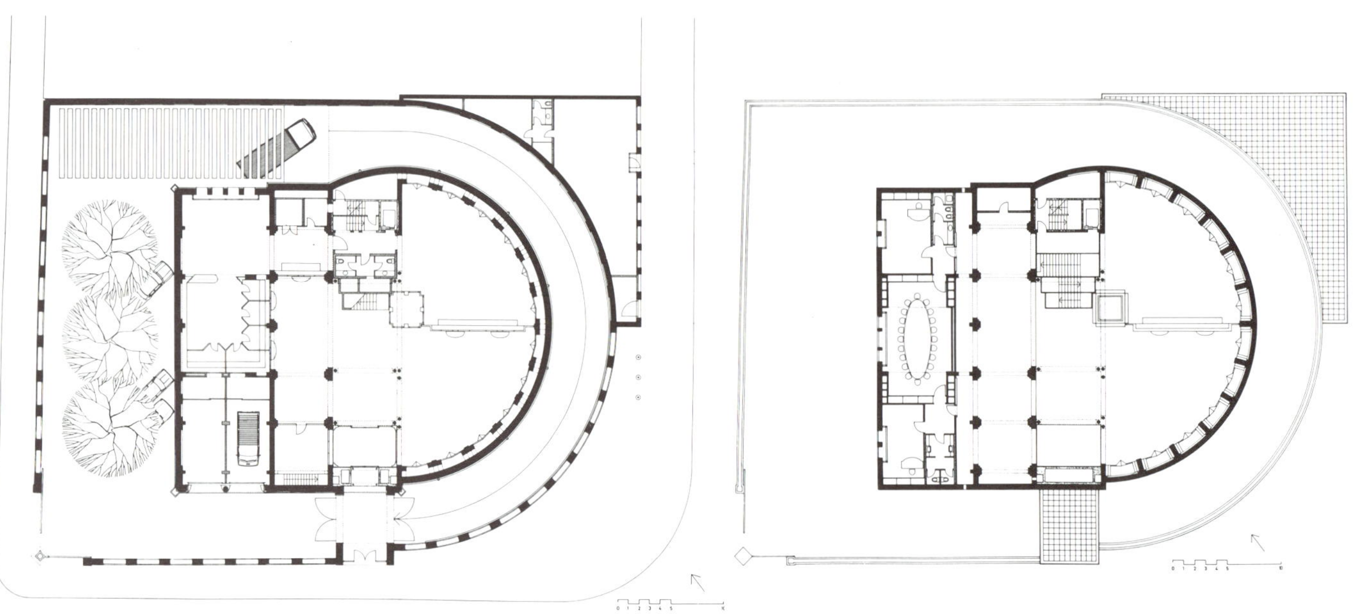

Planta baja.

Planta primera.

Vista desde la esquina de Gran Via Jaime I y calle 20 de Junio.

Area de atención al público

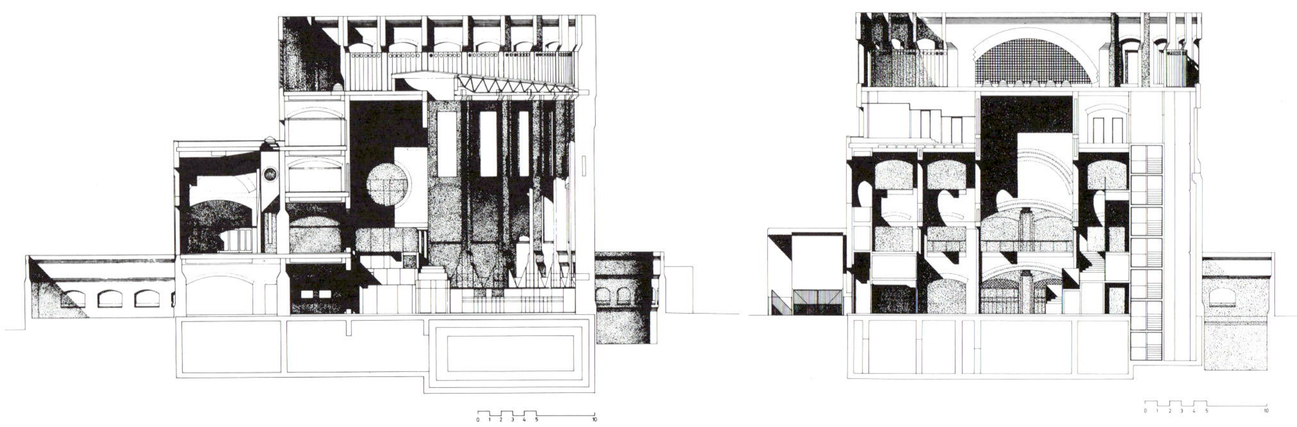

Sección longitudinal.

Sección transversal.

Cerramiento perimetral.

Museo de Navarra,

Pamplona

<table>
<tr><td>Arquitectos</td><td>Jordi Garcés
Enric Sòria</td></tr>
</table>

Colaboradores   Montserrat Bou, Rafael Soto,
arquitectos; Estudio BGM, Anna Miquel.

Proyecto   1986
Ejecución   1987-90
Encargo   Gobierno de Navarra y la
Institución Principe de Viana

El Museo de Navarra se encuentra emplazado
al borde del centro histórico de Pamplona. La
conexión visual con el antiguo centro se
consigue gracias a la larga e interesante vista
de la fachada desde el final de una calle que
lleva a la Plaza del Ayuntamiento. El
enunciado del proyecto pedía la rehabilitación
y reorganización del museo existente, que
ocupaba un hospital del siglo XVI. La capilla
adyacente, dotada de una entrada muy
elaborada, se incorporó al proyecto para el
nuevo museo. Debido a la proximidad de la
capilla, los arquitectos modificaron la entrada
principal del museo, para lograr la unificación
de las dos fachadas . El efecto de una entrada
más monumental, en consonancia con la de la
capilla, se consigue al colocar el ornamentado
portal original sobre una sencilla y moderna
fachada de piedra en la que solamente se han
grabado las palabras "Museo de Navarra".
Aún así, los mayores cambios se aprecian en el
interior. Los arquitectos han buscado una
solución que fuera lo suficientemente potente
como para imponerse frente a las referencias
pre-existentes de la arquitectura antigua, y de
dimensiones lo suficientemente grandes como
para poner de manifiesto la naturaleza pública del edificio. Se ha creado un nuevo vestíbulo de entrada, de forma casi ovalada, a
partir del anterior patio central situado entre
el hospital y la capilla.   Su único lado recto es
el formado por un muro de cristal, que
permite la entrada de luz natural, así como
la vista del muro exterior de la capilla, en
el que se han colocado fragmentos de
mosaicos. El vestíbulo de entrada se
comunica con las colecciones por medio de

Entrada principal.

varios arcos pintados en azul brillante,
contrastando con la piedra natural y los
colores sobrios utilizados en todo el museo.
En sus rehabilitaciones de edificios, como por
ejemplo la realizada en el Museo Picasso de
Barcelona, Garcés y Sòria combinan con
frecuencia elementos arquitectónicos nuevos y
antiguos, de forma que los visitantes puedan
valorar ambos como entidades
independientes.

La mayoría de las galerías de este edificio de
cuatro plantas y 7.500 metros cuadrados de
superficie construida, se encuentran
distribuidas alrededor de la escalera principal.
La única excepción es la galería subterránea
dedicada a objetos prehistórios y la capilla
adyacente, que contiene arte religioso de los
siglos XVII y XVIII, y a la que los visitantes
pueden acceder directamente desde la calle o
a través del museo. La nueva escalera

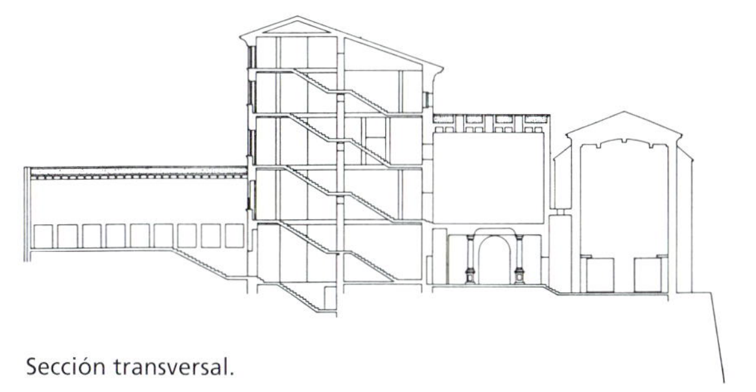

Sección transversal.

principal utiliza un vocabulario arquitectónico
moderno, con detalles sutiles y cuidados en
hierro forjado en las barandillas. Garcés y
Sòria también se encargaron de supervisar la
instalación de los objetos en las galerías, lo
que les ha permitido completar los objetivos
arquitectónicos de su proyecto. Esta labor se
desarrolló de una manera conjunta con los
encargados del museo, seleccionándose con
cuidado los objetos a exhibir, así como
escogiéndose su emplazamiento para que
disfrutaran del espacio necesario, tanto para
su apreciación por el visitante como para el
establecimiento de un diálogo entre ellos.

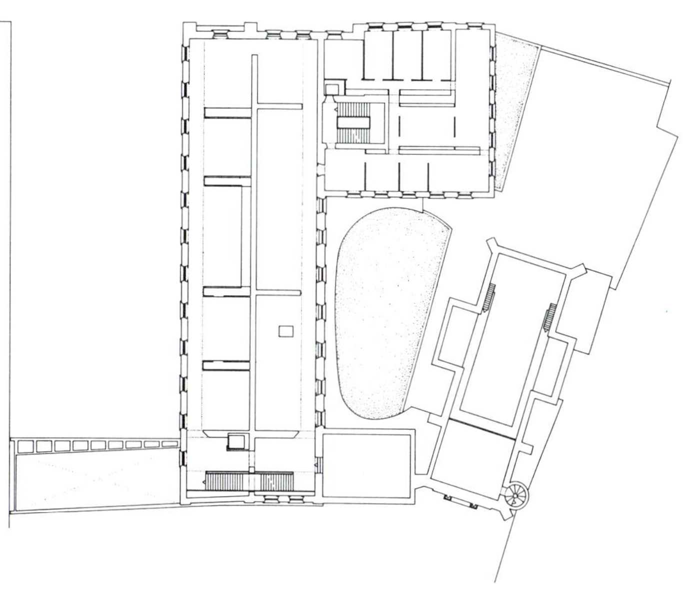

Planta primera.

Hall.

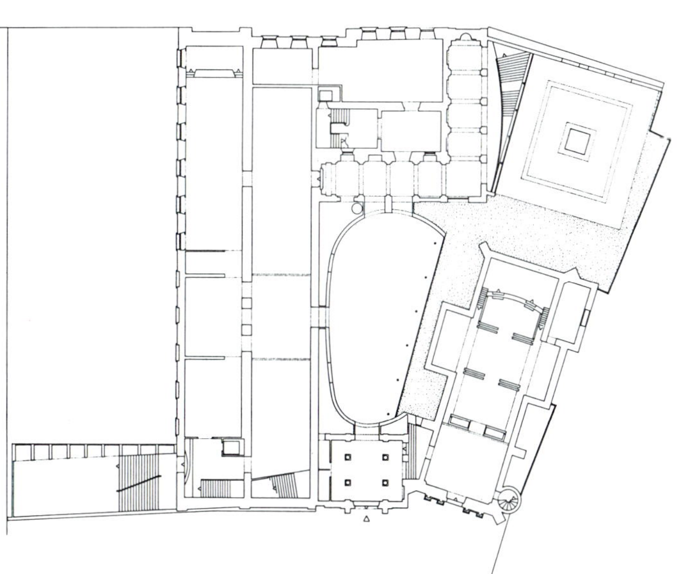

Planta baja.

Hall y escalera.

Sala de exposiciones.

Sala de exposiciones.

Patio interior.

Arquería hacia la colección.

Biblioteca Pública de Aragón,

Zaragoza

<table>
<tr><td>Arquitectos</td><td>Victor López Cotelo
Carlos Puente</td></tr>
</table>

Colaboradores   F.J. García Delgado, arquitecto;
J.M. Fernández Alvarez, ingeniero; J.A. Valdés
Moreno, P.Urroz Lasuén, R. Ruíz Mesa,
aparejadores; M. Burkhalter, R. Medina
Iglesias, J. Pascual, J. Milla de Marco,
G. Navarro Jiménez, I. Mira Pueo.

Proyecto   1984-86
Ejecución   1986-89
Encargo   Ministerio de Cultura

La biblioteca más importante de la ciudad de
Zaragoza se encuentra situada en una zona
residencial, lo que significa que, dando una
imagen de edificio público, debe al mismo
tiempo armonizar con su entorno.

La normativa urbanística pedía que el edificio
que se situase junto al bloque existente de
pisos fuera de poca altura. Sin embargo, más
tarde, al reconocer la necesidad de una
biblioteca de mayores dimensiones, se decide
anexionar el solar contiguo A pesar de esto, la
normativa no se cambió y por lo tanto, los
arquitectos adoptaron la solución de construir
dos volúmenes para la biblioteca: el de mayor
altura revestido en la fachada suroeste con
paneles "sandwich"de madera con un
acabado exterior de tablero fenólico de alta
densidad, y que hace referencia a las viviendas
adyacentes, produciendo el efecto de que los
bloques existentes han sido seccionados para
insertar la nueva biblioteca.
La posibilidad de utilizar piedra para la
fachada, se descartó prefiriendose la opción de
un material de aspecto más temporal. López
Cotelo y Puente han aceptado las
contradicciones inherentes en los
requerimientos urbanísticos establecidos, que
sitúan la biblioteca en medio de una calle de
edificios de viviendas. A través tanto del uso
de materiales como del ritmo de las fachadas
se integra el edificio en su entorno.
La biblioteca es, en realidad, un edificio de uso
público y para sugerir el carácter cívico y sólido

Vista lateral.

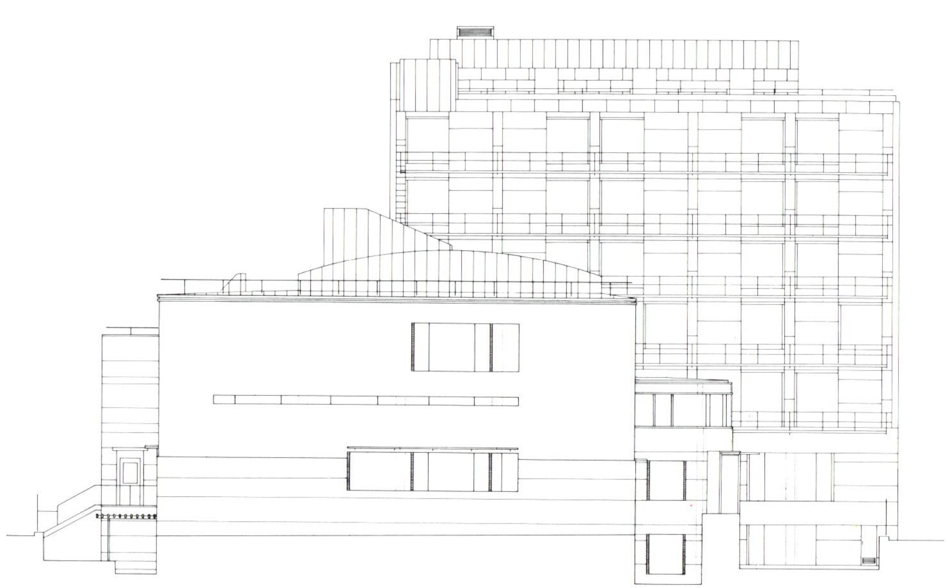

Alzado oeste.

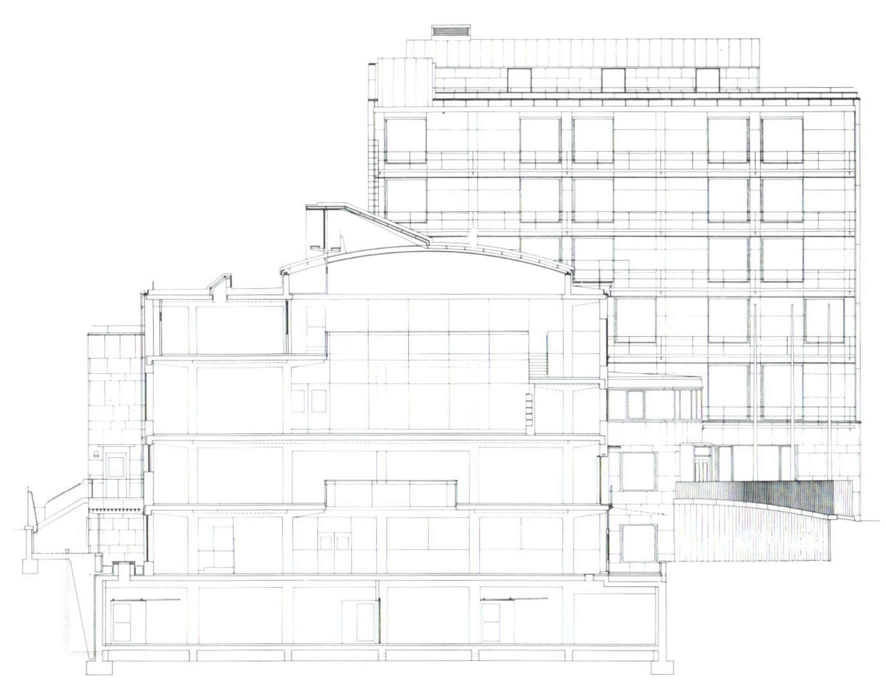

Entrada principal.

del conjunto se ha utilizado piedra gris de Calatorao en todo su basamento. El volúmen de menor altura de la biblioteca está acabado en estuco de color claro,un material duradero con connotaciones históricas. Finalmente el volúmen más bajo se completa con una cubierta de cobre que actúa como quinta fachada, al ser visible desde los edificios adyacentes. Las ventanas, de grandes dimensiones, contribuyen a dar al conjunto un aspecto monumental.

El volumen menor, de solo tres alturas, está retranqueado de la línea de calle y permitiendo el acceso a los espacios abiertos que rodean el edificio y rompiendo así el ritmo de las

Sección longitudinal.

construcciones próximas. La entrada, al estar retirada de la calle, permite un espacio de transición de perspectivas cambiantes entre la calle ruidosa y la biblioteca. Incluso las dimensiones de la escalera de entrada, de inclinación suave, sugieren una subida mas lenta a través de la cual se deje el bullicio del tráfico, antes de entrar en el espacio tranquilo, calmado, de la biblioteca.

El espacio interior no refleja la fragmentación del exterior; existe una mayor unificación y fluidez entre los espacios. Los almacenes de libros están en el segundo sótano, la biblioteca infantil y el auditorio en el sótano con acceso al patio inglés, los catálogos, estantes de libros de acceso al público y los servicios al usuario en la planta principal; la sala principal de lectura en la primera planta y salas adicionales de lectura en la segunda. Las plantas altas contienen las oficinas, departamentos audiovisuales y la biblioteca regional de Aragón.

La intención de los arquitectos ha sido la de crear un ambiente íntimo en el interior, poniendo un cuidado especial en proveer de luz natural a cuantos espacios del edificio fuera posible, a pesar de la gran profundidad del mismo. De ahí la utilización de lucernarios situados estratégicamente a lo largo del edificio que permiten la entrada de luz natural incluso en los sótanos.

El mobiliario, en parte diseñado por los arquitectos, es en su mayoría de madera natural y tiene un aire sumamente funcional e incluso con cierto carácter escandinavo.

Como en toda la obra de López Cotelo y Puente, la arquitectura parece ser el resultado natural del estudio de las necesidades funcionales, las condiciones existentes, el entorno en que se encuentra el edificio y las necesidades del usuario. Ningún elemento arquitectónico es superfluo. Cuando se han tenido en cuenta todos los condicionantes existentes el camino elegido se presenta como la única alternativa posible, y la única que toma en consideración todas las facetas de la realidad de una forma funcional, elegante y sutil.

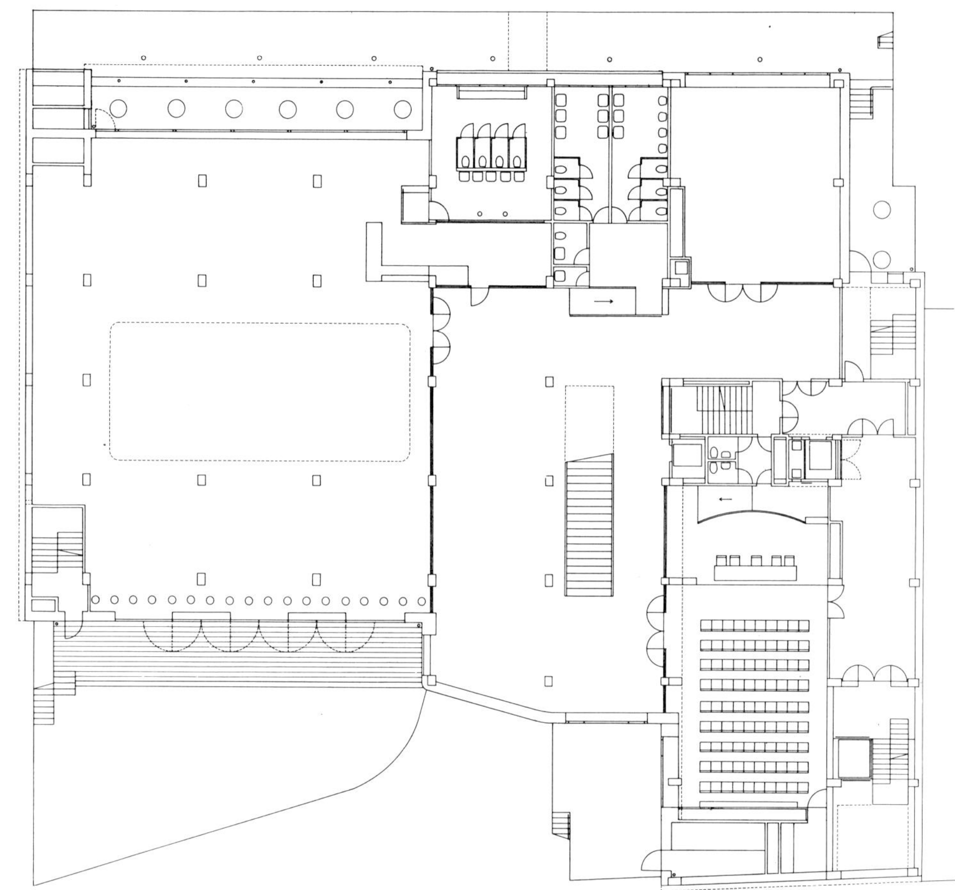

Planta baja.

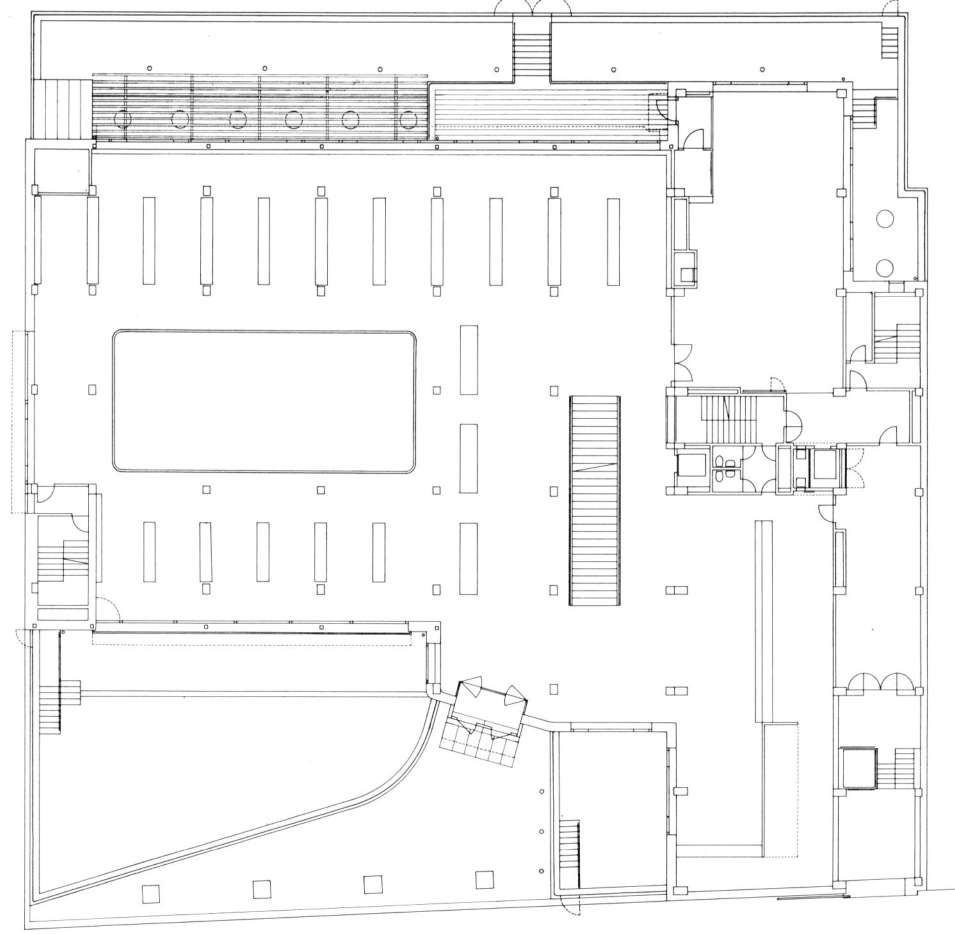

Sótano.

Fachada posterior.

Pasillo de circulación.

Detalle del balcón de la fachada oeste.

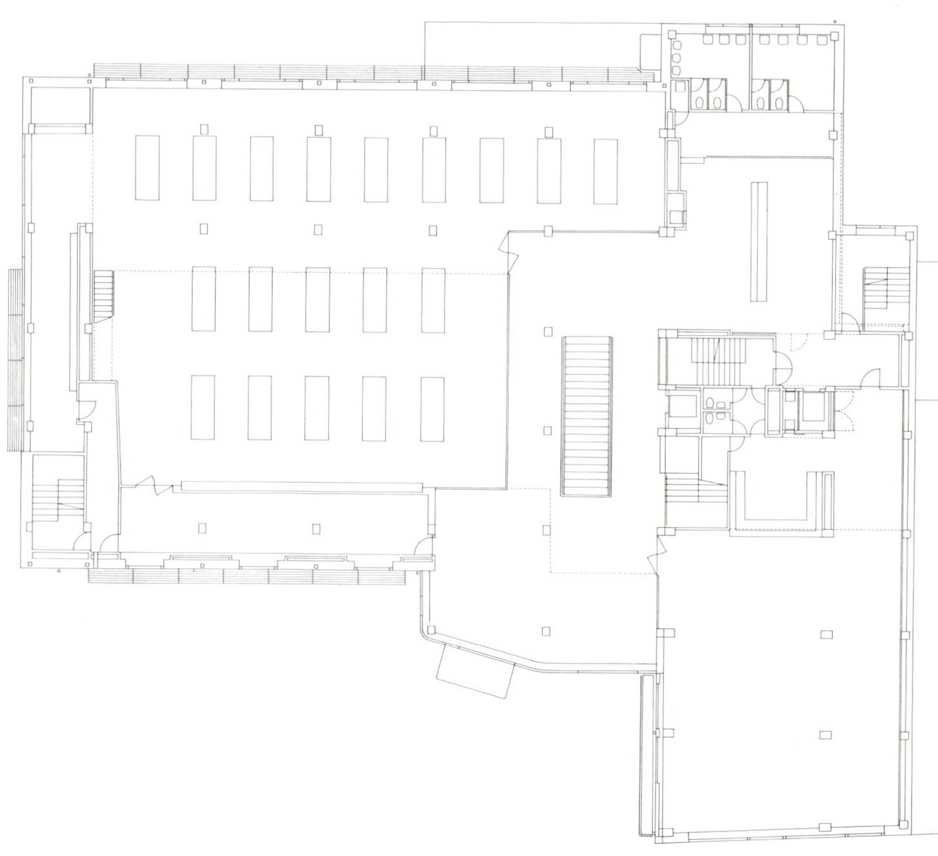

Planta primera.

Sala de lectura.

Viviendas en la Villa Olímpica

Barcelona

Arquitectos   Albert Viaplana
                Helio Piñón

·Colaborador   Ricard Mercadé, arquitecto

Proyecto   1988
Ejecución   1989-91
Encargo   Nova Icària, S.A

La construcción de la Villa Olímpica es parte de un proyecto de transformación total de una zona de 130 has. a la orilla del mar, en un área de Barelona conocida como Nova Icària. La Villa Olímpica, que incluirá viviendas, instalaciones deportivas, servicios y espacios abiertos, se integrará en la ciudad al terminar los Juegos Olímpicos de 1992 y formará un nuevo barrio. A través de la historia ha habido diversos intentos de recuperar para la ciudad esta antigua zona industrial frente al mar, y finalmente ahora, con el incentivo de las Olimpiadas, va a ser posible hacerlo. Un criterio del Plan General de la zona pretende establecer una trama urbana coherente basada en la retícula existente en la ciudad , diseñada por el ingeniero Ildefonso Cerdà en su plan para el Ensanche de 1859. El área de la Villa Olímpica está basada en el concepto del "superbloque" de 100 x 100 metros, que en su perímetro externo procura mantener el caráter tradicional de calle y las fachadas regulares del Plan Cerdà. Sin embargo, en el interior de cada "superbloque" se han añadido otras tipologías de viviendas, rompiendose así con el concepto original de Cerdà.

El Estudio de Viaplana-Piñón recibió el encargo de construir 133 pisos en un bloque en forma de "U" modificada, con otro de mayor altura en el interior del solar. El Plan General era muy restrictivo, definiendo la alineación de la nueva construcción, su volúmen, superficie, número de viviendas, altura, tipo de materiales a utiliazar en la fachada principal (ladrillo), altura de cornisa... La intención de estas normas era de crear un conjunto armonioso y unificado, aunque se hicieran los encargos a diversos estudios de arquitectura, todos ellos de reconocido prestigio. Con tantas limitaciones se dificultó mucho la labor de los arquitectos. Las soluciones innovadoras se sacrificaron a menudo para cumplir la normativa impuesta. Aún no puede saberse si los loables propósitos del plan original se conseguirán.

A pesar de todas las restricciones, Viaplana y Piñón han proyectado viviendas atractivas y de gran funcionalidad y han utilizado la poca libertad que se les ha permitido para proponer un discurso arquitectónico de gran interés. El primero de estos pasos fué el de romper la "U" dada en bloques separados. Los dos perpendiculares (los que dan a las calles Pamplona e Icària), se han unido para acomodarse a la esquina en chaflán prescrita por la normativa. La planta de cada unidad de vivienda del edificio principal de seis plantas, organiza todas las habitaciones en torno a un hall central, con los dormitorios dando a la Avenida Icária y los cuartos de estar y cocinas hacia en interior del bloque. El objetivo espacial de esta organización es unificar

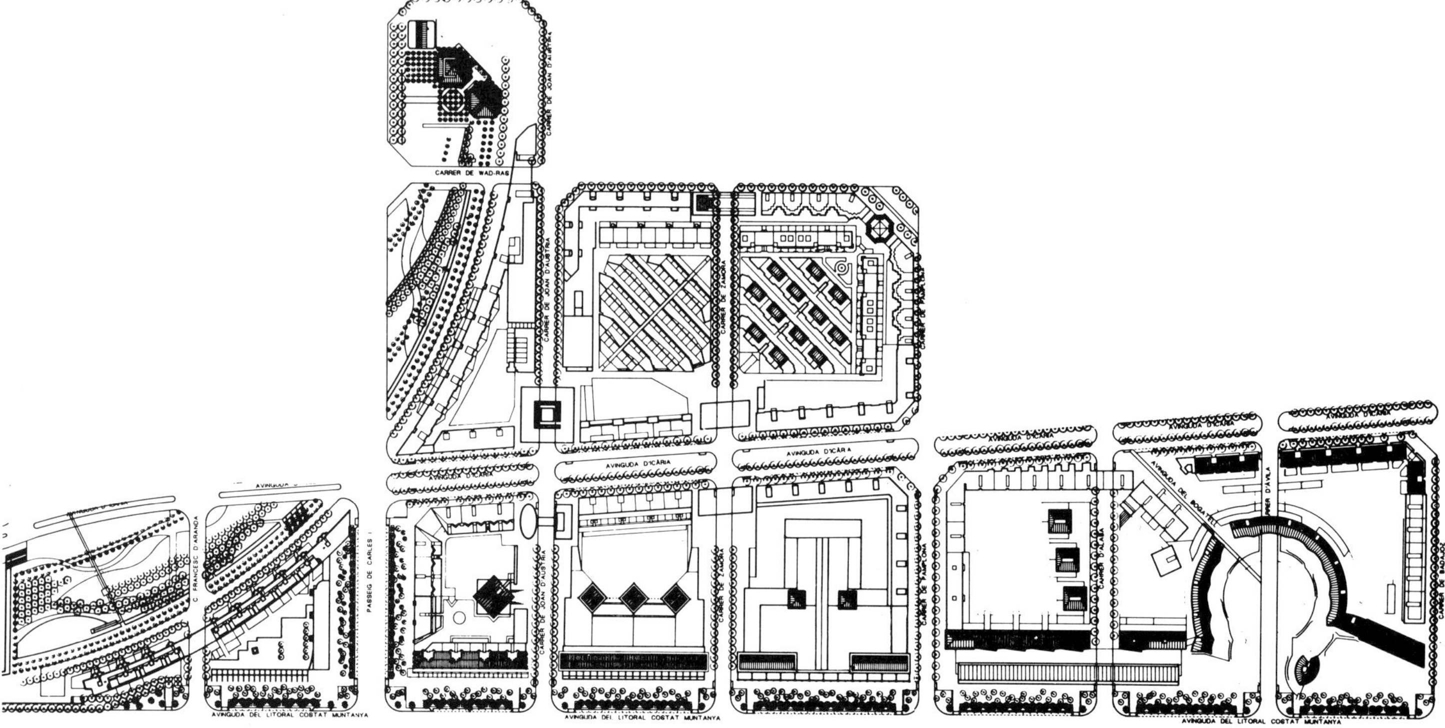

Plano general del área Nova Icària.

transversalmente las viviendas desde el espacio
abierto en el interior del bloque hasta los
balcones que dan a la Avenida Icària. El
bloque de mayor altura es de diez pisos
además de un sótano y un aparcamiento
subterráneo para sus 19 viviendas.

Los arquitectos han dotado de dinamismo el
exterior del bloque por medio de la repetición
de la geometría de las ventanas a lo largo de
toda la fachada, incluso a pesar de que las
plantas de las viviendas estén invertidas en
torno al eje de las escaleras principales. Se
provoca una disonancia a través de las
diferentes profundidades de las terrazas, que
forman una línea imaginaria paralela a la
Avenida Icària, mientras que el edificio
permanece paralelo a la calle principal, la
Avenida del Litoral.

Los arquitectos han hecho uso de toda la
libertad de que disponían al cambiar los
materiales de la fachada interior de los
bloques. Se aprecia un constraste entre el lado
público de la Avenida Icària, revestido con dos
tonos de ladrillo, y el espacio interior, más
privado, donde se ha utilizado gresite y, en los
voladizos y cerramientos de los balcones
madera. La composición de las fachadas
interiores empleando diferentes elementos
arquitectónicos representa escalas distintas
basadas en la suma de unidades individuales.
La organización de las ventanas corresponde a
cada vivienda individual, para cada dos
unidades hay una rejilla de madera que se
proyecta para proteger del sol. Los pilares-
pantalla de hormigón, continuos, situados en
las escaleras de cada bloque, subrayan la
estructura vertical y la altura total del edificio,
al mismo tiempo que ponen de manifiesto el
ritmo general. Los arquitectos, usando un
lenguaje sutil y abstracto, han llevado al límite
las restricciones impuestas llegando a
soluciones inteligentes, habilidosas y siempre
elocuentes frente a difíciles problemas de
diseño.

Fachada Avenida Icària.

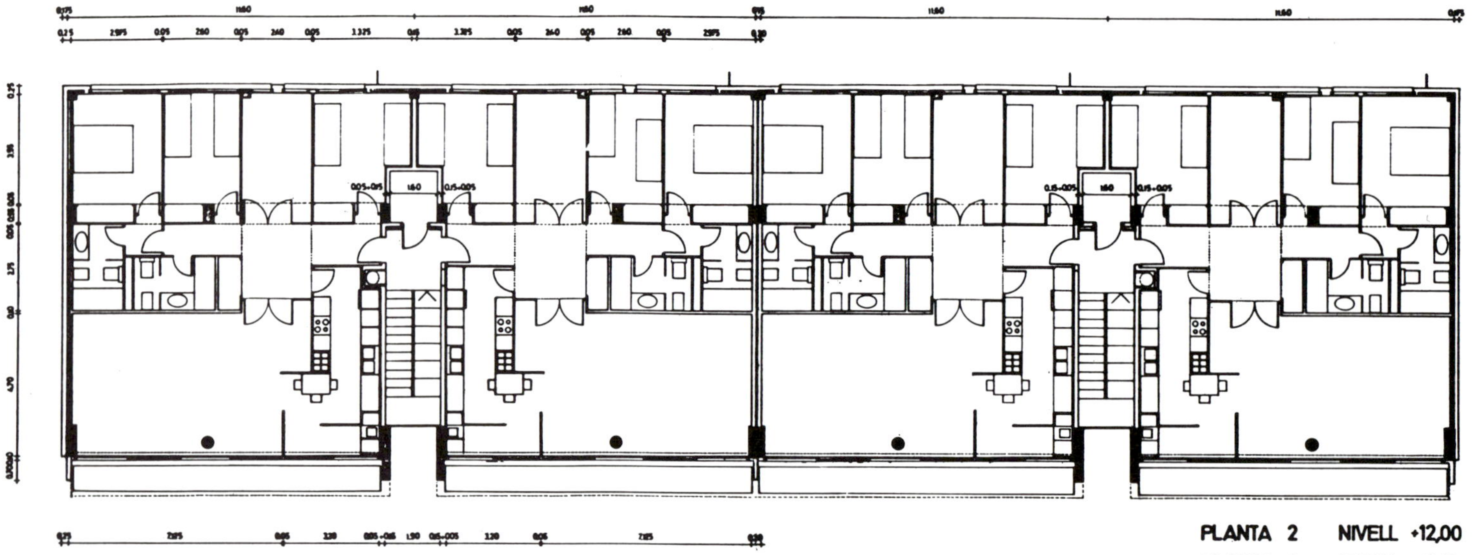

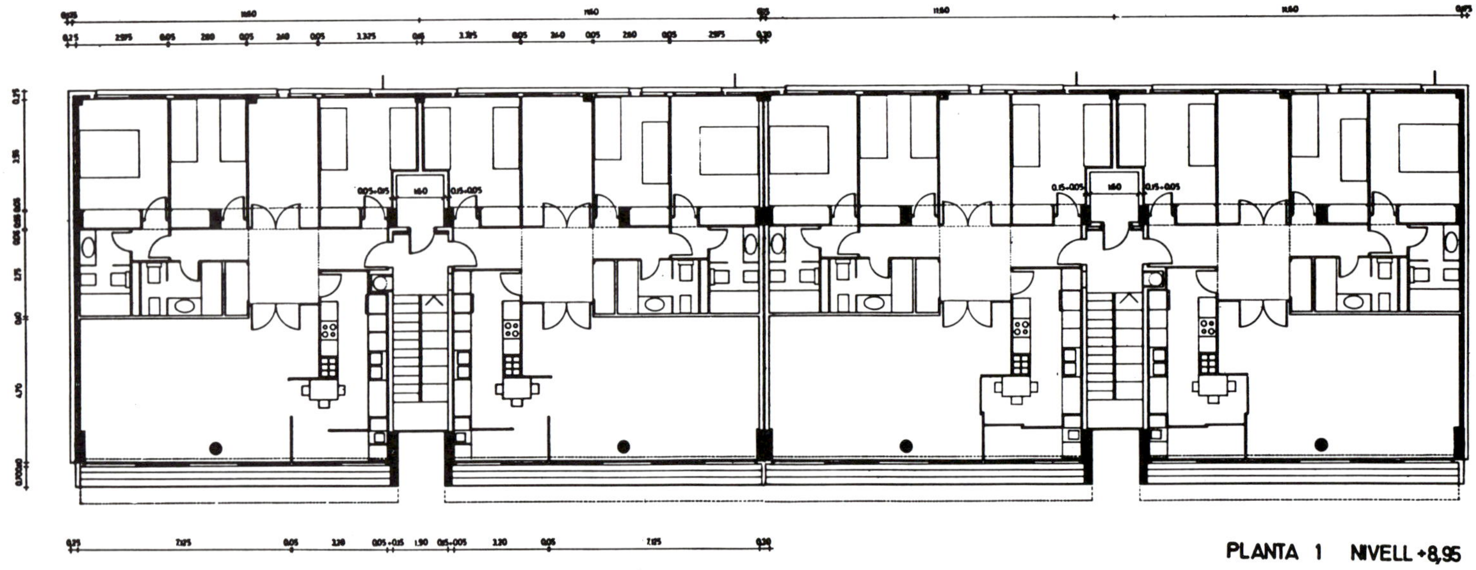

Plantas tipo.

Vista de la torre de viviendas.

Detalle de balcones Avenida Icària.

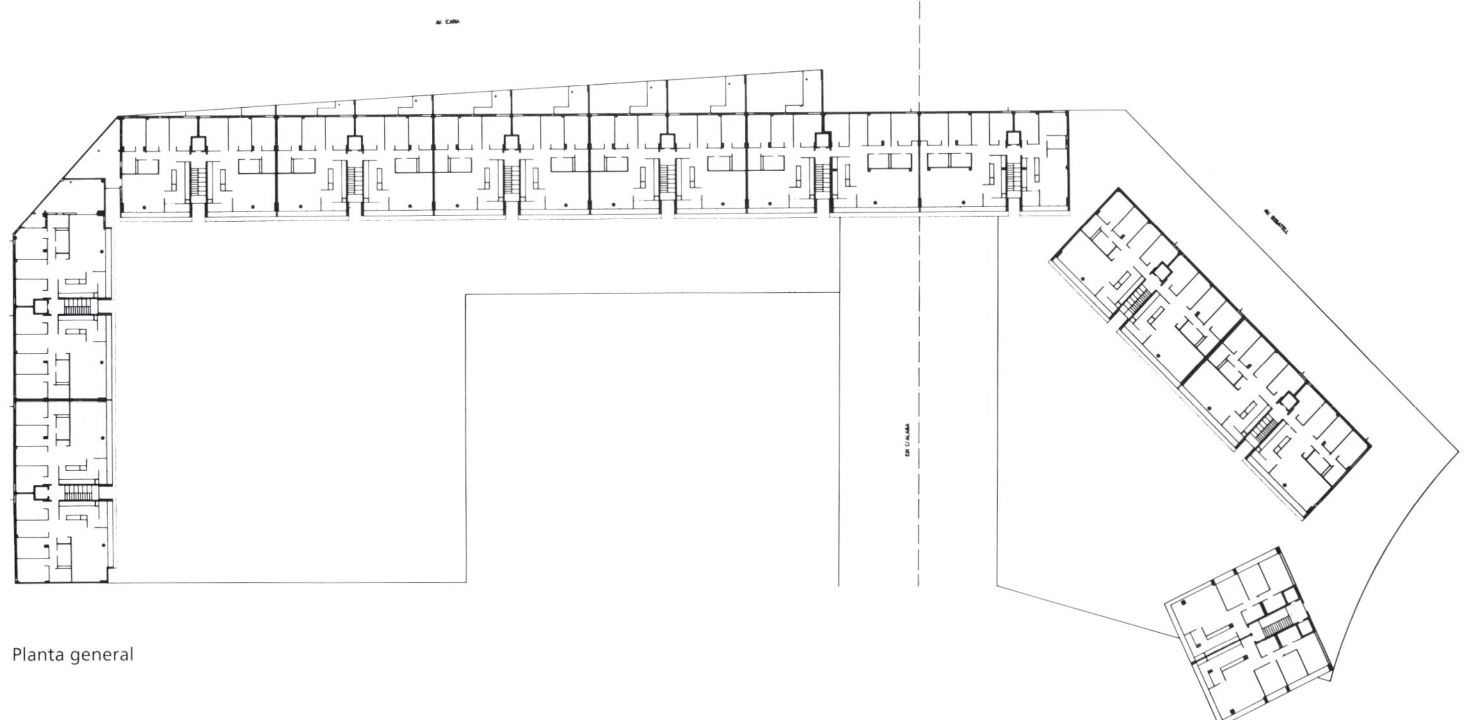

Planta general

Detalle del chaflán.

Fachada interior con paso de la calle Alaba.

Vista de fachada interior.

Detalle de balcón de la torre.

Campo Olímpico de Tiro con Arco,

Barcelona

Arquitectos   Enric Miralles
Carme Pinós

Colaboradores Rodrigo Prats, Silvia Martínez,
arquitectos; Brufau-Moya-Obiol, ingenieros;
Edetco,S.A. arquitectos técnicos.

Proyecto   1989
Ejecución   1990-1991
Encargo   COOB'92, S.A.

El proyecto requería el diseño de dos edificios
independientes: uno para entrenamiento y
el otro para las competiciones oficiales.
Ambos debían incluir vestuarios con duchas,
cafetería y otras instalaciones diversas,
además del campo de tiro al aire libre. Al
finalizar las Olimpiadas de 1992, estas
instalaciones se utilizarán como campos de
rugby y de fútbol.

A pesar del carácter en apariencia modesto del
proyecto, los arquitectos han creado una
construcción que asombra visualmente además
de darle un nuevo sentido espacial al solar.
Una parte importante del proyecto es el
movimiento de tierras que se ha llevado a
cabo para modificar la topografía. Las
construcciones destinadas a servicios
conforman en su parte posterior un muro de
contención de forma irregular, y por delante
dan sobre los campos de tiro. La parte del
proyecto dedicada a competición, está
construida en hormigón prefabricado y
alberga las duchas y los vestuarios. El
aparcamiento se encuentra situado a un nivel
más elevado que los campos de tiro. Los
espectadores pueden descender por una
vereda hacia una plataforma desde donde se
contempla el panorama y que se define por
medio de una pérgola metálica. En el camino
sobresalen unos lucernarios que dan luz
natural al edificio, situado justo debajo. La
imagen dominante es la de un edificio lineal,
horizontal y de sección curva, de paneles de
hormigón perforado de forma continua por
pequeñas ventanas triangulares.

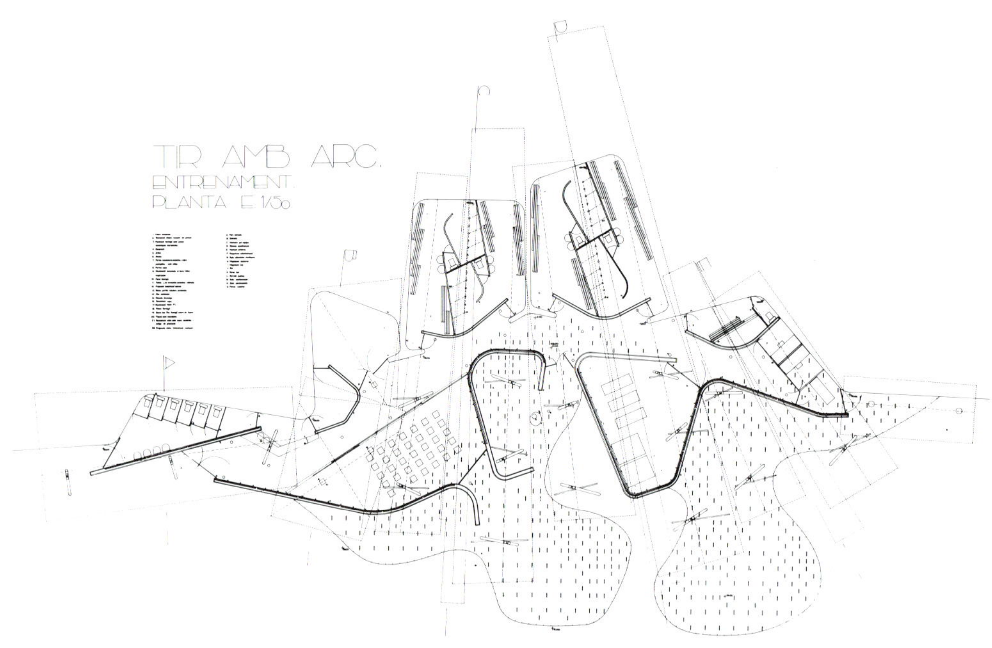

Planta baja del edificio del área de entrenamiento.

Edificio del área de competición.

Detalle de la cubierta, área de entrenamiento.

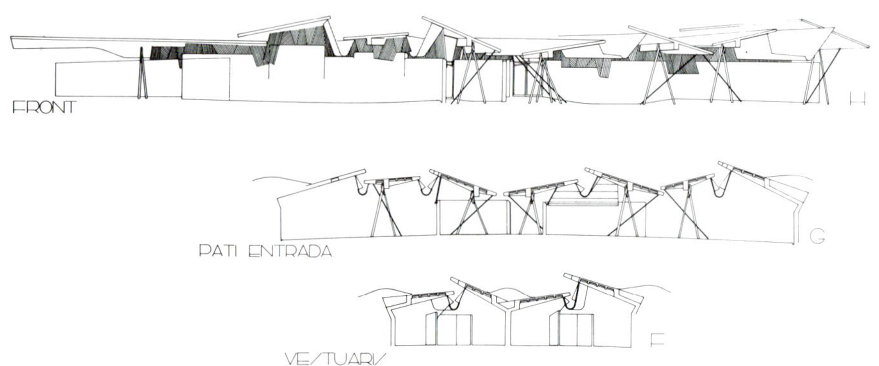

Edificio del área de entrenamiento.

Secciones y alzado, edificio del área de entrenamiento.

Aunque el programa de las dos partes del proyecto, competición y entrenamiento, separadas por una carretera que cruza el solar, son muy parecidas, los arquitectos han procurado diferenciarlas empleando en su construcción materiales y formas distintos. En el lado dedicado a entrenamiento, el material principal empleado para los muros es el ladrillo, en contraste con los muros de hormigón del edificio dedicado a competición. Una gran cubierta inclinada de hormigón y teja se proyecta en voladizo desde el muro posterior.del edificio de entrenamiento.

Los aspectos visuales y de textura tienen un significado especial en la obra de Miralles y Pinós. Las formas son atrevidas y con frecuencia fracturadas e intencionalmente desalineadas, apareciendo como piezas esculturales ancladas al suelo. Los materiales son a veces de apariencia basta, casi primitiva, a pesar de la utilización de tecnología contemporánea. La atención prestada por los arquitectos al tratamiento de los detalles es evidente en los trabajos metálicos utilizados en la decoración, como por ejemplo las iniciales T A (Tiro con Arco) incorporadas en el diseño de las puertas. Hay un sentido de naturalidad subrayado por la importancia del contraste entre luz y sombra y el cuidado que se ha puesto en asegurar el efecto deseado. Esta arquitectura crea nuevos paisajes al mismo tiempo que se fusiona con ellos. Cuando se estudian los planos de los proyectos de Miralles y Pinós, la distancia entre la representación gráfica y la realidad puede parecer especialmente grande, hasta que uno se da cuenta de la profundidad de contenido de cada línea dibujada. La forma de representación tan refinada y minimalista contiénen ideas potentes y muy complejas. Cada línea es realmente el símbolo gráfico de una idea. Es como un resumen, una nota breve, un archivo compacto en un diskette de ordenador... cuando se expande para convertirse en realidad, cuando se le permite desdoblarse, se revela con toda su fuerza y su significado.

Detalle de la entrada, edificio del área de entrenamiento.

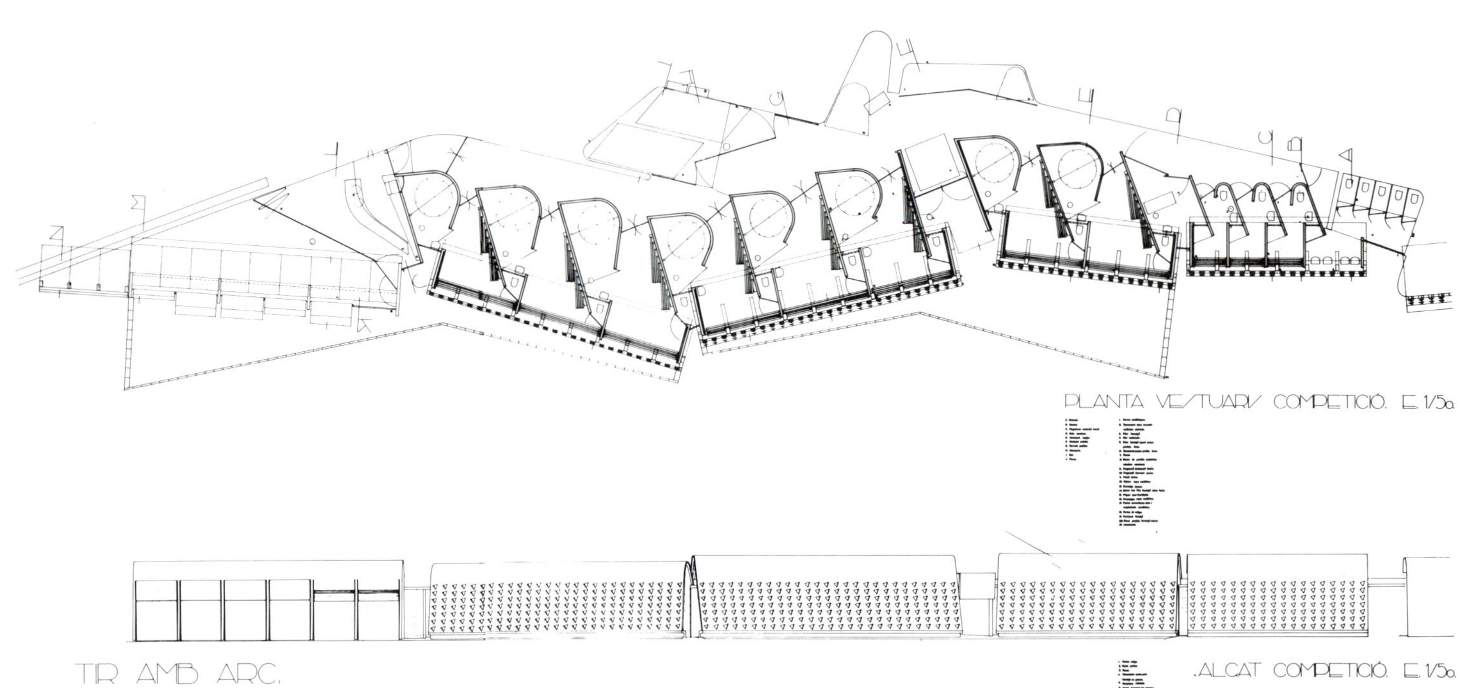

Exterior, edificio del área de competición.

Planta baja y alzado, edificio del área de competición.

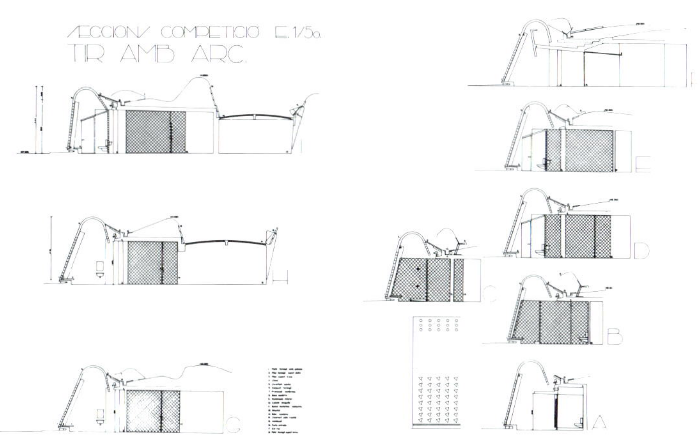

Secciones, edificio del área de competición.

Entrada, edificio del área de competición.

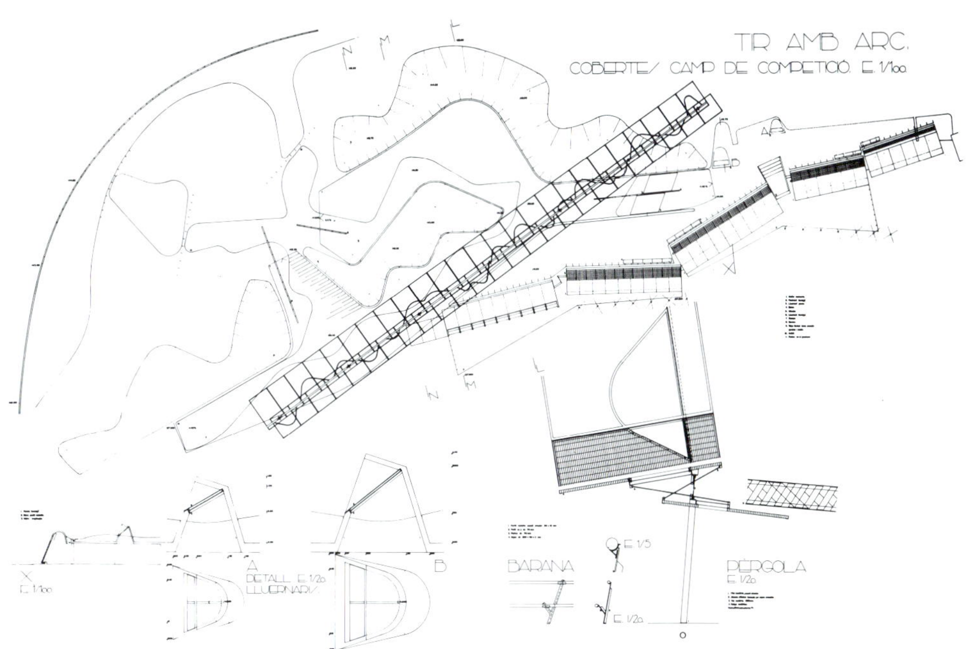

Pérgola y detalles, área de competición.

Palacio Municipal de Deportes

Badalona

<table>
<tr><td>Arquitectos</td><td>Esteve Bonell
Francesc Rius</td></tr>
</table>

Arquitectos   Esteve Bonell
      Francesc Rius

Colaboradores Enric Rego y Pere Rius, arquitectos técnicos; Brufau-Obiols-Moya, ingenieros, C. Aubry, N. Bongard, J.Calsapeu, F. Khun, T. Lussi, D. Mas y A. Mee

Concurso   1987
Proyecto   1989
Ejecución   1990-91
Encargo   Ayuntamiento de Badalona, COOB '92, y Generalitat de Catalunya

La enorme fuerza formal junto con la delicadeza de la construcción, son dos cualidades excepcionales del nuevo Estadio de Badalona, situado justo al noreste de Barcelona. Los arquitectos, Bonell y Rius, ganaron el primer premio en el concurso para proyectar el nuevo estadio deportivo, que deberá acoger a unos 12.000 espectadores de los Juegos Olímpicos de baloncesto en el verano de 1992. La forma casi elíptica es un éxito a pesar del difícil contexto urbano. El edificio, situado sobre una plataforma ligeramente elevada, domina sin imponerse sobre su entorno, en el que se incluye una autopista de mucho tráfico y unos bloques de viviendas bastante corrientes. La entrada principal, que da a una esquina del solar, se abre hacia una plaza urbana al otro lado de la calle. Para incorporar un aire de ceremonia, los espectadores deben subir unos anchos peldaños de granito antes de llegar a la entrada, compuesta por seis pares de puertas dobles, a través de las cuales se obtiene, casi de una forma inmediata, la primera vista del campo.

El edificio parece encontrarse firmemente anclado al suelo, quedando enfatizada su solidez por el basamento de piedra gris oscura.

Los cambios de materiales, colores y vocabulario arquitectónico, contribuyen a dar una calidad más ligera a la estructura de la parte alta del edificio. La sección principal está revestida de una piedra de un gris más claro, y está perforada por ventanas y por las diez salidas, situadas a intervalos regulares alrededor del edificio. La cubierta de acero parece estar sujeta, más que apoyada, por medio de delicadas columnas de metal blanco y es completamente diferente del clásico volúmen principal. El estadio se parece a un edificio industrial gracias a su cubierta en diente de sierra: los siete lucernarios situados en la cubierta angular proporcionan al estadio luz natural durante el día. A pesar de que los arquitectos no pudieron acabar la cubierta en cobre, tal y como hubieran querido, la plancha de acero verde ondulado que se ha utilizado en su lugar se aproxima a la interesante textura y color del cobre al envejecer. La distribución interior es sencilla y clara .

Vista general.

Cada una de las dos secciones principales de
asientos es de fácil acceso, pudiendo alcanzar
los visitantes el nivel inferior a través de un
vestíbulo interior que rodea el edificio. Al
nivel alto se accede por medio de escaleras
que ascienden a lo largo del muro exterior
hacia otro vestíbulo, esta vez exterior, que
también rodea al edificio. Este vestíbulo se
abre hacia las zonas altas de asientos. El área
principal de circulación, donde se encuentran
situadas las salas de reposo y otros servicios,
goza de cierta intimidad a pesar de las
grandes dimensiones de todo el complejo,
gracias a la inteligente combinación de los
materiales empleados, hormigón armado,
ladrillo y mármol travertino. Los arquitectos
han sacado el máximo partido al nivel inferior
situado bajo los asientos, para instalar en él
vestuarios, zonas de precalentamiento,
enfermería y otros servicios auxiliares.

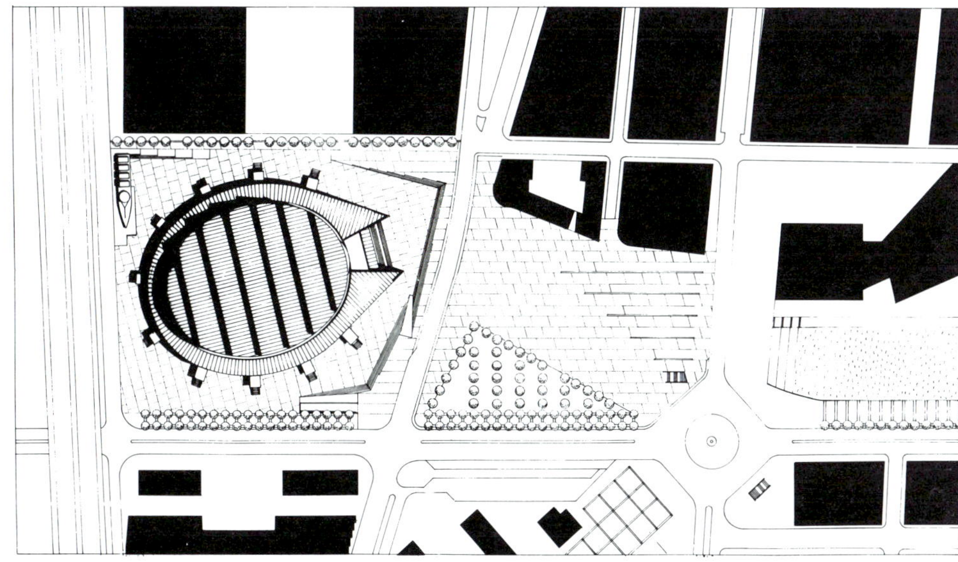

Vista lateral.

Plano de situación.

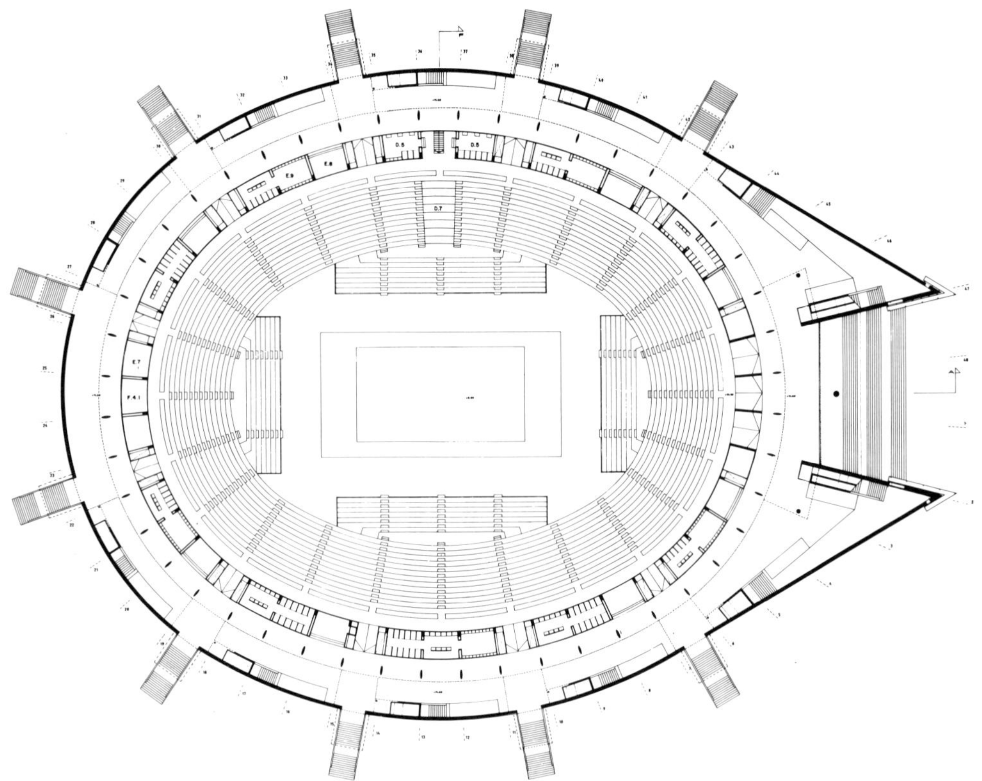

Planta.

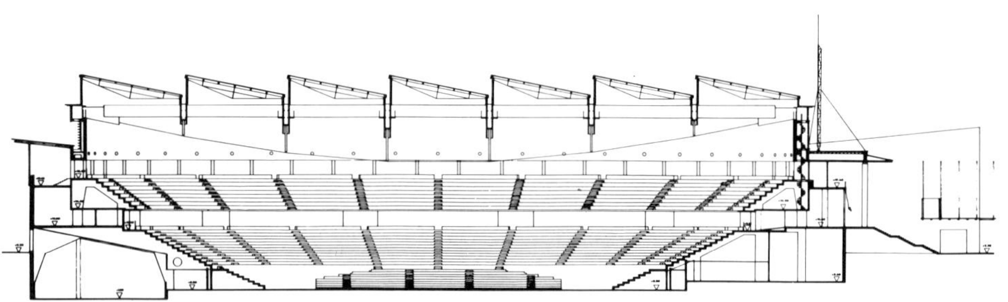

Sección longitudinal.

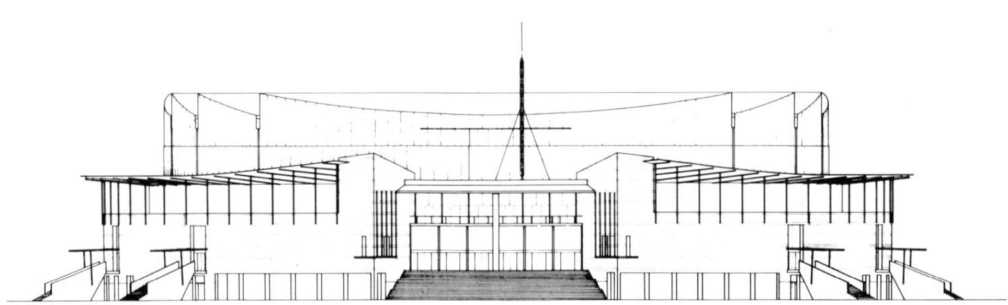

Alzado principal.

Vista del interior

Detalle de la entrada.

 Detalle de la escalera exterior.

Vista del nivel inferior.

Palacio de Congresos y
Exposiciones de Castilla y León

Salamanca

Arquitecto	Juan Navarro Baldeweg

Colaboradores   Julio Martínez Calzón, ingeniero;
Eduardo González Velayos, aparejador;
Fernando A. Carbonero, Cleto Barreiro
Sorrivas, Franz Bucher, Gregory Clarimon
Sandovál, Lucrecia Enseñat Benlliure, José M.
Merce Hospital, Sílvia Schmutz, Javier Serna
Garrido, y Pau Soler Serratosa, arquitectos.

Concurso   1985
Proyecto   1986
Ejecución   1988-1992
Encargo   Gobierno de la Comunidad
Autónoma de Castilla - León

La obra de Juan Navarro Baldeweg siempre se
compone de dos conceptos fundamentales: en
primer lugar, un profundo entendimiento del
contexto y un diálogo entre los edificios
existentes, la topografía, y la nueva edificació
y en segundo lugar, un interés constante por
el entendimiento de incorporación en el
proyecto arquitectónico de los fenómenos
naturales. En el Palacio de Congresos y
Exposiciones de Salamanca, la fascinación de
Navarro Baldeweg por la fuerza de la
gravedad se manifiesta en su diseño para la
gran cúpula del edificio, ingrávida y flotante,
(quizás inspirada en la obra del arquitecto
inglés del siglo XIX Sir John Soane).

El solar para el nuevo Palacio de Congresos
está situado en una vaguada no lejos del río
Tajo, en Salamanca. Esta vaguada representa
el límite natural de la ciudad vieja, una idea
subrayada además por el muro que lo rodea,
construido con los restos de una antigua
muralla romana. La nueva edificación no
pretende, bajo ningún concepto, competir
nunca con los monumentos existentes, ni con
la silueta de la ciudad histórica. El edificio está
revestido en su totalidad de piedra de
Salamanca, de color beige dorado, la misma de
la que están hechas la mayoría de las
construcciones de esta ciudad. La fuerza del
Palacio de Congresos se deriva de su forma. El
nuevo complejo está compuesto de dos

volúmenes organizados alrededor de una
plaza exterior, situada a un nivel intermedio, a
la que se accede subiendo una escalera. Desde
este punto es posible entrar al Palacio de
Congresos, al Centro Cultural o a una zona
exterior proyectada para actividades al aire
libre. El edificio más grande es el que contiene
los dos auditorios, uno con un aforo de 1.300
personas y el otro de 400. A pesar de ser
independientes, cada uno tiene un vestíbulo
lateral con techos de doble altura, lo que hace
que todo el proyecto forme una unidad.

El edificio más pequeño, de apariencia más
delicada, funciona como centro para
exposiciones, seminarios y reuniones. Las salas
de exposiciones se comunican por medio de
rampas que fluyen delicadamente unas en
otras.

El espacio interior de la estructura principal
puede concebirse como una arquitectura
dentro de una arquitectura. Alberga una gran
cúpula de hormigón que pesa alrededor de
1.500 toneladas y que parece flotar por
encima del auditorio principal. Esta cúpula
está suspendida por medio de una docena
de vigas de hormigón, que se proyectan
desde los muros de carga. Este diseño
elimina la necesidad de columnas u otros
elementos de apoyo que hubieran roto la
unidad del espacio interior. Las dos
soluciones, formal y constructiva, se han
desarrollado al mismo tiempo. A través de los
arcos que quedan a la vista en cada una de las
fachadas exteriores, se obtiene un
entendimiento de la solución estructural
general, lo que se pone aún más de manifiesto
en el juego de luz natural que entra por el

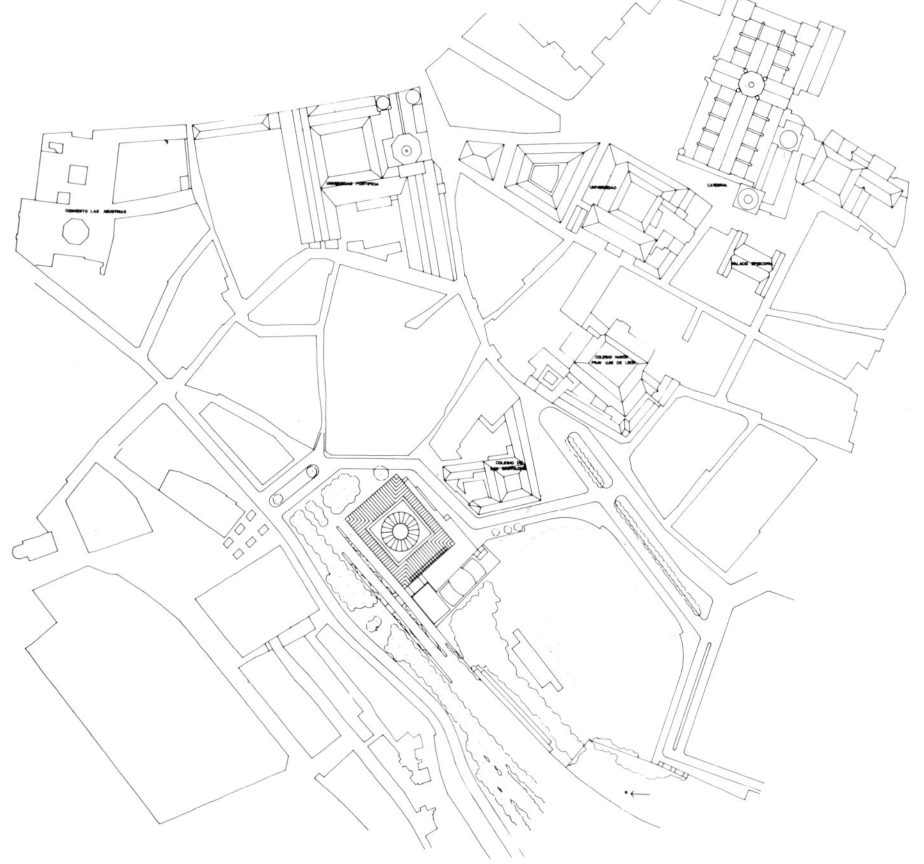

Plano de situación.

centro de la cúpula y por las claraboyas perimetrales, y que baña los muros interiores, revelando la completa separación entre éstos y la cúpula.

Los espacios cubiertos por medio de cúpulas realizados por Juan Navarro son dramático s e inspiradores, pero a pesar de esta mantienen una escala humana e íntima. Debido a esta utilización de la luz, sus estructuras disfrutan a menudo de un aire poé tico contribuyendo a esta cualidad lírica los materiales y texturas que utiliza. La arquitectura de Juan Navarro Baldeweg es como un murmullo susurrado dentro de un anfiteatro romano de las más perfectas dimensiones. Es de una resonancia sutil y pura que se escucha siempre con claridad desde cualquier parte.

Vista de la plaza de entrada.

Vista general.

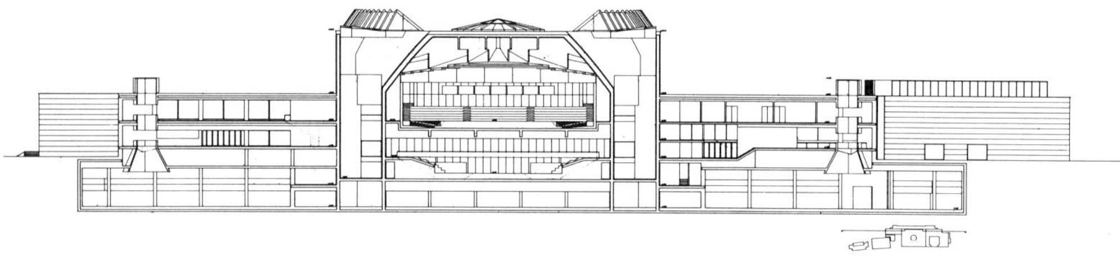

Sección transversal.

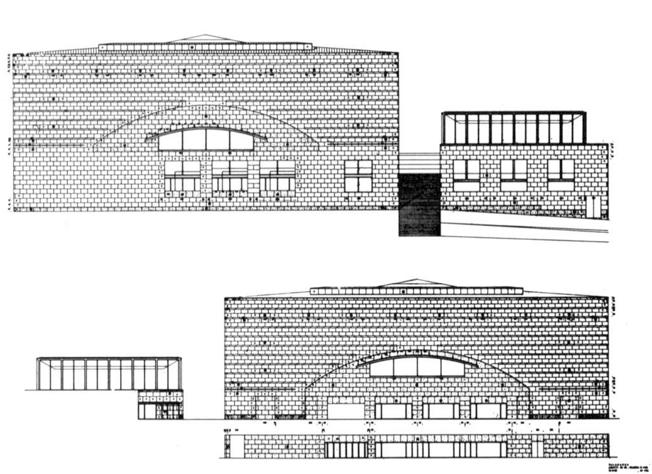

Alzados.

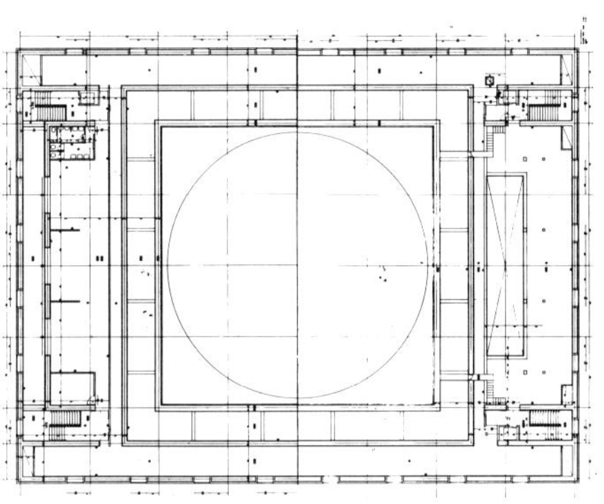

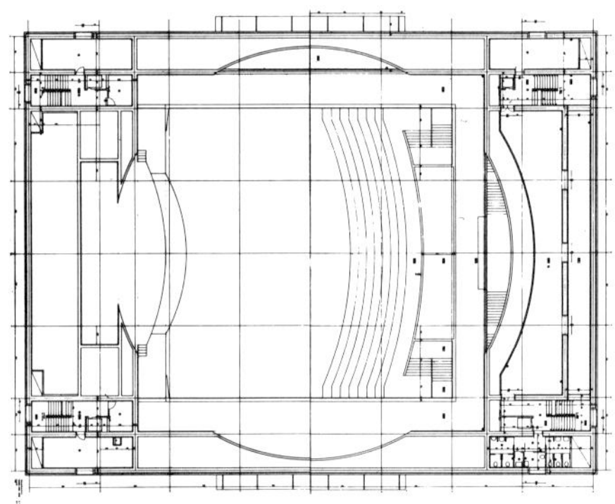

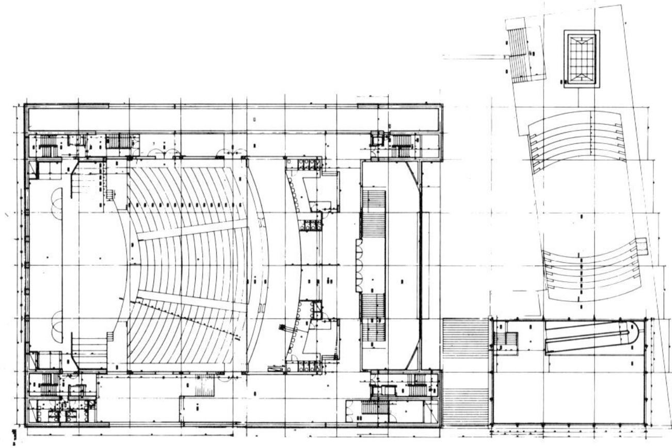

Plantas.

Vista hacia el edificio de exposiciones.

Entrada al auditorio.

Auditorio y cúpula.

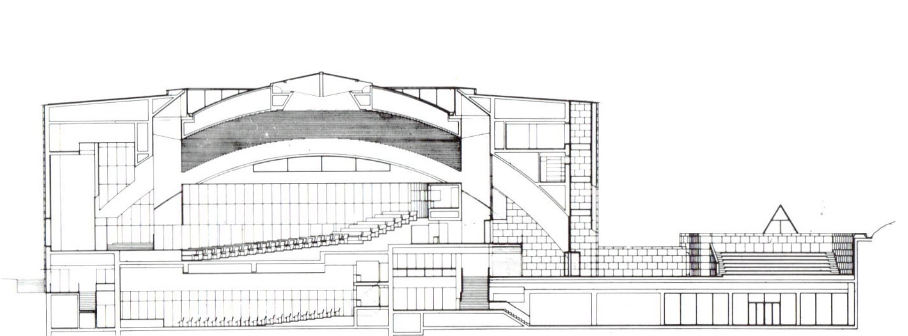

Sección.

Detalle de la cubierta.

Detalle de la entrada.

Escalera hacia la entrada principal.

Fachada principal.

Arquitectos   Manuel e Ignacio de las Casas y
Jaime Lorenzo

Colaboradores   Antonio de las Casas, Gustavo
Alvarez, ingenieros; Felicidad Rodríguez,
pintora; Manuel García Urtiaga, arquitecto:
Antonio Lain y Félix Mártin, aparejadores

Proyecto   1989
Ejecución   1990-92
Encargo   Gobierno de la Comunidad
Autónoma de Castilla - La Mancha

La normativa española que regula la edificació
n en centros históricos pide, en líneas
generales, que los arquitectos sigan el camino
de la restauración o la imitación de los
modelos históricos. En el caso de la sede de la
Consejería de Agricultura en Toledo, el
departamento de urbanismo aplicó la claúsula
que permite que se lleven a cabo excepciones
y encargó a los arquitectos la creación de un
edificio de oficinas moderno para el casco
antiguo de la ciudad de Toledo. Merece ser
elogiada en esta ocasión la postura de la
Administración, por su carcter especialmente
atrevido y con visión de futuro.

Los arquitectos aceptaron el desafío buscando
una solución que fuera respetuosa con la
estructura del casco antiguo y de sus edificios,
aunque empleara un vocabulario abstracto en
el desarrollo del proyecto. El resultado final es
una construcción de casi 7.000 metros
cuadrados, que se situa comodamente y sin
intrusión sobre un solar de pendiente muy
pronunciada localizado entre una zona de
conventos y lo que era la antigua judería de
Toledo.

La arquitectura tradicional de la ciudad es
básicamente una combinación de pequeños
edificios de viviendas compactos y de
arquitectura monumental religiosa. Los
monumentos, rodeados siempre de muros
altos, se encuentran normalmente formados
por volúmenes simples que se combinan
dejando espacios abiertos dentro del conjunto.
El paisaje de calles de Toledo forma una rica
mezcla de espacios públicos y privados.
Algunos de estos espacios públicos, como los
"adarbes", ó calles cortas y sin salida,
funcionan en realidad como espacios semi-
privados. Por otro lado, algunos patios
privados se convierten en espacios públicos
cuando su vegetación crece por encima de sus
muros, invadiendo el espacio público y
contribuyendo a su apreciación. El juego
entre los conceptos de sólido y vacio, público y
privado, y lo escondido y lo revelado, han
jugado un papel fundamental en el diseño del
nuevo edificio.

Detrás de la fachada principal, que sirve de
galería de circulación, la nueva estructura se
revela como una serie de seis módulos
separados por patios, que se extienden desde
el frente del edificio hasta la parte posterior.
Los cuatro módulos centrales son
rectangulares, mientras que los dos de los
extremos se han modificado ajustádose a la
forma de los edificios adyacentes. Los patios
nos recuerdan la escala y la estructura de las
calles de Toledo y permiten que el público
pase a través del edificio hasta la calle de detrá
s. Las diferentes zona de la región de Castilla-
La Mancha estarán representadas por la
vegetación de cada uno de los patios: acebo,
arce, roble, olivo, mirto y naranjos.

La fachada principal del conjunto está
encerrada dentro de un muro sólido, tomando
el ejemplo de la arquitectura tradicional del
entorno. A pesar de esto, al entrar es posible
ver a través de edificio la maravillosa
perspectiva del valle del río Tajo. La entrada

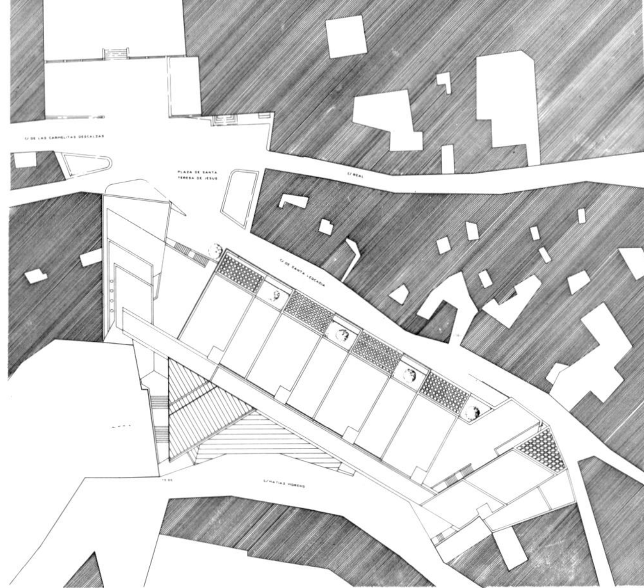

Plano de situación.

Vista general.

principal y la biblioteca están definidas por
una torre que se funde con el perfil de Toledo,
como ciudad de numerosas torres y pináculos
que se elevan formando un collage
interesante. La torre es, con su cubierta de
plomo y su lucernario, la parte más emblemá
tica del edificio

Era muy importante revestir el edificio de
un material que aguantara el paso de los
años sin acusarlo, que fuera apropiado para
oficinas del gobierno y que también estuviera
en armonía con su entorno. La piedra que
 se utiliza normalmente en la construcció
n en Toledo proviene de las canteras de la
zona, pero éstas hace ya tiempo que cerraron.
Los arquitectos identificaron y pudieron
obtener una piedra de Galicia, de un tono
beige-dorado, utilizada en un edificio del
siglo XVII contiguo al solar en el que iban a
construir. Esta es la piedra que se ha utilizado

Vista desde el patio.

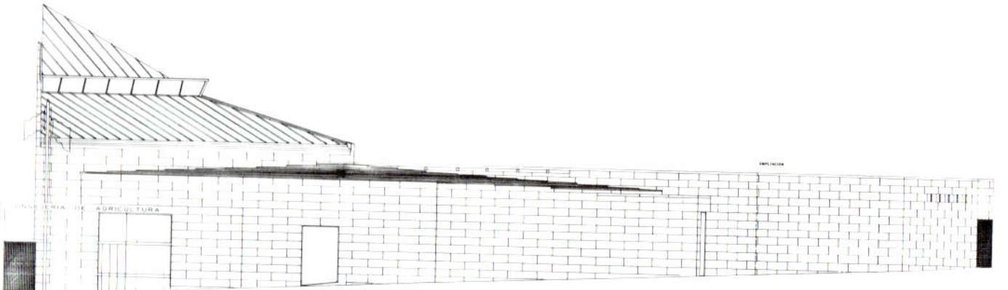

Alzado.

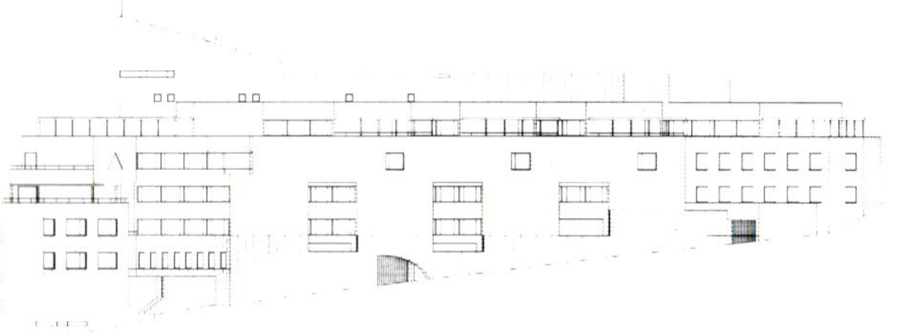

Alzado

Vista de balcones posteriores.

para la entrada y la base del bloque de oficinas, mientras que las plantas altas y los módulos centrales son de piedra segoviana.

En el interior, los arquitectos se permitieron ciertas libertades y utilizaron pizarra negra pulida para los suelos y madera natural para las escaleras y las carpinterías de las ventanas. Los muros interiores son de gran grosor, casi 60 centímetros, para que pudieran albergar todas las instalaciones dentro de ellos. Los muros gruesos, una de las características de la arquitectura clásica, han condicionado la situación de los huecos de las ventanas y la calidad de la luz, al mismo tiempo que son muy funcionales, al permitir un acceso fácil a todos los servicios necesarios.

Vista de la torre de entrada

Consejería de Agricultura, Gobierno Autonómico de
Castilla-La Mancha, Toledo

Fachada posterior.

Detalle de balcón.

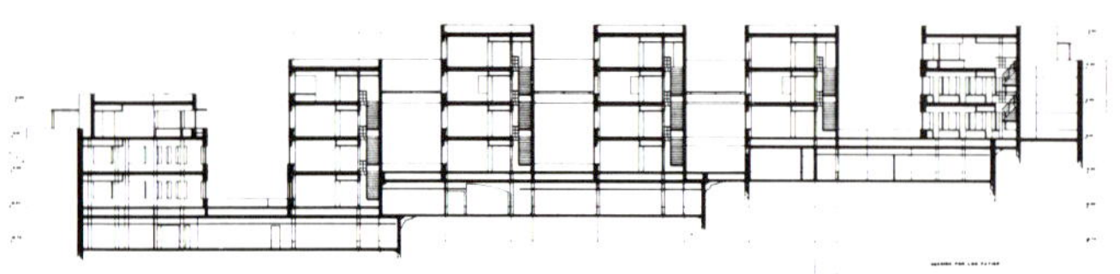

Sección.

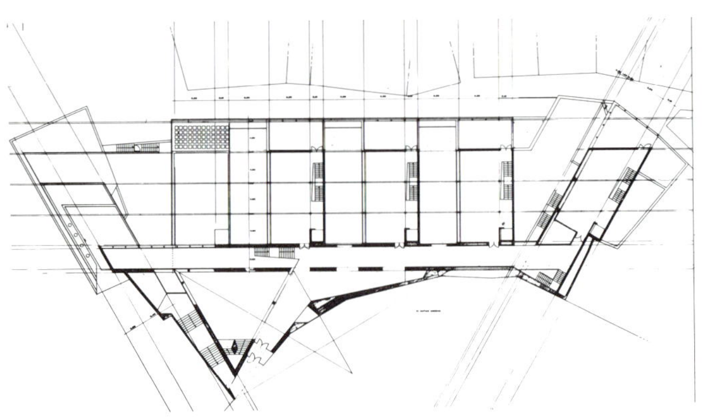

Planta.

Detalle del paso exterior.

Pabellón de la Navegación, Expo '92,

Sevilla

Arquitecto   Guillermo Vázquez Consuegra

Colaboradores   Marco Vázquez Consuegra, Carlos Vázquez Tatay, arquitectos técnicos; Jorge Vázquez Consuegra, ingeniero técnico, R. Aladio, A. López, G. Carty, R. Parr, y N. Gartnier.

Proyecto   1988-89
Ejecución   1990-92
Encargo   Sociedad Estatal para la Exposición Universal Sevilla '92, S.A.

El Pabellón de la Navegación es uno de los pabellón construidos por el Comité Expo '92 como parte de los pabellones temáticos de la Exposición Universal de Sevilla. Al finalizar la Exposición Universal, los 15.000 metros cuadrados de este pabellón albergarán el Museo Marítimo de la ciudad de Sevilla. El edificio, situado al borde del río, se caracteriza, sobre todo visualmente, por dos elementos: la gran cubierta curvada y las dos torres de observación situadas cerca de él en el río Guadalquivir. Más concretamente, el conjunto está formado por un gran edificio de planta rectangular destinado a exposiciones, por una rampa cubierta de proporciones generosas a través de la cual se accede desde la Plaza del Descubrimiento hasta el río, y por último, por un edificio de proporciones menores para servicios de cafetería y restaurante. La rampa garantiza la unidad del proyecto, permitiendo que el edificio establezca su propia armonía entre los espacios interiores y exteriores, reforzando así la relación entre el Pabellón y el río Guadalquivir. La cubierta curva, debido a sus grandes dimensiones, al cobre del que está revestida y a su relación con el entorno, actúa como la fachada principal del edificio, dándole un carácter emblemático a la vez que desciende hacia el río, creando así una transición natural desde la entrada principal del Pabellón, situada en un lateral, hasta el río, a un nivel más bajo. Al mismo tiempo, el Pabellón recuerda los edificios industriales asociados con las actividades portuarias.
El edificio dedicado a exposiciones está organizado como dos volúmenes paralelos de diferentes dimensiones, separados por un espacio que forma una calle interior. Las exposiciones de cara al público tendrán lugar en el mayor y más abierto de los dos volúmenes, mientras que el pequeño se utilizará para almacenaje, talleres y oficinas. La circulación de la zona dedicada a exposiciones está basada en un sistema de rampas y zonas de paso perimetrales, pensado de una forma extremadamente funcional, que proporciona un uso cómodo y fácil incluso frente al elevado número de visitantes y grandes colas que se esperan durante la Expo '92. El público puede salir de la exposición a través de grandes aperturas de cristal de 11 metros, que se abren sobre una plataforma que se extiende a lo largo del edificio y crea un muelle de observación con vistas hacia el río y hacia la ciudad de Sevilla.
 Son también de interés las soluciones constructivas adoptadas por el arquitecto. Las vigas curvadas de madera de enormes dimensiones, que forman la estructura de la cubierta, tuvieron que ser construidas en dos piezas para facilitar su transporte a la obra. Estas vigas cubren una luz de 40 metros y son como las costillas del casco de un barco. Se apoyan solamente en dos puntos; uno, sobre columnas de hormigón y el otro, atravesando la plataforma hacia el río, llegan al suelo. El proyecto para las dos torres sufrió muchos cambios, debido a limitaciones tanto económicas como de otro tipo, antes de que se llegara a una solución definitiva. Los dos elementos , uno de hormigón y el otra metálico (uno de subida y otro de bajada) establecen un marcado contraste, tanto entre ellos como con la horizontalidad del Pabellón. Desde su altura de 60 metros se ofrece un punto de observación único de la Cartuja de Santa María de las Cuevas y de toda la ciudad de Sevilla. Las referencias arquitectónicas al tema de la navegación enriquecen las diversas lecturas del Pabellón. Estos elementos poéticos utilizados son elegantes sin entrar en lo kitch: un gran casco curvo, un faro marítimo, la situación del edificio cerca del río, la plataforma de observación que actua como muelle y el vacío que separa el Pabellón de su entorno. La calidad de los espacios subraya las sutiles referencias. A medida que el visitante experimenta el edificio, pasando de un espacio a otro, descubre el carácter simbólico de sus elementos arquitectónicos. Dentro del contexto de una Exposición Universal, con tantos edificios compitiendo por la atención del público, destaca la elegancia y la integridad temática del Pabellón de la Navegación

Vista aérea.

Torre de observación.

Rampa y Sala de exposiciones.

Sala de exposiciones.

Detalle de cubierta hacia la Plaza del Descubrimiento.

Vista del interior.

Fachada hacia el río.

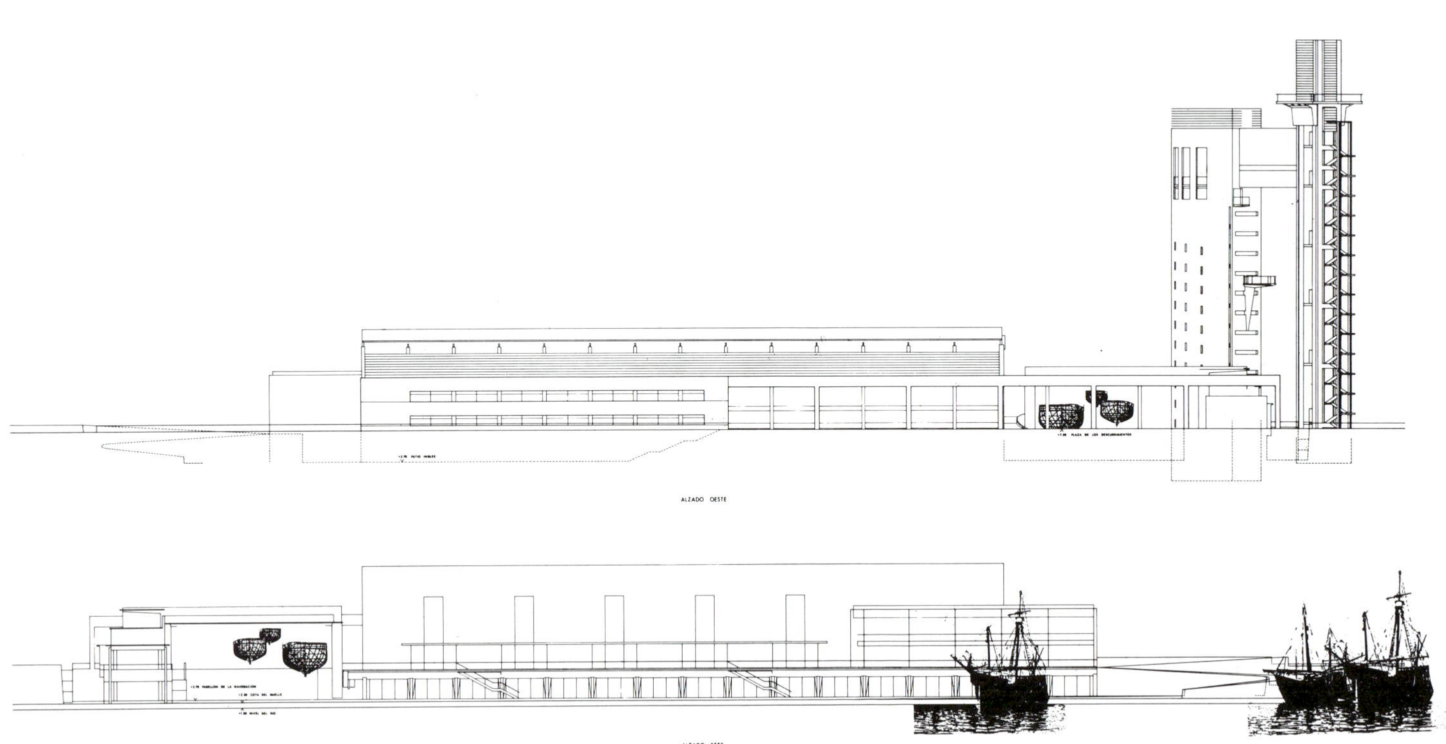

Alzados este y oeste.

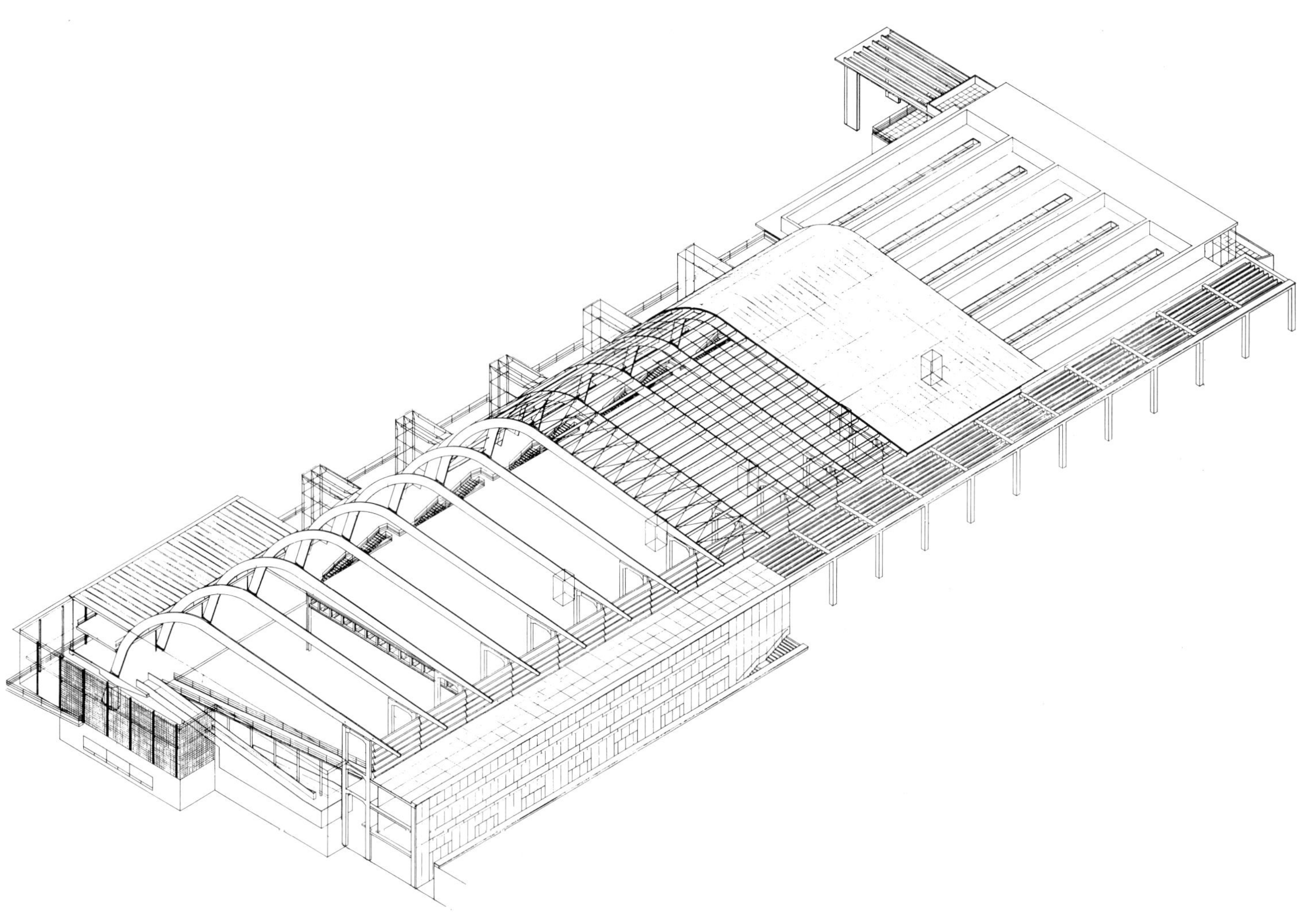

Axonometría.

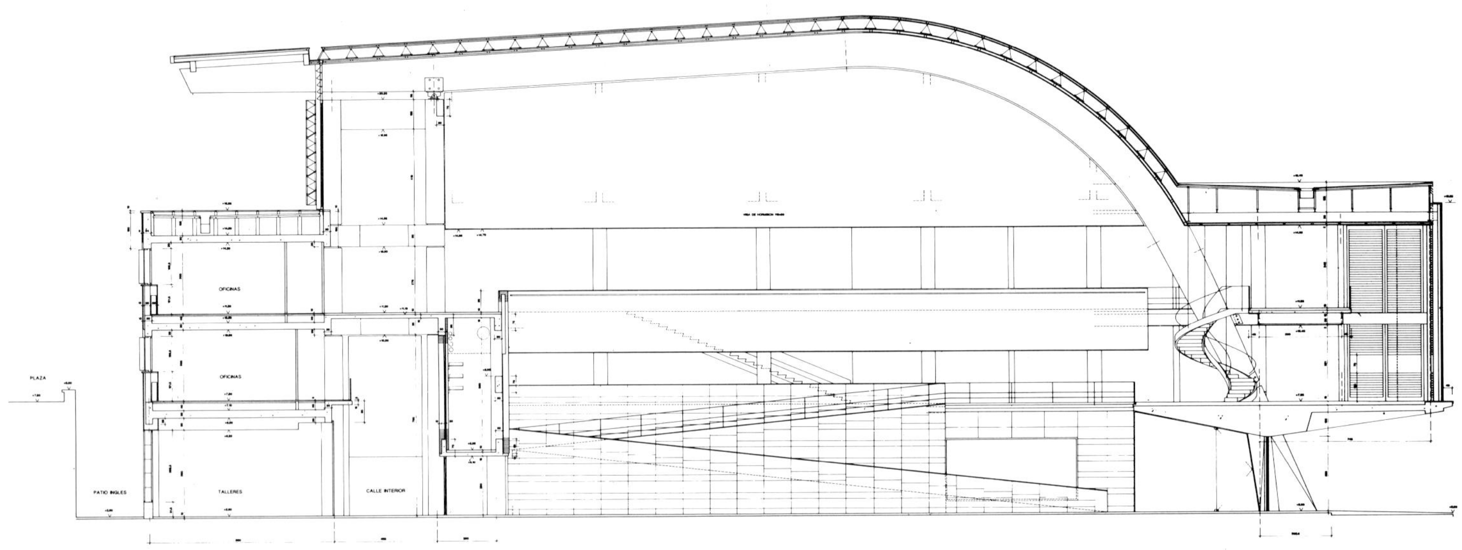

Sección transversal.

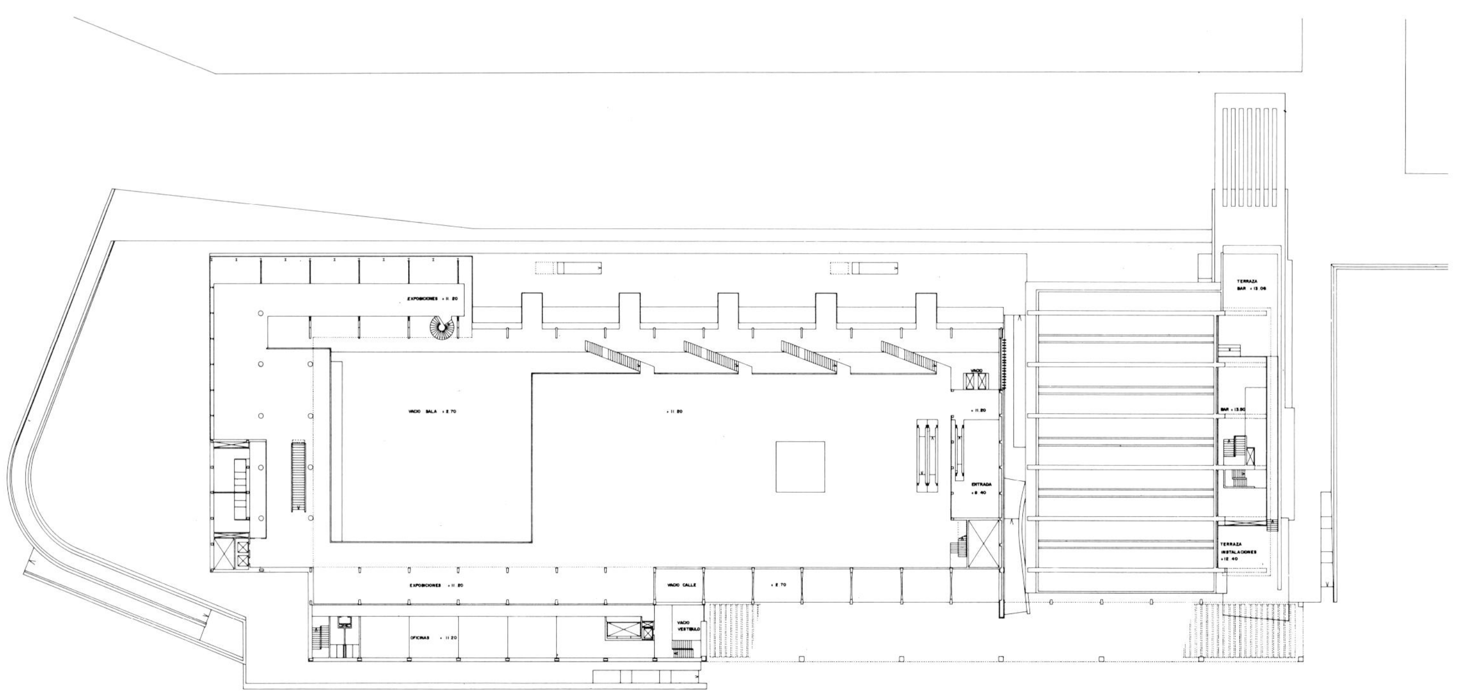

Planta a + 11,20 m.

Sala de exhibiciones.

Unión entre rampa y edificio de exposiciones.

Estación de Ferrocarril de Santa Justa,

Sevilla

Arquitectos   Antonio Cruz
Antonio Ortiz

Colaboradores Rafael Mollá e Ignacio Ruíz
Larrea, ingenieros

Proyecto   1987
Ejecución   1988-91
Encargo   Ministerio de Obras Públicas y
Transportes

La decisión del MOPT de crear una nueva estación principal de trenes para la ciudad de Sevilla, junto con la posibilidad de enterrar las vías al entrar en la ciudad y la disponibilidad de una gran extensión de terreno sin edificios existentes, fueron los tres factores que conjuntamente permitieron la realización de un proyecto arquitectónico a gran escala y de gran envergadura urbanística. Se tomó la decisión de enterrar las nuevas vías en toda la longitud de su paso por Sevilla, ya que las antiguas vías siempre habían constituido una barrera entre la ciudad y el río Guadalquivir.

El proyecto sitúa la estación de trenes en el centro del complejo y ligeramente elevada, con un "superbloque" rodeándola en todo su perímetro, formado por edificios de una altura uniforme de tres pisos y destinados a viviendas, oficinas y locales comerciales. Todo el conjunto utiliza el ladrillo como material básico para dotarlo de un carácter arquitectónico integrado. El área entre los edificios perimetrales y la estación se deja libre para aparcamientos, jardines y circulaciones, situándose bajo tierra las viejas vías a su paso por la estación de Santa Justa.

Esta estación es la principal de Sevilla, y el hecho de que las vías pasen por debajo del edificio le permite adquirir ciertos aspectos característicos de una estación terminal aún no siéndolo realmente. Los arquitectos han procurado proyectar una estación moderna y funcional que al mismo tiempo fuera claramente urbana y monumental. Desde el exterior, el edificio da una impresión de austeridad y está dominado por una fuerte horizontalidad y por el uso extensivo del ladrillo. La entrada principal (situada a una altura de 14,65 metros sobre rasante), queda definida por una marquesina curva y ligeramente asimétrica que conduce hacia el vestíbulo principal. Una vez dentro, se pone de manifiesto inmediatamente la organización y funcionamiento del edificio. El gran vestíbulo principal, con la zona de taquillas, de espera, tiendas, etc., mira hacia un espacio de transición que permite el acceso a los andenes del nivel inferior o a los pasillos de circulación perimetral y a las salidas del edificio. Los andenes, situados a una altura de 8,40 metros, están cubiertos por una estructura metálica de bóveda.

Los espacios interiores resultan dramáticos, en parte por sus generosas dimensiones y en parte por la cuidada atención prestada a la elección de materiales y al estudio de la luz. El

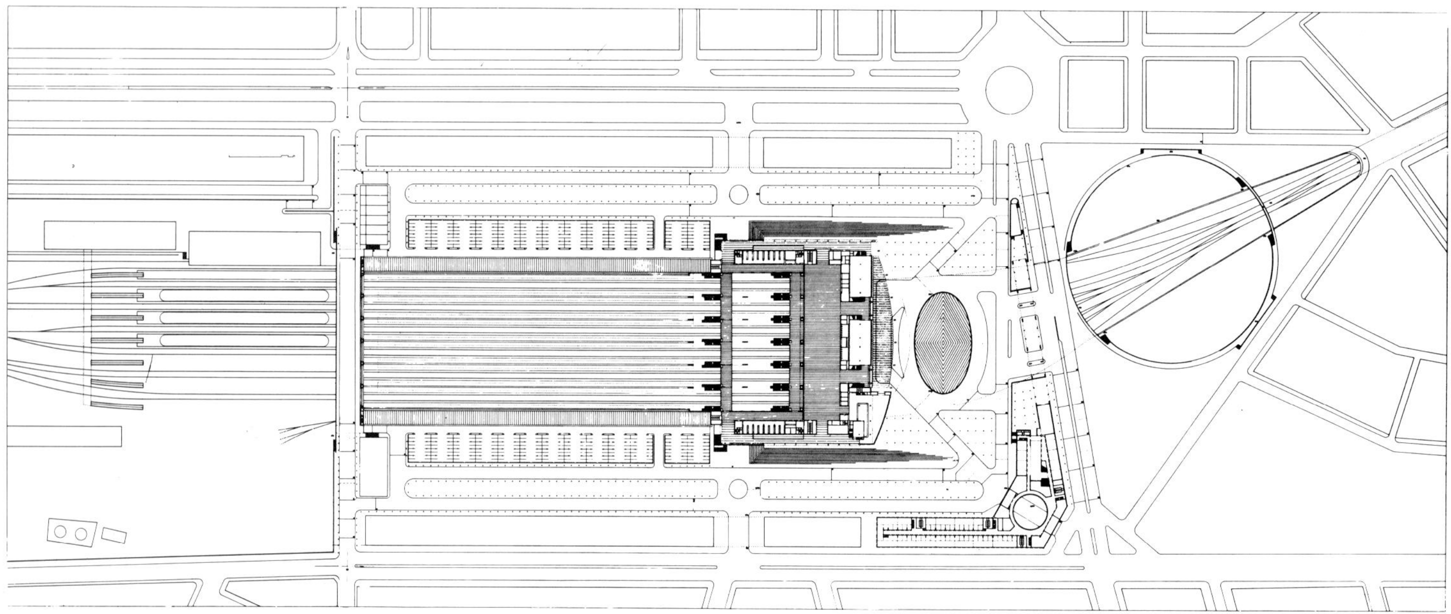

Planta a + 11,50 m.

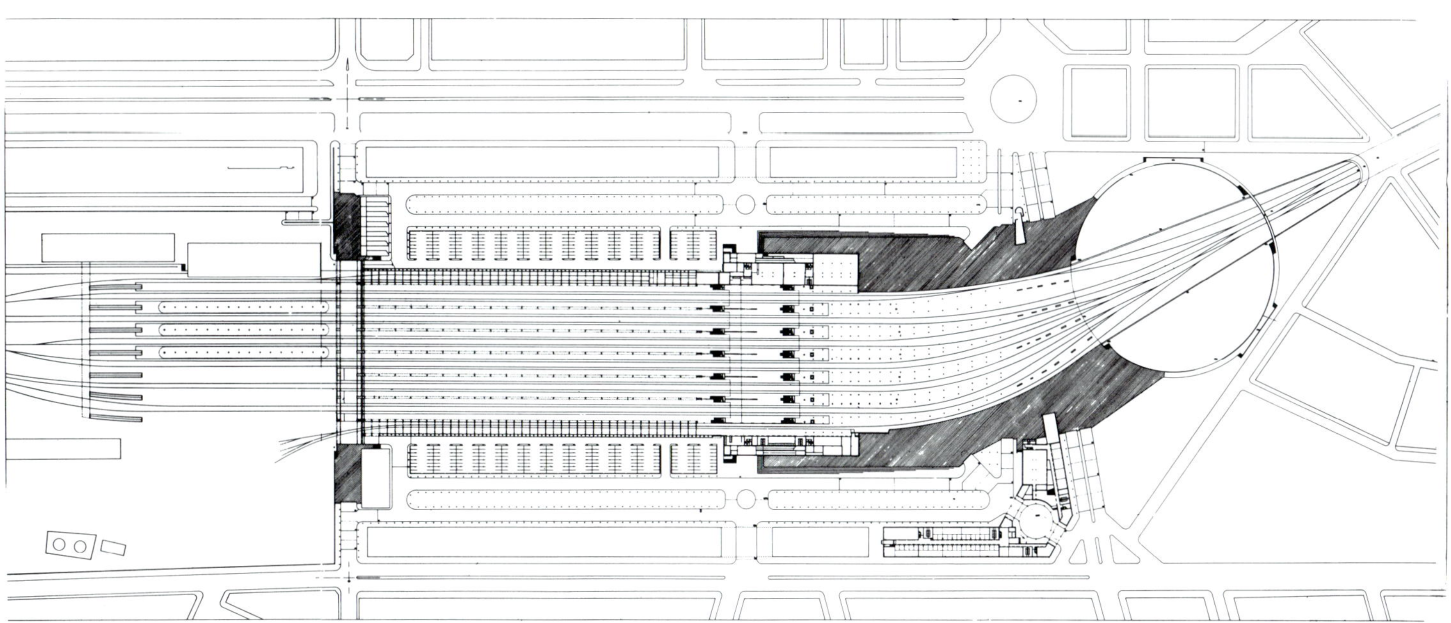

Vista general.

Planta a + 14,65 m.

Hall principal.

vestíbulo, revestido de un colorido suave, está iluminado principalmente desde arriba a través de grandes ventanas verticales. Aunque este espacio queda claramente definido, las divisiones de cristal permiten que, a través de ellas, se vea y se entienda el espacio de transición. Los grandes huecos de los muros laterales revelan de nuevo los aspectos funcionales de la estación, al mismo tiempo que acentúan las grandes dimensiones y la monumentalidad del conjunto. La cubierta inclinada indica el trayecto, a través del edificio, hacia las escaleras mecánicas que conducen a los andenes, donde se transforma en una cubierta abovedada que permite que la luz natural penetre por su paneles; de nuevo, el material elegido, que ahora es hormigón visto ,pone de manifiesto el cambio funcional.

La Estación de Santa Justa ha sabido combinar de forma coherente conceptos diferentes. La imagen arquitectónica que evoca es de genuina modernidad, aunque ciertos aspectos de ella nos hacen recordar las estaciones del pasado. El gran vestíbulo, que permite sentir

la presencia del tren, sugiere la imagen de la Estación Termini de Roma (1950). Aunque la cubierta de la Estación de Santa Justa no es una simple copia de la arquitectura industrial del siglo XIX, su tratamiento hace alusión al pasado. Durante el día, en la distancia, la estación se presenta sólida y arraigada a la tierra. Pero de noche, cuando lo único visible

es la luz que se proyecta a través de las ventanas, el edificio parece estar casi flotando. Quizá la uníon de ideas más lograda sea la combinación de monumentalidad con funcionalidad: el edificio crea un nuevo hito para la ciudad de Sevilla sin olvidarse en ningún momento de las necesidades del usuario.

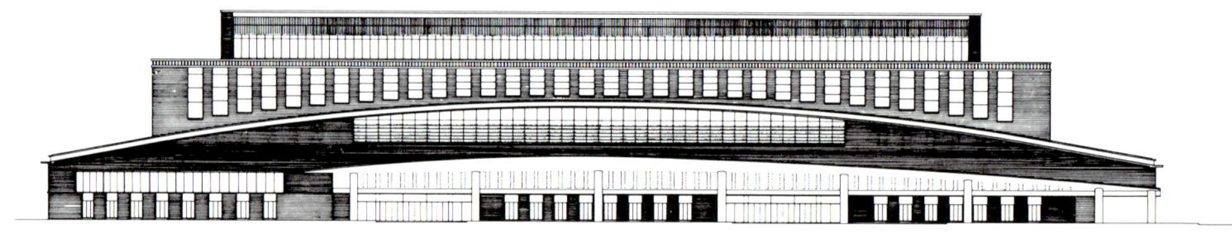

Alzado principal.

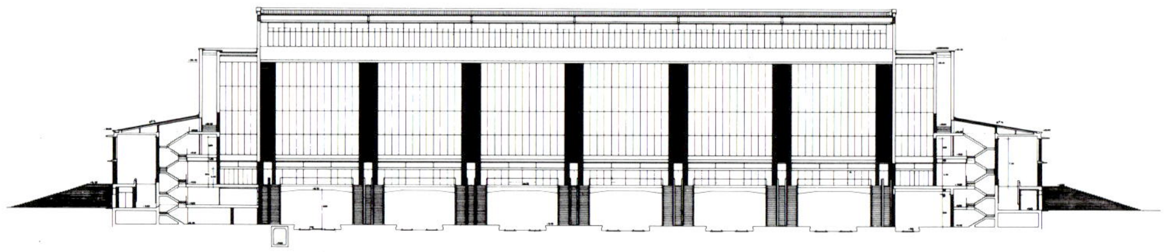

Sección transversal.

Vista hacia las plataformas.

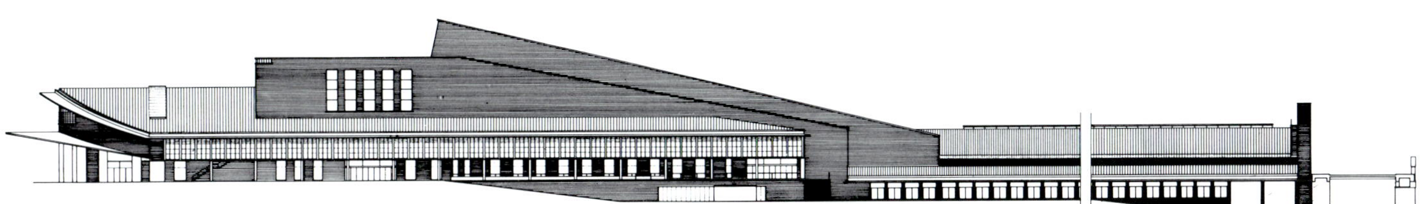

Alzado lateral.

Vista del hall principal hacia las plataformas.

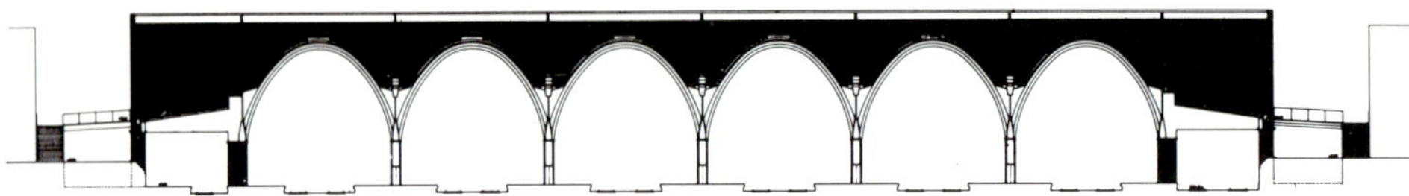

Sección transversal.

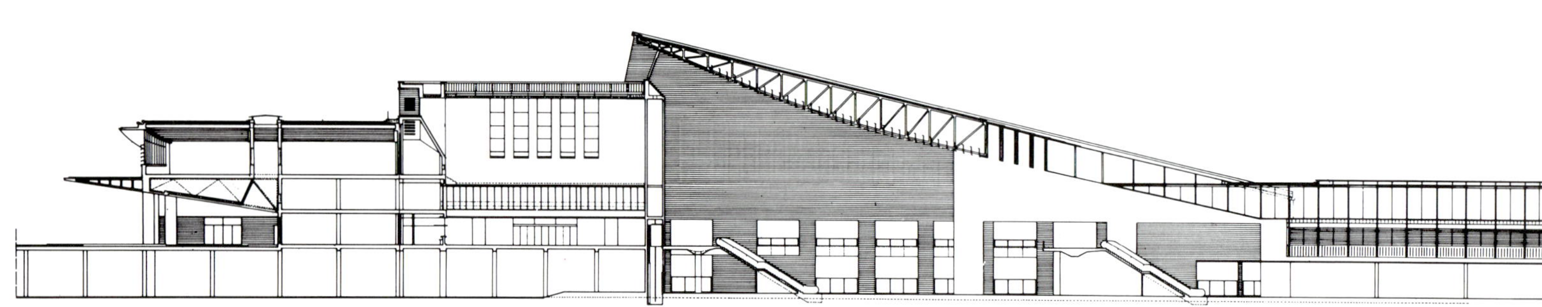

Sección longitudinal.

Vista hacia las plataformas.

Aeropuerto Internacional

Sevilla

<table>
<tr><td>Arquitecto</td><td>Rafael Moneo</td></tr>
</table>

Arquitecto   Rafael Moneo

Colaboradores   Francisco González Peiro,
arquitecto técnico; Luis Moreno Mansilla,
Emilio Tuñón, Fernando Iznaola, Aurora
Fernández, arquitectos; Intecsa, instalaciones,
Mariano Moneo, ingeniero, y Enric Satué,
diseñador gráfico

Proyecto   1988
Ejecución   1989-91
Encargo   Ministerio de Obras Públicas y
Transportes

La búsqueda de una tipología adecuada para
un aeropuerto parece ser la tarea primordial
que el arquitecto Rafael Moneo se propuso al
elaborar este proyecto. Los aeropuertos son
muchas veces ejemplos de edificios comerciales
sin personalidad, o un conjunto de
construcciones variadas rodeadas de zonas
masivas de aparcamientos. Muy pocas veces
intentan crear una nueva imagen, aunque
existan algunos ejemplos magníficos como el
edificio terminal de la TWA en el Aeropuerto
Kennedy de Nueva York (1956-62), el
Aeropuerto Dulles de Chantilly, Virginia (1958-
62), obra ambos de Eero Saarinen, la terminal
de United Airlines en el Aeropuerto
Internacional OHare en Chicago(1987), obra de
Helmut Jahn, o la terminal de Stansted, cerca
de Londres, de Norman Foster. Es raro que se
conciba el aeropuerto como un edificio único,
con una arquitectura lo suficientemente fuerte
como para definirlo.

El caso de Sevilla es el de un solo edificio
cerrado, que mira hacia sí mismo, construido
con métodos tradicionales en un bloque de
hormigón de color beige-dorado y en el cual
se albergan todos los servicios y los
aparcamientos. El arquitecto, Rafael Moneo,
ha evadido toda referencia a los aviones y ha
creado un edificio que se asienta firmemente
en el suelo. La primera imagen espacial que
viene a la mente es la de una mezquita, sin
ventanas al exterior y organizada alrededor de
un patio interior. A pesar de esto, una mirada

detallada indica que no se debe interpretar
esta terminal simplemente como un intento de
jugar con las referencias históricas. El nuevo
aeropuerto, situado al noreste de la ciudad, es
un edificio conectado con Sevilla por medio de
una autopista. Esta relación entre el
aeropuerto y la ciudad se pone de manifiesto a
través de las carreteras exteriores de acceso,
que penetran dentro del edificio mismo y por
la organización del aparcamiento. Más que
concentrarse simplemente en la eficiente
organización de viajeros, se ha prestado una
atención especial a conseguir que el contacto
de los pasajeros con la terminal sea una
experiencia lo más agradable posible, al

proyectarse un patio sevillano de gran rigor,
plantado con naranjos.

La organización general del aeropuerto es
muy directa: una sucesión de "pastillas" se
unen para ordenar las funciones del edificio.
La primera es la terminal principal de pasajeros
con la venta de billetes y los mostradores de
facturación de equipajes. Se efectúa una
transición desde el patio sevillano abierto,
situado en el centro del aeropuerto, hasta la
entrada de la terminal, con su techo bajo, que
a continuación se abre hacia el espectacular
espacio de la terminal, cubierto por una serie
de bóvedas. Detrás de esto se encuentra una

Vista panorámica.

zona de servicio para el personal, el manejo de los equipajes, etc. Finalmente, cerca de las pistas de despegue está el área de salidas y llegadas. La única variación en esta organización regular es lo que el arquitecto llama el "edificio cabeza", con forma de cubo desplazado, que alberga la cafetería y otros servicios, y que termina, de forma muy lograda, en un extremo de la terminal de pasajeros.

Al aproximarse en coche al aeropuerto, lo que se ve es una masa aislada y sólida. Los bloques de hormigón se han proyectado más grandes de lo normal tomando en cuenta la escala y las dimensiones del nuevo edificio. Las zonas de aparcamiento cubierto están situadas en un extremo, el aparcamiento al aire libre y el patio, cerrados por muros perimetrales, están en el centro, y la terminal está situada cerca de las pistas de despegue. Desde las zonas de aparcamiento se puede acceder al nivel alto, de salidas, a través de un pasaje cubierto.

El nivel inferior, de llegadas, es sencillo y está completamente separado del superior. Es incluso justo admitir que el acceso desde un nivel al otro es difícil. Esta fuerte separación entre las dos funciones y niveles puede, en ciertas ocasiones, presentar problemas, pero fue una opción elegida conscientemente por el arquitecto para mantener la clara fluidez del movimiento de pasajeros.

La sala principal de salidas, con bóvedas azul oscuro simbolizando la unión entre la tierra y el cielo, es funcionalmente clara y práctica desde el punto de vista del pasajero. Cada una de las bóvedas está rematada por una cúpula, que permite que la luz se destaque sobre el cielo oscuro y las brillantes columnas blancas que la soportan. Los bancos circulares diseñados por Moneo para la sala de salidas, permiten que el viajero esté solo y a mismo tiempo establezca un contacto más directo con la arquitectura. Los gráficos con la señalización de la nueva terminal han sido diseñados por Enric Satué, y son grandes y legibles. Es otro elemento que demuestra cómo el aeropuerto se anticipa y se adapta a las necesidades del viajero.

Aeropuerto Internacional, Sevilla

Vista hacia la terminal.

Edificio «cabecera».

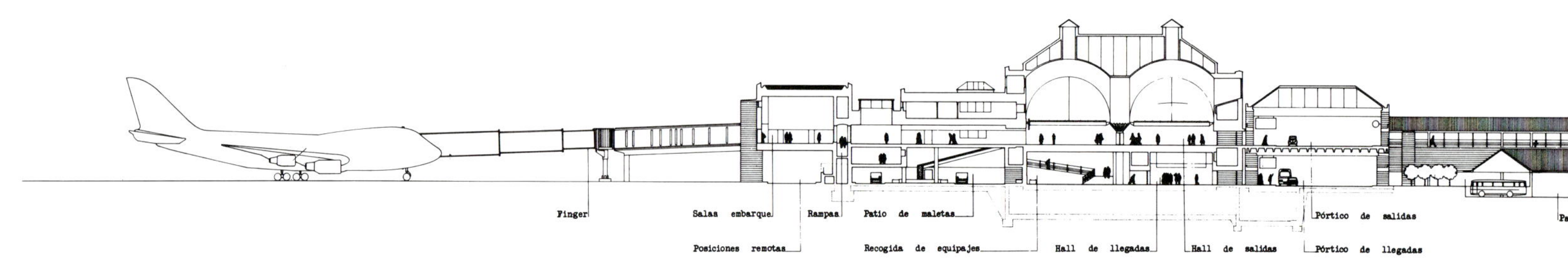

Sección longitudinal.

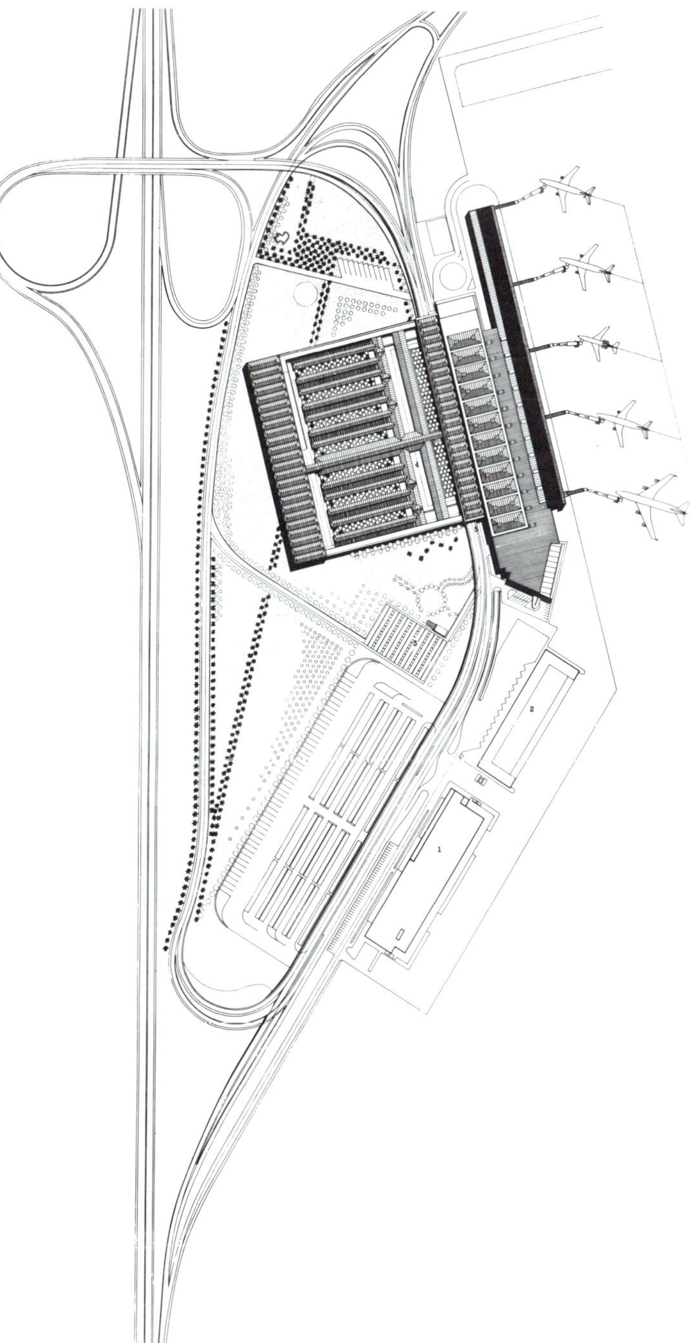

Plano de situación.

Sala de espera.

Detalle de banco.

Hall principal.

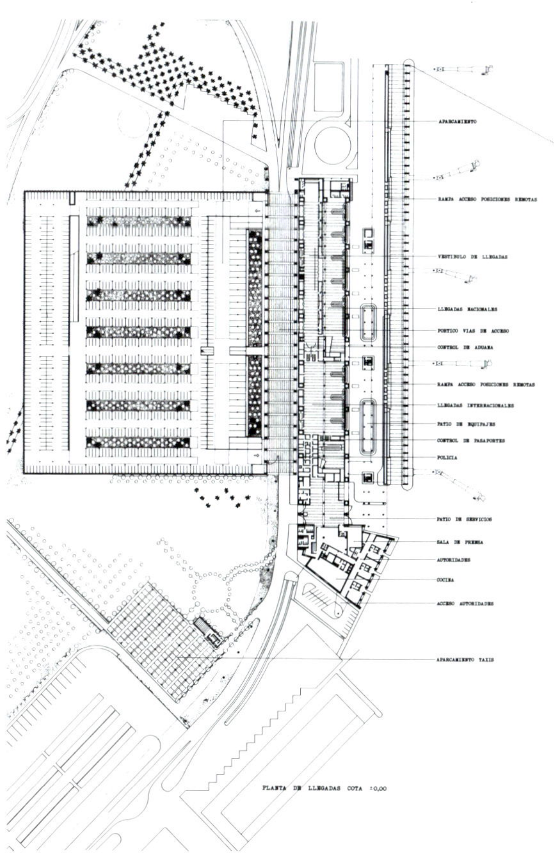

Planta de llegadas.

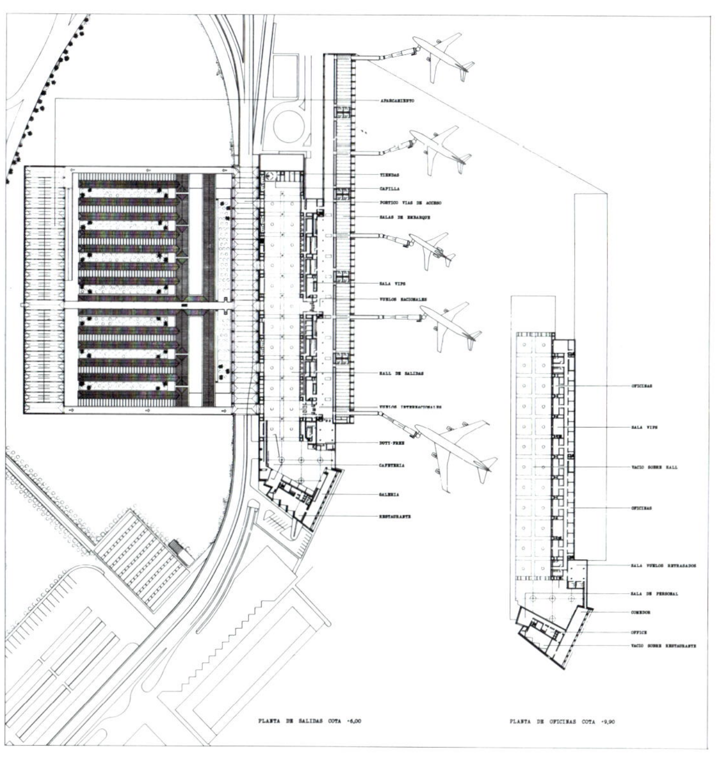

Planta de salidas.

Restauración y Adaptación del
Paseo de Ronda y las Murallas ,

Palma de Mallorca

Arquitectos   José Antonio Martínez Lapeña
               Elías Torres Tur

Colaboradores   G. Juliá, arquitecto técnico; F.
Climent, arquitecto coordinador; C. Albisu, V.
Argilaga, A. Camps, G. Font, D.M. Fort, M.
García, A. Gallart, P. Gil, J.I. Gratacós,
A.Guantar, J. Heinrich, I. Josemaria, A. López,
M. Martínez, E. Miralles, L. Montesinos,
A. Noguera, J. Olivé, V. Pimstein, X. Pizá,
B. Pleguezuelos, J. Pradell, M. Pujol, X. Rovira,
O. Tarrasó, J.M. Vallés, A. Valverde,
X. Vendrell, M. y M. Viader, A. Vila, J. Vila,
N. Vives y P. Vives.

Estudio preliminar
y proyecto   1983
Ejecución   1986-91 Baluarte de "Ses
                Bovedas"
                1990-92 Portella al Blauarte
                "Berart"
Encargo   Ministerio de Obras Públicas y
Urbanismo y Ajuntament de Palma

La restauración histórica de viejas ciudades, junto con la redacción de Planes Generales de Urbanismo, han sido temas que han preocupado a los diferentes departamentos de la Administración española en los últimos años. Más especificamente, podemos referirnos a los espacios de transición entre dos áreas de la ciudad, que a veces corresponden a dos períodos históricos diferentes, o a los espacios residuales que forman barreras entre distintas partes de la ciudad. Estas han sido las zonas en las que se han concentrado los esfuerzos de "renovación urbana", dicho en el mejor sentido de la frase. La recuperación de estas zonas "frontera" haciendo que unan secciones diversas de las ciudades, tanto visual como funcionalmente, representa un auténtico reto para los profesionales a cargo del planeamiento de estas ciudades, ya que se redefinen zonas urbanas a la vez que se pretende responder a necesidades y a criterios estéticos actuales. El estudio de arquitectura de Martínez Lapeña

y Torres comenzó en 1983 a desarrollar el estudio global para crear un parque frente al mar que iba a construirse en una franja de un kilómetro de largo que se encuentra justo al pié de las murallas de la antigua ciudad. El proyecto completo no estará terminado hasta el año 1996. El objetivo principal consistía en renovar una zona que durante muchos años había estado ocupada por edificios militares y en desuso, y transformarla en un parque lineal con jardines, un teatro al aire libre, cafeterías, accesos desde y hacia la ciudad antigua, museo naval y otros servicios. El solar asignado a Martínez Lapeña y Torres, de una extensión aproximada de 3,5 hectáreas, situado al pié de las antiguas murallas, podría describirse como el balcón hacia el mar de la ciudad de Palma de Mallorca. Es como una plataforma a mitad de camino entre el mar y la ciudad vieja.

Una carretera define el perímetro del parque a lo largo del mar, pero no se permite la circulación de coches dentro de mismo. Con la restauración de esta zona los residentes de Palma disfrutan sin obstrucciones de la vista del mar desde la ciudad antigua. Desde 1986 se han construido dos secciones cerca de la parte más monumental de Palma, el bastión de "Ses Bovedas" y el que va desde "Portella" a "Berart". En su proyecto los arquitectos han demostrado una habilidad para crear espacios funcionales y atractivos, restaurando de forma sensible un área histórica tan grande y proyectando elementos simbólicos nuevos que enriquecen el proyecto. El área del "Baluarte de Ses Bovedas" que está solamente a 1,5 metros por encima del nivel del mar, se denominó así porque el complejo militar estaba construido sobre dieciséis túneles abovedados. Los arquitectos han reutilizado un antiguo túnel de ferrocarril para conectar la ciudad con el original Parque del Mar. Para hacer que este túnel invitara a su uso, han acortado visualmente su longitud mediante una perspectiva falsa y un lucernario que lo ilumina. La forma arqueada del túnel renovado recuerda a los grandes arcos y columnas utilizados en las antiguas casas nobles de Palma. Trás haber pasado por el

Vista aérea.

túnel el visitante llega a la zona de Paseo de Ronda donde puede elegir entre dirigirse hacia el teatro al aire libre o subir una escalera. Esta escalera se ha construido con fragmentos de piedra viejos y rotos que habían pertenecido a otras construcciones existentes anteriormente en ese emplazamiento. La conexión con el pasado se mantiene así, a través del uso de materiales antiguos de una forma nueva. El teatro al aire libre se asienta en una plaza cerrada por un lado por la muralla de la ciudad y el lateral de la catedral gótica y por el otro queda definido por el bar, con cubierta de cobre apoyada sobre columnas de madera de teka. Los asientos del teatro están hechos de teka y el pavimento del escenario es de baldosas de forma hexagonal de mármol gris y beige. Da sombra a este conjunto un toldo de 50 x 25 metros, de formas también hexagonales y de colores azul y amarillo (los colores de la Marina Mercante de las Islas Baleares). Las sombras que proyectan estos toldos sobre el

Teatro al aire libre.

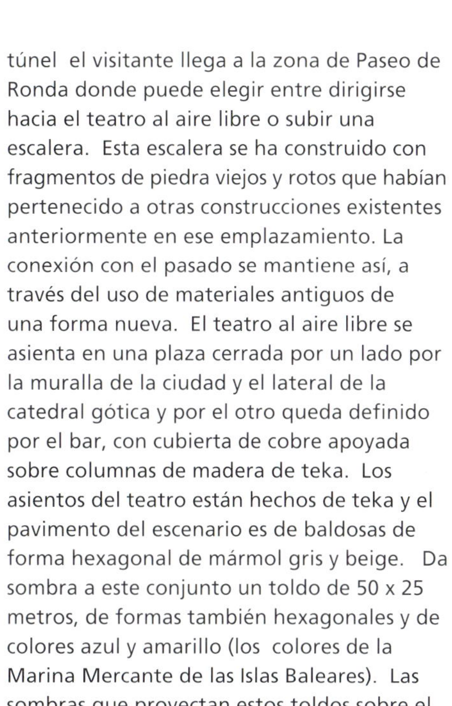

Area de «Ses Bovedas».

pavimento son casi tan importantes como el propio diseño del toldo. En sus proximidades, los túnelel que formaron una vez parte del baluarte se han remodelado, para convertirse en camerinos y zonas de almacenamiento. Se han plantado nueve palmeras en esta zona, para complementar las tres ya existentes. Al final, todo el paseo de un kilómetro de largo estará pavimentado con bloques de hormigón de una forma original diseñado por los arquitectos, y denominada "piedra de palma". Estos bloques se instalarán siguiendo los ejes principales de los baluartes; pueden estar colocados a cierta distancia para dejar crecer la hierba entre ellos, o ponerse uno junto a otro para dar una impresión más acabada. El proyecto de Martínez Lapeña y Torres representa una arquitectura concebida primero a una escala general y proyectada después hasta su más mínimo detalle. Parece como si hubieran abierto un cofre lleno de historia, de ideas, de fragmentos, con los que han creado el nuevo proyecto. Al mismo tiempo, invitan al visitante a descubrir los nuevos tesoros que ellos mismos han escondido allí: en la forma del teatro y su cubierta puede descifrarse una embarcación árabe silueteada contra los muros de la ciudad. Los postes de teka que delimitan el teatro sugieren las rejas de hierro forjado, aunque de forma invertida, de los balcones del Ayuntamiento. El disfraz tradicional del arlequín se refleja en el despiece del pavimento del escenario; y los bloques de hormigón del resto del pavimento tienen la forma de la palma de una mano. Estos son solamente algunos de los muchos y sutiles detalles que los arquitectos han incluido en un proyecto tan cuidado. La escala del solar, así como su importancia histórica, geográfica y arquitectónica, representaba un reto en el momento de concebir el proyecto. Arquitectos de otro tiempo, como Antoni Gaudí (1852-1926) y Josep María Jujol (1879-1959), también llevaron a cabo proyectos de difícil restauración histórica en esta zona, en la Catedral y en el Palacio Episcopal. Son como observadores lejanos, todavía presentes en espíritu para inspirar a los arquitectos de hoy en día.

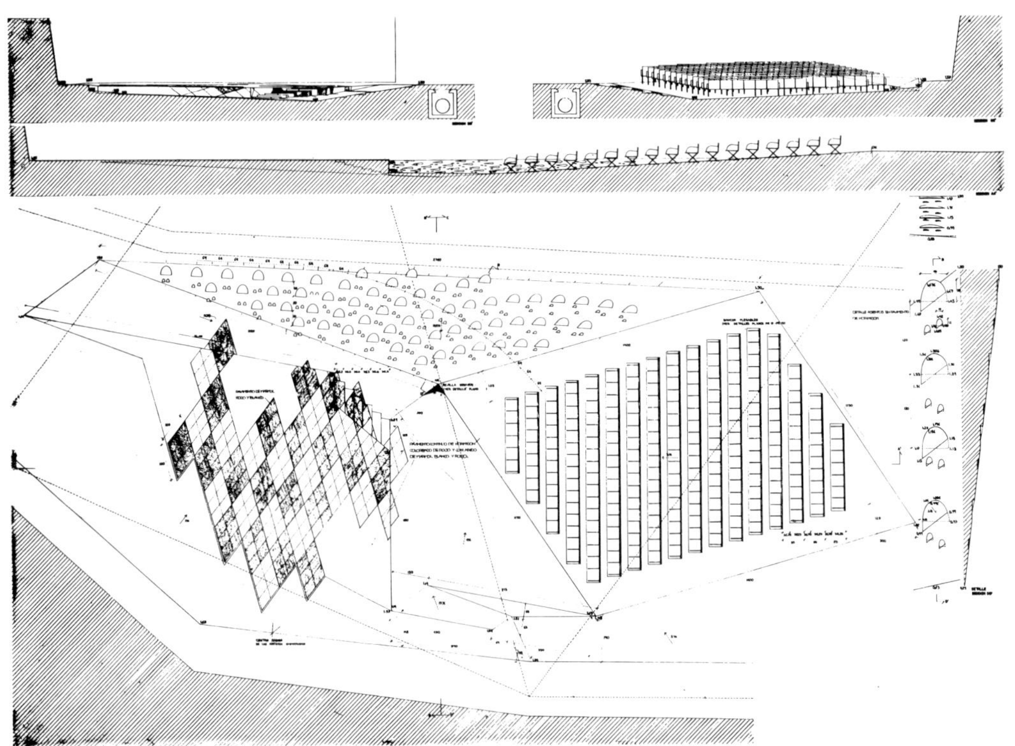

Planta, sección y detalles del teatro.

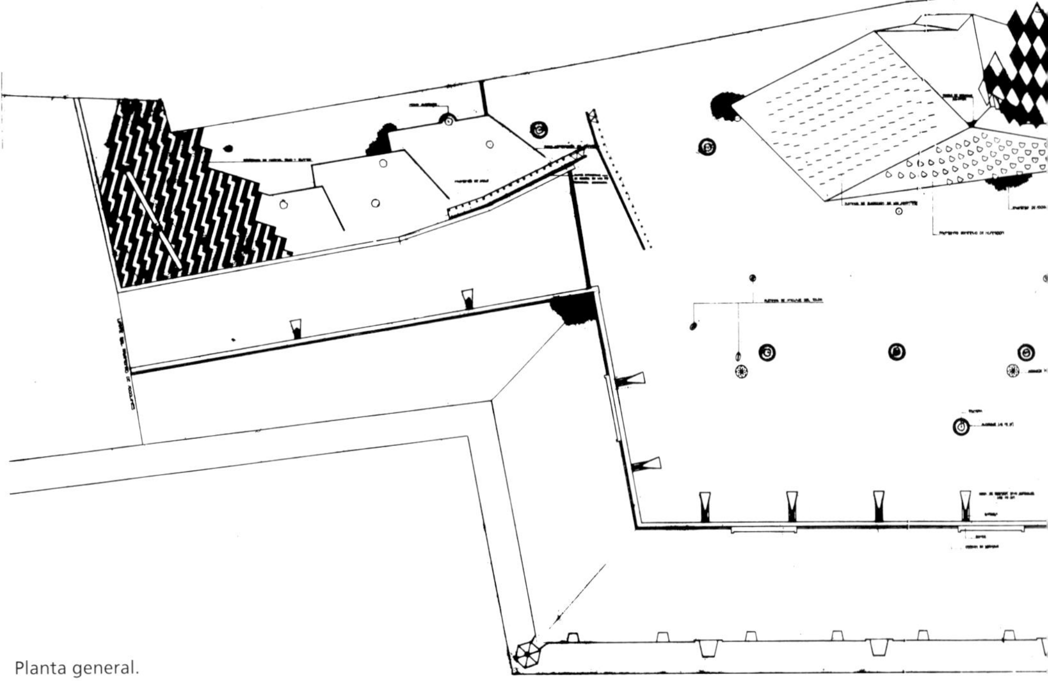

Planta general.

Túnel y detalle del lucernario.

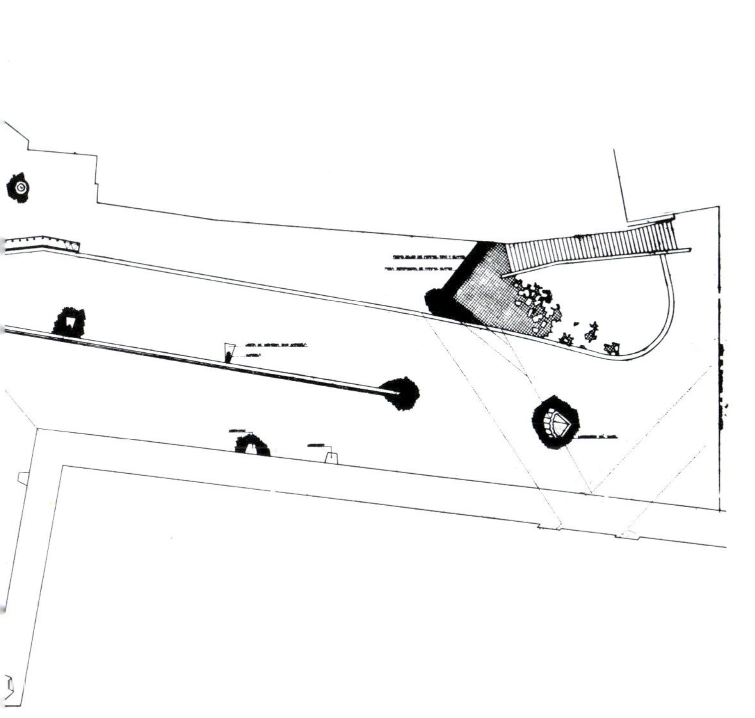

Reconstrucción de la escalera.

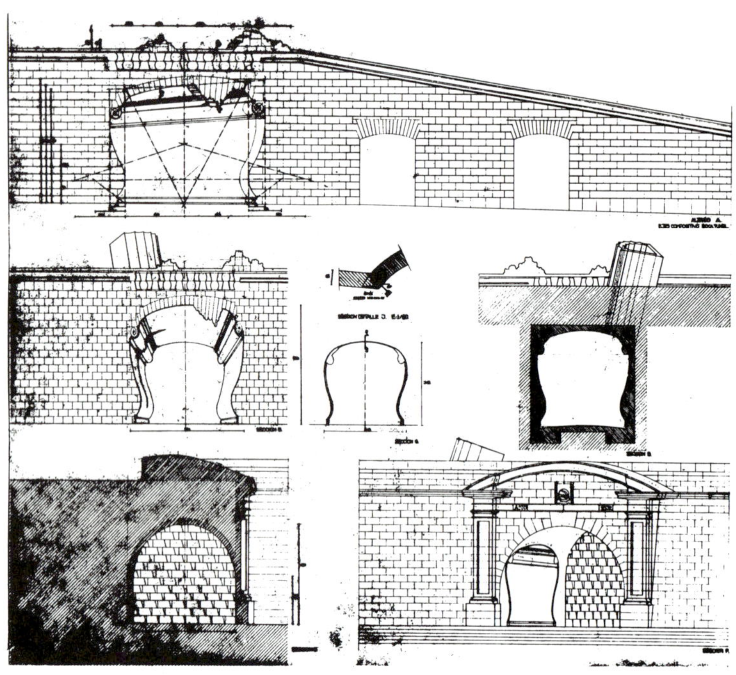

Alzado y secciones del túnel.

Entrada al túnel.

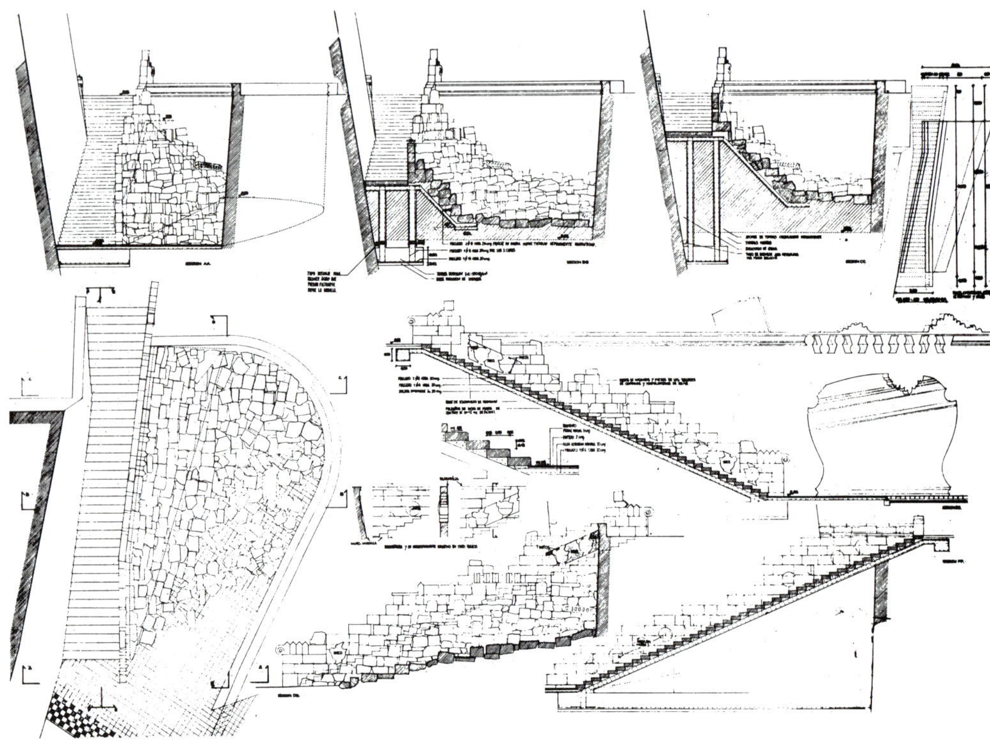

Planta, secciones y estructura de la escalera.

Detalle del lucernario desde el interior.

Detalle del lucernario desde el exterior.

Detalle del lucernario desde el interior.

Biografías de los arquitectos

Esteve Bonell

Esteve Bonell nació en Banyoles, Gerona, en 1942, y finalizó sus estudios en la Escuela Técnica Superior de Arquitectura de Barcelona (ETSAB) en 1971. En 1972 empezó a impartir clases en la ETSAB, y en 1979 se incorporó al tribunal para el examen del proyecto de fin de carrera de esta Escuela. Ha sido profesor invitado en las universidades de Lausanne y París, y miembro de los jurados de varios concursos nacionales e internacionales.

Bonell ha obtenido en dos ocasiones el premio FAD (Fomento de las Artes Decorativas) de Arquitectura; primero en 1979 y de nuevo en 1985 por el Velódromo de Horta, que proyectó en colaboración con Francesc Rius.

Bonell y Rius, que continúan trabajando juntos, han ganado otros premios, como en 1987 el concurso para el proyecto de un Estadio en Badalona, cuya construcción se ha finalizado recientemente de cara a los Juegos Olímpicos de 1992 *(ver fotografías y descripción del proyecto en Apartado II)* y viviendas en la Villa Olímpica. En la actualidad trabaja, con Josep María Gil, en un hotel en Las Ramblas de Barcelona y el palacio de justicia de Gerona.

Ignacio de las Casas

Ignacio de las Casas nació en Madrid en 1947. En 1971 terminó sus estudios en la Escuela Técnica Superior de Arquitectura de Madrid (ETSAM), donde ha sido profesor de Dibujo Técnico desde 1973.

En 1972 obtuvo una beca de la Fundación Juan March para estudiar en la North London Polytechnic y en 1973 recibió el Diploma in Health Facility Planning, otorgado por el National Council for Academic Awards de Londres.

Representó al Ministerio de Obras Públicas en la Comisión para la Conservación Histórica y Artística de Toledo durante 1981 y 1982.

Desde 1977 Ignacio de las Casas ha colaborado en proyectos con su hermano Manuel. Recientemente han diseñado el Pabellón de Castilla-La Mancha para la Exposición Universal de 1992 en Sevilla, y con Jaime Lorenzo la sede de la Consejera de Agricultura del gobierno autonómico de Castilla-La Mancha en Toledo *(ver fotografías y descripción del proyecto en el Apartado II)*. Su trabajo ha formado parte de exposiciones en Europa, Estados Unidos y Japón.

Manuel de las Casas

Nacido en Talavera de la Reina, Toledo, en 1940, Manuel de las Casas se licenció en 1964 en la Escuela Técnica Superior de Arquitectura de Madrid (ETSAM), doctorándose en 1966. En 1969 obtuvo también un diploma de la Universidad de Madrid en psicología y psicotecnología. Ese mismo año comenzó a enseñar en la ETSAM, donde fue nombrado profesor titular en 1987.

Desde 1980 hasta 1982 de las Casas ocupó el puesto de arquitecto jefe de los Servicios Técnicos de Restauración del Patrimonio Histórico-Artístico del Ministerio de Cultura. En 1983 fue nombrado Subdirector y en 1986 Director General de Arquitectura del Ministerio de Obras Públicas.

La obra del estudio de Manuel de las Casas ha sido publicado en las revistas «Arquitectura», «El Croquis», «International Architect» y «Architectural Review». Los hermanos Casas obtuvieron el premio de Arquitectura y Urbanismo del Ayuntamiento de Madrid en 1986 por sus viviendas de promoción pública en Palomeras sudoeste en Madrid, y en 1989 finalizaron otro grupo de viviendas en Madrid, en Carabanchel. Su proyecto más reciente es para el auditorio de Pontevedra.

Lluís Clotet

Lluís Clotet nació en 1941 en Barcelona, donde estudió en la Escuela Técnica Superior de Arquitectura (ETSAB), finalizando la carrera en 1965. Más tarde Clotet regresó a la ETSAB como profesor desde 1977 hasta 1984.

Mientras era estudiante trabajó con Federico Correa y Alfonso Milá, y en 1964 fue co-fundador de "Studio Per" junto con Pep Bonet, Cristian Cirici y Oscar Tusquets. En 1983 el estudio se disolvió y Clotet empezó a colaborar con Ignacio Paricio. Juntos trabajaron en el Banco de España en Gerona en 1983 *(ver fotografías y descripción del proyecto en Apartado II)*, y en un almacén en Canovelles, Barcelona, en 1986.

Clotet ha obtenido dos premios FAD (Fomento de las Artes Decorativas) de Arquitectura, uno en 1978 y otro en 1979, dos premios FAD al mejor interior, en 1965 y en 1972, y un premio FAD de restauración en 1980. Ha ganado varios concursos nacionales y ha participado en diversas publicaciones, como «Transformaciones de la Arquitectura Moderna» (1979), «La Casa como Imagen» (1081), y «La Presencia del Pasado» (1982). Desde 1985 Clotet es miembro del Colegio de Arquitectos de Puerto Rico.

Antonio Cruz

Antonio Cruz nació en Sevilla en 1948. Empezó a estudiar arquitectura en la Escuela Técnica Superior de Arquitectura (ETSA) de Sevilla, y finalizó la carrera en la ETSA de Madrid en 1971. A continuación se asoció con Antonio Ortiz en Sevilla. Desde entonces el estudio ha recibido muchos premios y galardones, como el Premio Pérez Carasa del Colegio de Arquitectos de Huelva en 1980, y el Premio Ciudad de Sevilla a la nueva construcción en 1983. Desde 1985 Cruz pertenece a la Comisión Andaluza, comité asesor nombrado por el gobierno regional para supervisar la restauración de edificios históricos.

Junto con Ortiz, Cruz ha impartido clases en el Zurich Polytechnic en 1987 y 1988 y en la Graduate School of Design de la Universidad de Harvard durante el curso académico 1989-90.

La obra de Cruz y Ortiz ha sido muy publicada, destacando la monografía «Cruz/Ortiz» (Barcelona, Gustavo Gili, 1988), y se ha presentado en exposiciones en Zurich, Berna, Londres y Lausanne.

Actualmente el estudio está dirigiendo las obras de un estadio de deportes en Madrid y del Instituto Cultural Español en Lisboa.

Jordi Garcés

Nació en Barcelona en 1945 y estudió arquitectura en la Escuela Técnica Superior de Arquitectura de Barcelona (ETSAB), licenciándose en 1970. Mientras era estudiante trabajó en los estudios de Martorell, Bohigas y Mackay y con Ricardo Bofill.

Desde 1971 hasta 1973 enseñó en la Eina Design School, y en 1975 comenzó a impartir clases en la ETSAB. Se doctoró en arquitectura por la Universidad Politécnica de Catalunya en 1987. En 1970 se asoció con Enric Soria, y el estudio ha obtenido gran cantidad de galardones, incluyendo el premio Friends of the City de restauración en 1981 y el Premio FAD (Fomento de las Artes Decorativas) en Arquitectura y Remodelación en 1987.

En 1990 Garcés y Sòria recibieron un Premio FAD de Arquitectura por la Casa Furriols en la ciudad catalana de Vic. Ultimamente han estado trabajando en el Pabellón Olímpico del área de Vall d'Hebrón en Barcelona y en un Hotel en el centro de la ciudad.

Víctor López Cotelo

Nacido en Madrid en 1947, Víctor López Cotelo finalizó sus estudios en la Escuela Técnica Superior de Arquitectura de Madrid (ETSAM) en 1969. A continuación trabajó en Munich, Alemania, durante dos años, antes de entrar a formar parte del estudio de Alejandro de la Sota hasta 1979.

Desde 1983 hasta 1986 López Cotelo impartió clases en la ETSAM, y dió conferencias en Munich, Braunschweig y Barmstadt. En 1979 se asoció con Carlos Puente, y hasta 1990, año en que se disuelve el estudio, Cotelo y Puente obtuvieron diversos premios, incluido uno del Colegio Oficial de Arquitectos por el Ayuntamiento de Valdelaguna. En 1990 su proyecto para la Biblioteca Pública de Zaragoza *(ver fotografías y descripción del proyecto en Apartado II)* fue finalista del Premio Mies van der Rohe, un prestigioso galardón internacional otorgado por la Comunidad Económica Europea y la Fundación Mies van der Rohe de Barcelona. En 1991 este mismo edificio recibió el Premio de Arquitectura García Mercadal del Colegio Oficial de Arquitectos de Aragón.

El trabajo del estudio se ha presentado en exposiciones en España, Francia y Alemania, y ha aparecido en numerosas publicaciones tanto nacionales como internacionales. Su reciente proyecto para la restauración del Palacio Linares fue galardonado con el primer premio de un concurso restringido. Desde 1990 López Cotelo trabaja como arquitecto independiente.

Jaime L. Lorenzo

Jaime Lorenzo nació en Londres en 1951. Se educó en España y desde 1977 es licenciado en arquitectura por la Escuela Técnica Superior de Arquitectura de Madrid (ETSAM). Trabajó como estudiante con los hermanos Casas, y en 1978 se asoció a este estudio de arquitectura.

Ha dado conferencias en Colegios de Arquitectos de toda España sobre su propio trabajo y sobre el del estudio al que pertenece. Los proyectos del estudio han formado parte de exposiciones como Europalia, Bélgica (1985), Arquitectura Española Contemporánea, Nueva York (1986), Nuevas Adquisiciones de la Avery Library, Columbia University, y de varias más en España

En 1986 y en 1991 dos proyectos del estudio recibieron el premio de Arquitectura y Urbanismo que otorga el Ayuntamiento de Madrid.

José Antonio Martínez Lapeña

Jose A. Martínez Lapeña nació en Tarragona en 1941 y estudió arquitectura en la Escuela Técnica Superior de Arquitectura de Barcelona (ETSAB). Finalizó la carrera en 1968 y ese mismo año se asoció con el también arquitecto Elías Torres.

Trabajó como profesor de proyectos en la ETSAB desde 1969 hasta 1971, puesto que volvió a desempeñar en 1978. Desde 1983 ha sido tutor de proyectos en la ETSA del Vallés, Barcelona.

Martínez Lapeña y Elías Torres han ganado varios premios, incluido el premio FAD (Fomento de las Artes Decorativas) de Arquitectura en 1986 por su Jardín de Villa Cecilia.

Su obra se ha publicado en «Quaderns d'Arquitectura i Urbanisme», «Arquitectura» y «Progressive Architecture». Los artículos sobre arquitectura de Martínez Lapeña se han publicado en «A-30» (mayo 1986) y en «Documentos de Arquitectura» (1988).

Enric Miralles

Enric Miralles nació en Barcelona en 1955, licenciándose por la Escuela Técnica Superior de Arquitectura de Barcelona (ETSAB) en 1978. Desde 1974 hasta 1984 trabajó con Helio Piñón y Albert Viaplana, y se asoció con Carme Pinós en 1983

Miralles ha impartido clases de diseño en la ETSAB desde 1977, donde desde 1988 es profesor titular. En 1980 fue alumno de la Columbia University y en 1989 regresó como profesor invitado a la escuela de arquitectura. Ha dado conferencias en diversas instituciones de todo el mundo, incluyendo la Harvard University y la Architectural Association en Londres, y ha sido profesor invitado del Kingston Polytechnic de Londres y de la Tulane University en Nueva Orleans.

El estudio Miralles-Pinós ha obtenido, entre otros galardones, el primer premio en el concurso para un cementerio en Igualada en 1985, el primer premio en el concurso para un estadio en Huesca en 1988, y el Premio FAD (Fomento de las Artes Decorativas) en Diseño Interior por la readaptación de la fábrica La Llauna para colegio de enseñanza superior.

La obra de Miralles y Pinós se ha publicado en «SITES Magazine», y en «Architectural Review», entre otras, y después de una exposición de su obra celebrada en 1990 en el Storefront for Art and Architecture en Nueva York, SITES/Lumen Books publicó la monografía «The Architecture of Enric Miralles and Carme Pinós» (New York, 1990).

Rafael Moneo

Nacido en Tudela, Navarra, en 1937, Rafael Moneo terminó sus estudios en la Escuela Técnica Superior de Arquitectura de Madrid (ETSAM) en 1961. Trabajó en el estudio de Francisco Javier Sáenz de Oiza desde 1958 hasta 1961, y en 1962 se marchó a Dinamarca a trabajar para Jorn Utzon . Desde 1963 hasta 1965 fue becado de la Academia Española en Roma. A su regreso a España comenzó a trabajar de forma independiente y también obtuvo un puesto de profesor en la ETSAM. En 1970 obtuvo un puesto de profesor titular en la Escuela Técnica Superior de Arquitectura de Barcelona (ETSAB), que desempeñó hasta 1980, fecha en la que regresó a la ETSAM como profesor titular.

Moneo ha sido profesor invitado en la Cooper Union School of Architecture, en la Harvard University, en la Princeton University, y en la Universidad de Lausanne. En 1976 estuvo durante un año en los Estados Unidos como profesor invitado en el Institute for Architecture and Urban Studies, y en 1985 fue nombrado director de la Graduate School of Design at Harvard University, puesto en el que ha permanecido durante cinco años.

La arquitectura de Moneo, y en especial su Museo Nacional de Arte Romano de Mérida, realizado en 1985, ha sido muy publicada tanto nacional como internacionalmente. Moneo ha escrito mucho sobre arquitectura en diversas publicaciones como por ejemplo «Oppositions» y «Lotus». Fue también editor y co-fundador en 1974 de la revista española «Arquitecturas Bis». Recientemente ha ganado el concurso internacional para el Museo de Arte Contemporáneo de Estocolmo y un concurso para el Teatro del Cine en el Lido de Venecia.

Juan Navarro Baldeweg

Nacido en 1939 en Santander, Juan Navarro Baldeweg estudió dibujo y pintura de joven y en 1959 ingresó en la Escuela de Bellas Artes de San Fernando de Madrid, pero un año después se matriculó en la Escuela Técnica Superior de Arquitectura de Madrid (ETSAM), donde se licenció en 1965, doctorándose en 1969. En 1970 obtuvo una beca de estudios en el extranjero de la Fundación Juan March. En 1971 se trasladó a los Estados Unidos como profesor invitado en el Center for Advanced Visual Studies del MIT. Regresó a la ETSAM como profesor de proyectos en 1975, aunque también ha acudido a la University of Pennsylvania en 1987 y a la Yale University en 1990.

Navarro Baldeweg ha recibido numerosos premios por su trabajo como arquitecto, entre otros el primer premio en el concurso para el diseño de un Palacio de Congresos y Exposiciones en Castilla-León en 1985, el primer premio en el concurso para un pabellón de formación en la Villa Olímpica en Barcelona en 1988, y el primer premio en el concurso para un Palacio de Congresos en Cádiz en 1989.

Antonio Ortiz

Antonio Ortiz nació en 1948 en Sevilla. En 1969 empezó a estudiar arquitectura en la Escuela Técnica Superior de Arquitectura (ETSA) de Sevilla, continuando la carrera en la ETSA de Madrid. Mientras estaba en la Escuela tuvo la oportunidad de trabajar en los estudios de Ricardo Aroca y de Rafael Moneo. Después de licenciarse en 1971 en la ETSAM, se asoció con Antonio Cruz, con quien sigue trabajando.

Cruz y Ortiz han ganado varios premios por su trabajo, como el Premio Ciudad de Sevilla a la nueva construcción en 1983, y el Premio Pérez Carasa del Colegio de Arquitectos de Huelva en 1980. También han impartido clases juntos en la ETSA de Sevilla, en el Zürich Polytechnic y en la Graduate School of Design de Harvard.

En 1989 terminaron la transformación del Baluarte de la Candelaria en Cádiz en un Museo Marítimo, y actualmente están trabajando en la Estación de Ferrocarril de Sevilla *(ver fotografías y descripción del proyecto en Apartado II)*.

Ignacio Paricio

Ignacio Paricio nació en 1944 en Zaragoza. Inició su formación en la Escuela de Ingeniera Industrial de Tarrasa, y en 1968 finalizó los estudios de arquitectura en la Escuela Técnica Superior de Arquitectura de Barcelona (ETSAB), donde imparte clases de construcción desde 1981. Enseñó en París durante el periodo 1969-70, y colaboró con el Centre Scientifique et Technique du Batiment (CSTB) en esa ciudad desde 1969 hasta 1972. También trabajó con J.M. Yokoyama en Ginebra en 1971-72.

Paricio ha sido director de la sección de Estudios sobre la Vivienda del Colegio Oficial de Arquitectos de Cataluña (COAC) y director de colecciones de la Editorial Gustavo Gili. También fue, desde 1978 hasta 1988, director de estudios y coordinador del Institut de Tecnología de la Construcción de Catalunya (ITEC)

Paricio ha ganado varias veces el Premio FAD (Fomento de las Artes Decorativas) de Arquitectura, por el mejor interior en 1983 y por el mejor edificio en 1988 y 1989. En 1983 se publicó su libro «J. L. Sert, Construcción y Arquitectura» (Barcelona, Ed. Gustavo Gili).

Ha trabajado con Lluís Clotet desde 1983. Juntos ganaron los dos premios FAD de Arquitectura, en 1988 por la Nave Simón en Canovelles, y en 1989 por el Banco de España en Gerona *(ver fotografías y descripción del proyecto en el Apartado II)*.

Helio Piñón

Helio Piñón nació en Barcelona en 1942. Estudió en la Escuela Técnica Superior de Arquitectura de Barcelona (ETSAB), donde se licenció en 1966. En 1971 empezó a impartir clases en la ETSAB junto con su socio Albert Viaplana, en donde ambos fueron nombrados profesores titulares de proyectos. Desde entonces Piñón y Viaplana han trabajado juntos.

Recientemente, en 1989, acabaron el Centro Artístico de Santa Mónica en Barcelona, y en 1989 el estudio construyó el Parque Besós en Sant Adrià de Besós, Barcelona.

Piñón y Viaplana han ganado varios premios por su arquitectura, incluido el Premio Ciudad de Barcelona en 1983 y en Premio FAD (Fomento de las Artes Decorativas) de Arquitectura en 1984, ambos por su proyecto de la Plaza de Sants en Barcelona.

La obra de Piñón y Viaplana se ha publicado en «Architectural Review», «El Croquis» y «Arquitectura», y últimamente el estudio ha estado trabajando en tres edificios de oficinas en la Villa Olímpica en Barcelona, que se han finalizado en 1991, y en el Centro Cultural la Casa de la Caritat, ahora en construcción en Barcelona.

Carme Pinós

Carme Pinós nació en Barcelona en 1954. Finalizó sus estudios en la Escuela Técnica Superior de Arquitectura de Barcelona (ETSAB) en 1979 y estudió arte Renacentista con Leonardo Benevolo en la Columbia University, New York, en 1980. En 1982 realizó un curso de postgrado en urbanismo en la ETSAB, bajo la dirección de Manuel de Solà-Morales.

Pinós trabajó también en los estudios de Alberto Nogerol y Luis Nadal, y ganó un premio en el concurso de Vivienda Rural del Ministerio de Obras Públicas y Urbanismo en 1982.

Pinós ha colaborado con Enric Miralles desde 1983 hasta 1989. Juntos ganaron muchos concursos, incluido el Polideportivo en Pollensa, Palma de Mallorca, en 1986, y el Parque de las Estaciones, en Palma de Mallorca, en 1987.

Miralles y Pinós han dado conferencias sobre su trabajo en Berlín, Nueva York, Los Angeles y Londres.

Carlos Puente

Carlos Puente nació en Bilbao en 1944 y terminó sus estudios de arquitectura en la Escuela Técnica Superior de Arquitectura de Madrid (ETSAM) en 1973. Después de trabajar en el estudio de Alejando de la Sota durante siete años, Puente abrió un estudio propio con Víctor López Cotelo en 1979.

El estudio ha obtenido varios premios, incluido uno del Colegio Oficial de Arquitectos por el Ayuntamiento de Valdelaguna. En 1990 la Biblioteca Pública de Zaragoza, también obra del estudio, fue finalista en el concurso para el Premio Mies van der Rohe, un prestigioso galardón internacional otorgado por la Comunidad Económica Europea y la Fundación Mies van der Rohe de Barcelona. En 1991 este mismo edificio recibió el Premio de Arquitectura García Mercadal del Colegio Oficial de Arquitectos de Aragón.

La obra del estudio Puente-López Cotelo ha sido objeto de exposiciones en España, Francia, y Alemania, y ha tenido gran difusión en numerosas publicaciones.

En 1990 el estudio se disolvió y Puente empezó a trabajar de forma independiente. Y actualmente está dirigiendo la restauración del Palacio de Linares en Madrid, que va a utilizarse como sede principal del V Centenario durante 1992. Puente ha sido también miembro del jurado del concurso para el Pabellón de Castilla-La Mancha en la Exposición Universal de Sevilla de 1992.

Francesc Rius

Nacido en Esparraguera, Barcelona, en 1941, desde 1967 Francesc Rius es licenciado en arquitectura por la Escuela Técnica Superior de Arquitectura de Barcelona (ETSAB), donde comenzó a impartir clases en 1970.

Rius ganó el concurso para la realización del Mercado Municipal de Barberá del Valls en 1979, y en 1981 el concurso para la remodelación de las casas del Patronato Municipal de la Vivienda de Barcelona. Su obra se ha publicado en «Quaderns d'Arquitectura i Urbanisme», «The Architectural Review» y «L'Architecture d'Aujourd'hui» y más recientemente en el libro «Casas de Montaña» (Barcelona. Ed. Gustavo Gili, 1991).

Rius trabaja habitualmente con Esteve Bonell, con quién ganó en 1986 el concurso para la realización del Centro Penitenciario Briams en Sant Esteve de Sesrovires.

Ha participado en exposiciones internacionales de arquitectura, como Metropole 90 en el Pabellón del Arsenal en París, en 1990.

Entre sus proyectos en ejecución está el Pabellón de Deportes del campus norte de la Universidad Politécnica de Barcelona, un Mercado Municipal en Sant Boi, cerca de Barcelona, y la planificación y ampliación de un cementerio en Barcelona.

Enric Sòria

Enric Sòria nació en Barcelona en 1937. Empezó a estudiar arquitectura en la Escuela Técnica Superior de Arquitectura de Barcelona (ETSAB), y al mismo tiempo trabajó en el estudio de Martorell, Bohigas y Mackay. Al finalizar su carrera en 1970, Sòria se asoció con Jordi Garcés. En 1976 Sòria volvió a la ETSAB como profesor de proyectos y dibujo, y en 1979 escribió el libro «Conversaciones con José Antonio Coderch de Sentmenat». Se doctoró en arquitectura en 1990.

En 1981 Garcés y Sòria obtuvieron el premio Fiends of the City de restauración, y en 1987 fueron galardonados con el Premio FAD (Fomento de las Artes Decorativas) de Arquitectura y Remodelación.

La obra del estudio fue objeto de la monografía «Garcés/Soria» (Barcelona, Gustavo Gili, 1987). Actualmente Garcés y Sòria están finalizando el Pabellón Olímpico en Vall d'Hebrón, Barcelona, y un Hotel en la Plaza de España, también en Barcelona.

Elías Torres

Elías Torres nació en Ibiza en 1944. Después de titularse por la Escuela Técnica Superior de Arquitectura de Barcelona (ETSAB) en 1968, creó un estudio de arquitectura con José Antonio Martínez Lapeña. A partir de 1973 y durante cuatro años, Torres fue arquitecto del arzobispado de la ciudad de Ibiza. Tiene un brillante historial como profesor, comenzando en 1969 como profesor de proyectos y de composición en la ETSAB, y continuando en 1979 como profesor de arquitectura del paisaje y dibujo. También impartió clases en UCLA en 1977, 1981 y 1984 y en la Harvard University durante el curso 1987-1988.

Torres es autor de la «Guía de Arquitectura de Ibiza y Formentera» (1980).

Torres obtuvo en 1988 el Premio FAD (Fomento de las Artes Decorativas) de Arquitectura para el hospital Mora d'Ebre, y ha conseguido varios premios por su trabajo en el campo del diseño industrial, incluida la medalla de oro de la ADIFAD, rama del diseño industrial en el FAD, en el año 1986, por su diseño de la farola Lapeluna, y en el año 1987 la medalla de plata por su diseño de una parada de autobús en Barcelona. Aunque Torres no tiene una formación estricta de diseñador industrial, ha incorporado esta disciplina en varios de sus encargos arquitectónicos.

Guillermo Vázquez Consuegra

Nacido en Sevilla, en 1945, Guillermo Vázquez Consuegra estudió en la Escuela Técnica Superior de Arquitectura de Sevilla, finalizando su carrera en 1972. Después de licenciarse continuó impartiendo clases en este centro docente durante tres años. En 1980, tras cinco años de ausencia, Vázquez Consuegra regresó de nuevo a la Escuela, donde ha sido profesor de proyectos hasta 1987.

Ha ganado varios premios de arquitectura, incluido el concedido a nuevas construcciones por el Colegio Oficial de Arquitectos de Sevilla, y en 1989 el premio Construmat, ambos por su edificio de viviendas en la calle Ramón y Cajal de Sevilla.

Vázquez Consuegra fue miembro de la Comisión de Cultura del Colegio Oficial de Arquitectos de Sevilla desde 1972 hasta 1975, y también fue miembro de la Comisión de Arquitectura de la Junta de Andalucía.

Su obra ha formado parte de exposiciones en Barcelona, Londres, París, Roma y en la Bienal de Venecia de 1980, y el Trienal de Milán de 1987. Sus edificios se han publicado en revistas como «Architectural Design», «L'Architecture d'Aujourd'hui», «Lotus» y «Casabella». Vázquez Consuegra es autor del libro «Cien Edificios de Sevilla» (Junta de Andalucía, Consejera de Obras Públicas y Transportes, 1986). Recientemente ha estado trabajando en un edificio para la Compañía Telefónica en Cádiz, y ha sido uno de los arquitectos responsables de la restauración, para la Exposición Universal de 1992 de Sevilla, del antiguo recinto conocido como la Cartuja de Santa María de las Cuevas.

Albert Viaplana

Nacido en Barcelona en 1933, Albert Viaplana
se tituló por la Escuela Técnica Superior de
Arquitectura de Barcelona (ETSAB) en 1966.
Junto con Helio Piñón fue nombrado profesor
de proyectos de esta Escuela en 1971, y desde
entonces ambos arquitectos han continuado
trabajando juntos.

En 1989 Piñón y Viaplana finalizaron el Centro
Artístico Santa Mónica y el Parque Besós en
Sant Adrià de Besós, ambos en Barcelona.

Piñón y Viaplana han ganado varios premios
por su obra arquitectónica, incluido el Premio
Ciudad de Barcelona en 1983, y en 1984 el
Premio FAD (Fomento de las Artes Decorativas)
de Arquitectura, ambos por su trabajo en la
Plaza de Sants en Barcelona.

La obra de Piñón y Viaplana se ha publicado
en «Architectural Review», «El Croquis» y
«Arquitectura», y el estudio ha estado
trabajando ultimamente en tres edificios de
oficinas en la Villa Olímpica en Barcelona, que
se han finalizado en 1991, y en el Centro
Cultural la Casa de la Caritat, actualmente en
construcción en Barcelona.

Bibliografía

Blaser Werner, ed.: *Santiago Calatrava*. Artículos de Kenneth Frampton y Pierluigi Nicolin. Barcelona: Editorial Gustavo Gili,1989.

Bohigas Oriol, Peter Buchanan y Vittorio Magnago Lampugnani: *Barcelona: City and Architecture, 1980-1992*. New York: Rizzol iInternational Publications, 1991.

Buchanan, Peter: «"Juan Navarro Baldeweg: Citadels and Communion"», *Architectural Review* 187 (julio 1990), pp. 32-37.
Buchanan, Peter: «Esteve Bonell (with Josep Maria Gil / Francesc Rius): Civic Monuments», Architectural Review 187 (julio 1990), pp. 69-73.

Buchanan, Peter: «"Contextual Construction»", *Architectural Review* 187 (julio 1990), pp. 38-43.

Buchanan, Peter, Josep María Montaner, Dennis L. Dollens, y Lauren Kogod: *The Architecture of Enric Miralles and Carme Pinós*. NewYork: Sites/Lumen Books, 1990.

Busquets, Joan, ed.: *Barcelona*. Número especial de *Rassegna* 37 (marzo 1989).

Campo Baeza, Alberto, y José Llinás: "José Llinás 1976-1989" en *Documentos de Arquitectura* 11 (marzo 1990).

Campo Baeza, Alberto, y Charles Poisay: *Young Spanish Architecture*. Introducción por Kenneth Frampton. Madrid: Ark Architectural Publications, 1985.

Capitel, Antón: *Arquitectura Española años 50 - años 80*. Madrid: Ministerio de Obras Públicas y Urbanismo, 1986.

Capitel, Antón, y Manuel e Ignacio de las Casas:" Biblioteca Pública de Valladolid "en *Documentos de Arquitectura* 15 (febrero1991).

Capitel, Antón, y Lluís Clotet: "Clotet, Paricio & Assoc., S.A". en *Documentos de Arquitectura* 13 (octubre 1990).

Capitel, Antón, e Ignacio Solà-Morales: *Contemporary Spanish Architecture : An Eclectic Panorama*. Introducción por Kenneth Frampton. New York: Rizzoli International Publications, 1986.

Coad, Emma Dent: *Javier Mariscal: Designing the New Spain*. London: Fourth Estate Ltd, en colaboración con la revista Blueprint, 1991.

Coad, Emma Dent: *Spanish Design and Architecture*. New York: Rizzoli International Publications, 1990.

Cruz, Antonio, y Antonio Ortiz: «Sevilla: Estación de Santa Justa», *Periferia: Revista de Arquitectura* 8/9 (diciembre1987-junio 1988), pp. 38-49.

Cruz, Antonio, y Antoni Ortiz. *Cruz/Ortiz:* Introducción por Rafael Moneo. Barcelona: Editorial Gustavo Gili, 1988.

España 1990: Número especial de *A & V: Monografías de Arquitectura y Vivienda* 24 (1990).

Fischer, Volker, y Eduard Bru i Bistuer: *Neue Architekturtendenzen Barcelona*. Berlin: Ernst & Sohn, 1991.

Fochs, Carles, ed.: *J.A. Coderch de Sentmenat, 1913-1984*. Barcelona: Generalitat de Catalunya.

Garcés, Jordi, y Enric Sòria. *Garcés/Sòria:* Introducción por Oriol Bohigas. Barcelona: Editorial Gustavo Gili, 1987.

Gausa, Manuel: «Victor López Cotelo, Carlos Puente (Entrevista)», *Quaderna d'arquitectura i urbanisme* 181-182 (abril-septiembre1989), pp. 38-46.

Gómez-Morán, Mario, Juan Bassegoda Nonell y Angel Urrutia Núñuz: *Historia de la Arquitectura Española. Arquitectura del Siglo XIX, del modernismo a 1936 y de 1940 a 1980*, Vol. 5. Zaragoza: Exclusivas de Ediciones, 1987.

Güell, Xavier, ed.: *Spanish Contemporary Architecture: The Eighties*. Introducción por Joseph Rykwert. Barcelona: Editorial Gustavo Gili, 1990.

Guerra de la Vega, Ramón: *Madrid '92: Capital Cultural de Europa. Guía de Nueva Arquitectura*. Ramón Guerra de la Vega, 1989.

Hernández-Cros, Josep Emili, Gabriel Mora i Gramunt, y Xavier Pouplana i Solé: *Guía de Arquitectura de Barcelona*. Barcelona: Plaza & Janés, 1987.

Hughes, Robert, *Barcelona*, New York: Knopf, 1992

Lahuerta, Juan José, Angel González García, y Juan Navarro Baldeweg: *Juan Navarro Baldeweg: Opere e progetti*. Milán: Electa,1990.

Levene, Richard C., Fernando Márquez Cecilia, y Antonio Ruiz Barbarín: *Arquitectura Española Contemporánea, 1975/1990*. 2 Vols. Madrid: El Croquis Editorial, 1989.

Martorell, Josep, Oriol Bohigas, David Mackay, y Albert Puigdomènech: *Transformation of a Seafront: Barcelona. The Olympic Village, 1992*. Barcelona: Editorial Gustavo Gili, 1988.

Muntañola, Josep:" Arquitectura Española de los Años 80 "en
Documentos de Arquitectura 12 (julio 1990).
Nuestros Museos: Número especial de A & V: Monografías de
Arquitectura y Vivienda 26 (1990)

Ruíz Cabrero, Gabriel: *Spagna: Architettura, 1965-1988*. Milán:Electa,
1989.

"Sevilla" 1992: Número especial de *A & V: Monografías de Arquitectura
y Vivienda* 20 (1989).

Tabuenca González, Fernando, ed.: *Arquitectura para la Salud en
Navarra*. Pamplona: Gobierno de Navarra, Departamento de Salud,1991.

Torres, Elías: *Guía de Arquitectura de Ibiza y Formentera*. Barcelona:
Editorial La Gaya Ciencia, 1981.

Fotógrafos

Fernando Alda 151, 152, 155.

Pepa Balaguer 80.

Dida Biggi 26.

Angel Luis Baltanás 63, 65-67, 138-149.

Franz Bucher 93 (fig. 3).

C.B. Foto 56.

Lluís Casals 25, 31, 33, 34, 53, 54, 65, 84 (fig. 22), 91, 93 (fig. 2), 95 (fig. 5), 97, 101-114, 117.

F. Català-Roca 19-22, 63, 78, 120-125.

COOB'92 – Miquel González 89 (figs. 28 y 29).

Estop 168

Ladislao Etxauri 146.

Expo'92 87, 150.

F-3, S.A. 98

Rosa Feliu 71.

Ferrán Freixa 76, 95 (fig. 6).

E. Izquierdo Pérez-Mínguez 84 (fig. 21).

Duccio Malagamba 29, 44, 69, 74, 94, 114, 117-119, 127-137, 156-159, 161-167, portada.

G. Mezzacasa 79 (fig. 18).

C. Portela 51.

Portillo 30.

Salvador Rivera 62, 64.

Juan Rodríguez 81 (fig. 18).

Xurxo y Lobato 79 (fig. 14).

Hishao Suzuki 126, 160.

Este libro se

acabó de imprimir

en los talleres de

Epes Industrias Gráficas,

Alcobendas, Madrid, el día

16 de abril de

1.992.